Hans-Georg Müller

Kleine deutsche Literaturgeschichte

erzählt an 20 Gedichten

Kleine deutsche Literaturgeschichte

erzählt an 20 Gedichten

Hans-Georg Müller

Bibliografische Informationen der Deutschen Nationalbibliothek:
Die Deutsche Nationalbibliothek verzeichnet diese Publikation in der
deutschen Nationalbibliografie; detaillierte bibliografische Daten sind
im Internet über http://dnb.dnb.de abrufbar

Verlag: BoD · Books on Demand GmbH, Überseering 33, 22297
Hamburg, bod@bod.de

Druck: Libri Plureos GmbH, Friedensallee 273, 22763 Hamburg

ISBN: 978-3-7460-6137-5

Für Tom

Inhaltsverzeichnis

Geneigte Leserin, geneigter Leser!

Sie warten auf die Post der weißen Taube
aus einem fremden Sommer in der Welt.

Wer diese beiden Verse aus Rose Ausländers Gedicht *Blinder Sommer* (1965, Kap. 18) liest, ohne ihre Geschichte zu kennen, kann wohl ihren Inhalt verstehen, aber niemals ihre volle Bedeutung ermessen. Er wird aus den Begriffen *Post* und *Taube* unschwer das Bild der Brieftaube rekonstruieren können, die hier *aus einem fremden Sommer* erwartet wird. Wenn er angesichts der weißen Farbe der kleinen Postbotin außerdem das Symbol der *Friedenstaube* erkennt, wird er sich leicht zusammenreimen können, auf was für eine Art von Nachricht die Menschen hier offenbar warten. Aber nur wer zusätzlich die Hintergründe dieser schlichten Zeilen kennt, wird begreifen können, welche unerhörte und resignierte Traurigkeit in ihnen steckt – und welch nagendes Misstrauen.

Die tiefe Traurigkeit der Verse liegt in ihrem Bezug auf die Gegenwart des Jahres 1965, denn auf Frieden wartete zur Entstehungszeit des Gedichtes buchstäblich die ganze Welt. Und wie die Autorin selbst wartete die Welt zwar schmerzhaft sehnsüchtig, aber ohne große Hoffnung. Zu verfeindet, zu verhärtet, zu verfahren standen sich die Supermächte des Kalten Krieges gegenüber; bereit, den Gegner jederzeit durch einen Atomschlag auszulöschen, und abgehalten von einer solchen Tat nur durch das Wissen, dass sie auch unweigerlich das eigene Ende bedeutet hätte.

Das nagende Misstrauen der Verse steckt in ihrer Sprache, die im Lichte einer solch immensen Bedrohung doch eher nüchtern und karg wirkt. Aber Rose Ausländer verweigert sich der Versuchung, an die große und gefühlsreiche Sprachtradition eines Goethe, eines Heine oder eines Fontane anzuknüpfen. Denn deren Sprache hatte man keine 30 Jahre zuvor dazu missbraucht, im Namen der edelsten menschlichen Regungen eine ganze Nation zum größten Verbrechen der Menschheitsgeschichte aufzuhetzen. Im Nationalsozialismus waren Glaube, Hoffnung und Treue so oft mit den sprachmächtigen Bildern der deutschen Dichtkunst beschworen worden, dass die Autoren nach 1945 einen tiefen Argwohn gegen jedweden gefühlsschwangeren Sprachgebrauch hegten. Die erhabene alte deutsche Literatursprache hatte durch den nationalsozialistischen Missbrauch einen fauligen Beigeschmack bekommen, von dem sie sich erst sehr langsam erholte.

Die Geschichte dieser beiden Verse ist lang. Sie reicht bis weit ins Mittelalter zurück. Sie führt vorbei an Kunstwerken von unfassbarer Eleganz und von berauschender Kühnheit. Sie erzählt von Heldentaten – in der Wirklichkeit wie auf dem Papier. Sie ist durchkreuzt von Revolutionen – im Geiste wie auf der Barrikade. Und sie führt durch Kriege – zwischen Dichtern wie zwischen Völkern. Dazu ist sie auch noch ungeheuer spannend.

Und genau diese Geschichte möchte ich dir jetzt erzählen.

Gestatte, dass ich mich zuvor kurz vorstelle. Ich bin der Erzähler diese kleine Abhandlung und dein Begleiter auf den folgenden Seiten. Verwechsle mich bitte nicht mit dem Autor, dessen Name draußen auf der Titelseite steht. Er hat mich erfunden, damit ich dir die Geschichte der deutschen Literatur erzähle. Er selbst hätte sich das nie gewagt, denn in den Texten, die er sonst schreibt, bemüht er sich betont um wissenschaftliche Nüchternheit und sachliche Neutralität. Ich aber will dir keinen Vortrag halten, sondern eine Geschichte erzählen. Und wie Geschichten nun einmal sind, zeichnen sie immer nur einen Ausschnitt der Wirklichkeit und scheuen sich dabei nicht, eine bestimmte Position einzunehmen und eine eigene Meinung zu haben. Eine Meinung, neben der es viele andere Meinungen geben kann und soll.

Fakt ist nämlich: Die deutsche Literaturgeschichte ist verworren und verzweigt. Die allerwenigsten Dichter haben sich als Teil einer bestimmten Entwicklung begriffen. Manche haben sich sogar aktiv gewehrt, zu einer Epoche gezählt zu werden. Die allermeisten haben nach eigener Ansicht einen ganz individuellen Stil gepflegt, der sich außerdem noch im Laufe ihres Lebens verändert hat und nur in manchen Werken wirklich in Reinform zu einer bestimmten Stilrichtung gezählt werden kann.

Auf der anderen Seite ist es immer wieder erstaunlich, wie klar sich in der Rückschau bestimmte historische Entwicklungen erkennen lassen, und zwar nicht nur in der Literatur- oder Kunstgeschichte, sondern in der gesamten Geisteshaltung der Menschen: In dem, was sie liebten und verabscheuten; in dem, was sie ersehnten und wovor sie Angst hatten; in dem, was sie für selbstverständlich erachteten und was ihnen erstaunlich erschien. Sieh dir beispielsweise das übernächste Kapitel zum Barock an – dort werde ich dir von einer solchen Geisteshaltung erzählen, die in Kunst, Literatur und Musik, ja sogar in Politik und Philosophie ganz ähnliche Eigenschaften gezeigt hat.

Die Vorstellung, dass die (Literatur-)Geschichte in verschiedene Epochen zerfällt, ist immer eine Verkürzung und Vereinfachung. Wir können auch sagen: Sie ist ein *Modell.* Und so wie ein

Schiffsmodell kein wirkliches Schiff ist, sondern mit diesem nur bestimmte Ähnlichkeiten teilt, versucht die Literaturgeschichte das Allgemeine und Typische der Entwicklung herauszustellen und verzichtet dafür auf allzu viele Details und individuelle Besonderheiten. Deshalb erkennen wir an den Epochen der Kunst die Ähnlichkeiten zwischen Künstlern, die sie selbst untereinander gar nicht wahrnehmen konnten. Das Modell hilft uns, einen Überblick zu behalten, der uns abhandenkommt, wenn wir uns zu schnell in die Einzelheiten stürzen.

Auch meine Geschichte ist ein Modell, will sagen: eine skizzenhafte Abbildung der literaturhistorischen Entwicklung. Wäre die deutsche Literaturgeschichte ein Schiff, so wäre diese kleine Abhandlung eine Bleistiftzeichnung davon. Aber eine, in der du unweigerlich das Schiff wiedererkennen könntest, wenn es leibhaftig vor dir im Hafen läge.

Um diese Art von *Nach-Zeichnung* geht es meinem Autor. Deshalb hat er mich erfunden und mich zwischen sich und dich gestellt. Nur deshalb erlaube ich mir auch, dich einfach zu duzen, da es mich ja nur in der Welt dieser Zeilen gibt. Ich möchte dir zu einem Überblick im Wirrwarr der deutschen Literaturgeschichte verhelfen, indem ich dir zwanzig Meilensteine der Dichtung vorstelle und dir erzähle, was es mit ihnen auf sich hat und warum es Meilensteine (geworden) sind. Die meisten Gedichte sind außerdem so unerhört schön, dass es sich allemal lohnt, sie einmal ganz genau zu betrachten.

Nach dem Lesen – das ist der didaktische Anspruch[1] meines Autors – wirst du nicht nur einen Strauß wunderbarer Gedichte

---

[1] Die Didaktik ist die Wissenschaft vom Unterricht und tatsächlich ist diese Literaturgeschichte als ein kleines didaktisches Experiment angelegt. Kurz gesagt sucht sie die These zu belegen, dass sich ein betont induktiver Ansatz unter

kennen, sondern auch zu jeder Kunstepoche ein bestimmtes Bild vor Augen haben – eben ein Modell. Wenn du im Anschluss weitere Literatur kennen lernst oder eine der großen Literaturgeschichten aufschlägst, wirst du feststellen, dass es zu jedem Thema noch viel mehr zu sagen gegeben hätte. Aber das Modell wird dir helfen, den Überblick zu behalten. Wenn ich das erreiche, ist mein Autor zufrieden mit mir.

Vielleicht fragst du dich jetzt nur noch, wieso ich dir die Epochen der deutschen Literatur nun ausgerechnet an Gedichten erklären möchte. Falls ja, dann findest du die Antwort gleich im folgenden Kapitel.

---

bewusster Verwendung literarischer Mittel signifikant positiv auf die Lern- und Behaltensleistung auswirkt. Wenn du mehr wissen willst, frag lieber meinen Autor selbst.

1. Einführung und Vorgeschichte

Walther von der Vogelweide
Under der Linden (um 1200)

Wo soll man mit der Darstellung der deutschen Literaturgeschichte beginnen? Schon von Tacitus (um 100 n. Chr.) wissen wir, dass die Germanen ihre eigenen Mythen, Geschichten und Gesänge hatten, aber wenig davon ist überliefert. Außerdem: Können wir diese germanische Tradition überhaupt als „deutsche" Literatur bezeichnen? Eher nicht. Sie ist eine Wurzel, aber nicht der Stamm.

Unter den ältesten Dokumenten, die von der Sprachwissenschaft als (Althoch-)Deutsch bezeichnet werden, findet sich ziemlich viel erzählende Literatur, zum Beispiel Heldenepen wie das *Hildebrandlied* und volksreligiöse Texte wie die *Merseburger Zaubersprüche*. Aber ohne spezialisierte Sprach- und Geschichtskenntnisse sind sie kaum zu genießen – ja eigentlich kaum als Deutsch zu erkennen.

Mit dem Minnesang im Hochmittelalter, so um das Jahr 1200, ändert sich das. Die deutschsprachige Literatur erlebte hier eine Blütephase, die noch Jahrhunderte später Auswirkungen zeigen und Bewunderer anziehen sollte. Doch das ist nicht der Grund, warum ich mit einem Gedicht des berühmtesten deutschen Minnelyrikers, Walther von der Vogelweide, beginnen möchte. Der eigentliche Grund liegt darin, dass man an dem folgenden Werk wie an kaum einem anderen entdecken kann, was Gedichte eigentlich sind und warum man an ihnen so großartig die Geschichte der deutschen Literatur nachzeichnen kann.

Die Sprache Walthers ist mittelhochdeutsch und wirkt damit fremd und schwer verständlich. Aber wenn man sich etwas einliest, versteht man sie doch ganz gut. Ich habe dir neben die Zeilen kleine Übersetzungshilfen gesetzt, aber versuch es ruhig auch mal mit dem Mittelhochdeutschen:

Walther von der Vogelweide
Under der Linden (um 1200)

Under der linden	*Unter der Linde*
an der heide,	*an der Heide,*
dâ unser zweier bette was,	*wo unser beider Bett war,*
dâ muget ir vinden	*da könnt ihr finden*
5 schône beide	*schön beides:*
gebrochen bluomen unde gras.	*gebrochene Blumen und Gras.*
Vor dem walde in einem tal,	*Vor dem Wald in einem Tal,*
tandaradei,	*-?-*
schône sanc diu nahtegal.	*schön sang die Nachtigall.*
10 Ich kam gegangen	*Ich kam gegangen*
zuo der ouwe,	*zu der Aue,*
dô was mîn friedel komen ê.	*wo mein Freund bereits war.*
Dâ wart ich enpfangen,	*Da wurde ich empfangen (wie eine)*
hêre frouwe,	*Hohe Frau,*
15 daz ich bin sælic iemer mê.	*sodass ich selig war immer mehr.*
Kuster mich? Wol tûsentstunt:	*Küsste er mich? Wohl tausendmal:*
tandaradei,	*(s.o.)*
seht, wie rôt mir ist der munt.	*Seht, wie rot mir der Mund ist.*

Dô het er gemachet	*Da hatte er gemacht*
20 alsô rîche	*so reich*
von bluomen eine bettestat.	*von Blumen eine Bettstatt.*
Des wirt noch gelachet	*Darüber wird noch lachen*
inneclîche,	*inniglich,*
kumt iemen an daz selbe pfat.	*jemand an denselben Pfad kommt.*
25 Bî den rôsen er wol mac,	*An den Rosen kann er wohl,*
tandaradei,	*(s.o.)*
merken, wâ mirz houbet lac.	*erkennen, wo mir das Haupt lag.*
Daz er bî mir læge,	*Dass er bei mir gelegen hat,*
wessez iemen	*wüsste es jemand*
30 (nû enwelle got!),	*(Das wolle Gott nicht!),*
sô scham ich mich.	*so schämte ich mich.*
Wes er mit mir pflæge,	*Was er mit mir getan hat,*
niemer niemen	*niemals niemand*
bevinde daz, wan er und ich,	*herausfinden, als er und ich,*
35 und ein kleinez vogellîn	*und ein kleines Vögelchen*
tandaradei,	*(s. o.)*
daz mac wol getriuwe sîn.	*das wird wohl verschwiegen sein.*

Das Gedicht erzählt von intimen, ja von intimsten Erlebnissen eines Paares in der freien Natur. Es ist in scheinbar einfache, in Wirklichkeit aber höchst kunstvoll gesetzte Worte gefasst. Da die Person, die hier *Ich* sagt (z. B. V. 10) offenbar eine junge Frau ist, können wir sie nicht mit dem Dichter Walther von der Vogelweide gleichsetzen. Vielmehr lässt der Autor eine erfundene Sprecherin, ein lyrisches Ich auftreten, um die Ereignisse zu schildern – ganz so, wie der Autor dieses Buches mich, den Erzähler, erfunden hat, damit ich dir von der Literaturgeschichte erzähle.

Die Handlung des Gedichtes ist höchst delikat und es zeugt von der hohen Kunstfertigkeit des Dichters, mit welch zarten Worten und sanften Andeutungen er uns die erotische Situation nahebringt.

Under der linden	*Unter der Linde*
an der heide,	*an der Heide,*
dâ unser zweier bette was,	*wo unser beider Bett war,*
dâ muget ir vinden	*da könnt ihr finden*
schône beide	*schön beides:*
gebrochen bluomen unde gras.	*gebrochene Blumen und Gras.*
Vor dem walde in einem tal,	*Vor dem Wald in einem Tal,*
tandaradei,	*-?-*
schône sanc diu nahtegal.	*schön sang die Nachtigall.*

In Strophe 1 wird von einem Ort *under der linden an der heide* (V. 1 f) berichtet, an dem ein *bette* (V. 2) gewesen sei. Dieses Schlüsselwort sowie die Tatsache, dass es *unser zweier bette*, also die Schlafstatt eines Paares, gewesen ist, bleiben die einzigen vorsichtigen Hinweise auf eine Liebesbeziehung. Oder doch nicht ganz, denn wer an diesen Ort kommt, wird *gebrochen bluomen unde gras* (V. 6) finden, was nicht gerade nach einem gewöhnlichen Schlaflager klingt. Auch die Ortsbeschreibung ist ganz bewusst eine Landschaft der Liebe: die *Linde* (V. 1) mit ihren herzförmigen Blättern, die *Heide* (V. 2) mit ihrem Honigduft, der einsame *Wald*, der ein *Tal* (V. 7) umschließt, und schließlich die *Nachtigall*, die nächtliche Ariensängerin schlechthin (V. 9) – all das sind höchst kunstvoll gewählte Charakteristika eines idealisierten Schauplatzes der Liebe.

Wie harmonisch durchkomponiert diese Landschaft ist, erkennt man am besten, wenn man einmal probeweise die Wörter durch andere austauscht: Stell dir vor, der Ort wäre unter einer *Eiche* gewesen. Oder unter einer *Fichte!* Oder an einem *See.* Vielleicht auf einem *Berg?* Stell dir außerdem vor, es würde nicht die Nachtigall, sondern der *Kuckuck* rufen – die Stimmung des Ortes wäre eine völlig andere und nicht mehr annähernd so lieblich. Das macht einen entscheidenden Wesenszug der Lyrik aus: Jedes Wort bringt nicht nur seine Bedeutung, sondern auch seine Stimmung mit, aus der ein geschickter Dichter eine besondere Gefühlslage aufbauen kann, die beim Hörer ankommt.

Ich kam gegangen	*Ich kam gegangen*
zuo der ouwe,	*zu der Aue,*
dô was mîn friedel komen ê.	*wo mein Freund bereits war.*
Dâ wart ich enpfangen,	*Da wurde ich empfangen (wie eine)*
hêre frouwe,	*Hohe Frau,*
daz ich bin sælic iemer mê.	*sodass ich selig war immer mehr.*
Kuster mich? Wol tûsentstunt:	*Küsste er mich? Wohl tausendmal:*
tandaradei,	*(s.o.)*
seht, wie rôt mir ist der munt.	*Seht, wie rot mir der Mund ist.*

In Strophe 2 kommt das lyrische Ich an den verabredeten Treffpunkt, die Aue (*ouwe*, V. 10), wo ihr Geliebter (*friedel*, V. 12) sie bereits erwartet und sie wie eine hohe Frau (*hêre frouwe*, V.14), also wie eine Adlige empfängt,[2] was sie selig (*saelic*, V. 15) macht. Die Frage „*Küsste er mich?*" (*kuster mich?*, V. 16) muss als rhetorische Frage gemeint sein, denn die Antwort ist geradezu selbstverständlich: Wohl tausendmal (*Wol tusentstunt*, ebd.), was der noch ganz rot geküsste Mund der lyrischen Ich-Erzählerin beweist (V. 18).

Strophe 2 berichtet also vom zart-intimen Beginn der kleinen Verabredung in der Einsamkeit der Natur. Noch ist das Geschilderte in den Grenzen des Sittlichen (höchstens die Anzahl der Küsse könnte prüde Seelen bereits bedenklich stimmen). Doch schon in der folgenden Strophe 3 werden die Andeutungen intimer und knisternder:

Dô het er gemachet	*Da hatte er gemacht*
alsô rîche	*so reich*
von bluomen eine bettestat.	*von Blumen eine Bettstatt.*

---

[2] Für diese Stelle gibt es auch andere Deutungen, weil der Satzbau hier nicht ganz typisch für das Mittelhochdeutsche ist, aber diese Feinheiten überlassen wir getrost den Literaturwissenschaftlern.

Des wirt noch gelachet	*Darüber wird noch lachen*
inneclîche,	*inniglich,*
kumt iemen an daz selbe pfat.	*jemand an denselben Pfad kommt.*
Bî den rôsen er wol mac,	*An den Rosen kann er wohl,*
tandaradei,	*(s.o.)*
merken, wâ mirz houbet lac.	*erkennen, wo mir das Haupt lag.*

Wir erfahren, dass die *gebrochen bluomen* aus Strophe 1 vom Geliebten zu einer Art Liebesnest arrangiert worden sind (*von bluomen eine bettestat*, V. 21), was für die Zeitgenossen offenbar ein so deutliches Zeichen für den erotischen Zweck des Lagers war, dass jeder Wanderer, der den *selben pfat* (V. 24) nimmt, darüber inniglich lachen wird (V. 22 f). Beachte, mit welchen zarten Andeutungen Walther von der Vogelweide hier deutlich macht, dass der Zweck des Blumenbettes eindeutig zu erkennen ist, ohne dabei sprachlich derb oder anzüglich werden zu müssen. Lediglich ein Verweis auf die *rosen* (V. 25), an denen man sehen könne, *wo mein Kopf lag,* (*wâ mirz houbet lac,* V. 27), geben einen vorsichtigen Hinweis darauf, dass das Blumenbett nicht ungenutzt geblieben ist…

Dafür spricht schließlich auch Strophe 4, die das Gedicht mit einem kleinen Paradoxon (einem *Widerspruch in sich*) abschließt.

Daz er bî mir læge,	*Dass er bei mir gelegen hat,*
wessez iemen	*wüsste es jemand*
(nû enwelle got!),	*(Das wolle Gott nicht!),*
sô schamt ich mich.	*so schämte ich mich.*
Wes er mit mir pflæge,	*Was er mit mir getan hat,*
niemer niemen	*niemals niemand*
bevinde daz, wan er und ich,	*herausfinden, als er und ich,*
und ein kleinez vogellîn	*und ein kleines Vögelchen*
tandaradei,	*(s. o.)*
daz mac wol getriuwe sîn.	*das wird wohl verschwiegen sein.*

Das lyrische Ich berichtet uns freimütig, dass um Gottes Willen niemand außer *er und ich* (V. 34) wissen dürfe, *dass er bei mir lag* ([d]*az er bî mir læge*, V. 28) und *was er mit mir tat* ([w]*es er mit mir pflæge*, V. 31), denn sonst hätte es allen Grund, sich zu schämen (*sô schamt ich mich*, V. 31). Wir erfahren damit nicht nur, dass es offenbar tatsächlich zu sehr privaten Intimitäten zwischen den Liebenden gekommen ist, sondern paradoxerweise auch, dass wir genau das *nicht* erfahren dürfen!

Wie lässt sich dieser Widerspruch auflösen? Für diese Frage müssen wir uns deutlich machen, was ein Gedicht eigentlich ist: Wie keine andere Kunstgattung ist die Dichtkunst (Lyrik), der Ausdruck eines persönlichen (subjektiven) Empfindens. Das *lyrische Ich* ist ja ein Wesen, das in keiner anderen Welt als in der Welt des Gedichtes existiert – einer Welt, die ausschließlich aus Sprache besteht und in der alles – wirklich alles! – möglich ist, was überhaupt sprachlich ausgedrückt werden kann!

Im Gedicht akzeptieren wir Situationen, Szenen und Bilder, mit denen wir in anderen Literaturgattungen Probleme hätten. Denk nur an das kleine *vogellîn* (*Vögelchen*, V. 36), das vom lyrischen Ich in den letzten beiden Zeilen unseres Gedichtes als (hoffentlich verschwiegener) Zeuge der Liebesbeziehung genannt wird – ganz so, als könnte er wirklich das Geheimnis ausplaudern. Einen sprechenden Vogel akzeptieren wir in einem Gedicht viel eher als etwa in einem Roman. Selbst im Märchen können Vögel nicht einfach so sprechen, sondern nur, wenn irgendwie Magie am Werk ist. Im Gedicht hingegen wundert es uns überhaupt nicht, dass das lyrische Ich auf die Verschwiegenheit des gefiederten Zeugen hofft, obwohl wir das *vogellîn* deshalb nicht zwangsläufig für verzaubert halten.

In der Lyrik akzeptieren wir auch Wortneuschöpfungen, selbst wenn diese noch nicht einmal eine Bedeutung haben: Viermal – nämlich in jeder vorletzten Zeile der Strophen – lesen wir das

Wort *tandaradei*, das keinen Inhalt hat, sondern ausschließlich aus
Klang besteht. In welcher anderen Textart wäre das so unproble-
matisch? In Romanen, Novellen oder Dramen findest du schwer-
lich ein Wort ohne Bedeutung – warum auch? Aber das Wort „Lyrik" kommt von der „Lyra", einer antiken Harfe, und aus dieser
Tradition erklärt sich die Nähe von Gedicht und Gesang. Das
Wort *tandaradei* dient deshalb nicht der Handlung, sondern ausschließlich dem Klang des Werkes.

In Gedichten geschieht es sogar mitunter, dass die Regeln der
Grammatik über den Haufen geworfen werden, ohne dass wir den
Verfasser deshalb für unzurechnungsfähig halten (Beispiele dafür
werden wir in den folgenden Kapiteln immer wieder finden). Und
weil der Autor im Gedicht eine eigene Welt erschafft, in der nur
seine eigenen Gesetze herrschen, kann das lyrische Ich uns auch
sorglos über seine intimsten Geheimnisse erzählen. Wir, die wir
davon wissen, sind nicht von seiner Welt und kommen als Verrä-
ter des Geheimnisses nicht infrage.

Übrigens bedeutet „eigene Gesetze des Gedichtes" keineswegs
Gesetz*losigkeit* – im Gegenteil! Viele Gedichte folgen sehr strengen
Gesetzen – ganz besonders häufig in ihrem Rhythmus, in der Anzahl, Betonung und Abfolge der Silben, in der Anzahl der Verse
und Strophen, im Klang der Worte und auch in ihrer Bedeutung.
Auf diese Punkte werden wir im folgenden Kapitel eingehen,
wenn wir einen besonders strengen Vertreter der lyrischen Gattung kennen lernen werden (das Barock liebte nämlich strenge
Kunstregeln).

Auch unser Gedicht folgt verschiedenen Gesetzen. Eines davon
haben wir schon am Anfang bei der Darstellung der Landschaft
entdeckt, die wie ein idyllisches Gemälde durchkomponiert ist.
Ein weiteres Gesetz ist das der zart-andeutenden Sprache, die

niemals grob oder überdeutlich wird. Würde sie zu derb, wäre ein Gesetz verletzt und wir als die Leser würden das merken: Stell dir vor, der Geliebte würde in Ritterrüstung unter der Linde erscheinen – warum nicht in einem mittelalterlichen Gedicht, schließlich wurde es sicher oft vor Rittern und Edelfrauen vorgetragen! Darum nicht: Weil die Härte und Kälte von Eisen und der kriegerische Charakter einer Rüstung in unserem Gedicht nichts zu suchen haben. Die künstlerische Freiheit geht so weit, dass der Dichter jedes Gesetz erfinden oder außer Kraft setzen darf. Aber wenn er sich einmal entschieden hat, muss er sich selbst an seine Gesetze halten, sonst leidet sein Werk.

Ein drittes Gesetz in unserem Gedicht ist das des Klanges, mit dem die Sanftheit des Inhalts noch unterstützt wird. Walther verzichtet auf Wörter mit vielen oder mit harten Konsonanten und wählt weiche und vokalreiche Klänge: *linde, heide, bluomen, walde, rosen*, um nur einige Substantive zu nennen (bei den Verben und Adjektiven ist es ähnlich). Die klangliche Anmut gipfelt schließlich in jeder Strophe in der Lautmalerei *tandaradei* – stell dir vor, Walther hätte *Tschingderassabum* gewählt…

Rhythmisch folgt das Gedicht *Under der linden* eher freien Gesetzen. Es hat eine regelmäßige Anzahl betonter Silben in jeder Strophe, aber dazwischen manchmal eine, manchmal zwei unbetonte Silben (genauer werden wir uns solche Fragen in späteren Gedichten ansehen). Das führt zu einer leichten und wiegenden Singbarkeit des ganzen Werkes, die du gut nachvollziehen kannst, wenn du dir mal eine der vielen Vertonungen anhörst, die man leicht im Internet findet. Walther von der Vogelweide hat sein Gedicht sehr wahrscheinlich selbst zur Laute oder zur Harfe gesungen. Man braucht ein wenig Eingewöhnungszeit, um die eigentümliche Zartheit der mittelhochdeutschen Sprachmelodie lieben zu lernen, aber es hat einen Grund, warum sich noch heute so viele Künstler an der Vertonung von Minnelyrik versuchen.

Fassen wir zusammen: Gedichte sind Kunstwerke, in denen der Autor besonders frei ist, seine ganz eigenen Gesetze walten zu lassen. Dennoch – oder vielleicht gerade deshalb? – ist es keineswegs so, dass die Dichter der Literaturgeschichte diese große Freiheit immer voll ausgeschöpft hätten. Vielmehr haben sie oft und gern Moden und Trends übernommen, die ihnen künstlerisch eingeleuchtet haben. Die wichtigsten und bedeutendsten dieser Trends sprechen wir heute als literarische Epochen an. Sie sind niemals zufällig, sondern immer das Resultat einer Entwicklung.

Viele der berühmtesten und beliebtesten Gedichte der deutschen Literatur zeigen eine bemerkenswerte Mischung aus Neuheit und Eigentümlichkeit einerseits (das macht sie so besonders) und Unterwerfung unter die Trends der Epoche (das macht sie so populär und für die Zwecke dieses Buches so geeignet).

Ist nun Walther von der Vogelweides *Under der linden* besonders typisch für die mittelalterliche Dichtung? Ja und Nein. Um 1200 sangen viele europäische Dichter von der *minne* (ein mittelhochdeutscher Ausdruck für die Liebe). Typisch sind auch der sanfte, sangbare Klang und die Zartheit im Umgang mit der geliebten Frau (die wahrscheinlich im krassen Gegensatz zum tatsächlichen Alltagsleben im Mittelalter stand). Typisch ist schließlich die hohe Bedeutung einer meist idyllisch geschilderten Natur, die den Seelenzustand der Handelnden widerspiegelt: Jedes Mal, wenn König Artus mit seinen Rittern ausreitet, ist (zufällig?) gerade Pfingsten.

Anders als bei Walther war Minnelyrik sonst in der Regel an eine höher stehende, adlige Dame gerichtet, die der ritterliche Sänger niemals würde erreichen können und die er deshalb nur umso mehr anschmachten konnte. Dass Walther hier seine eigenen

Wege geht und aus der Sicht eines wahrscheinlich nicht-adligen Mädchens schreibt, ist einer der Gründe, warum dieses Gedicht – und nicht die vielen viel typischeren – so unsterblich geworden ist.

Im folgenden Kapitel werden wir ein Gedicht kennen lernen, das typischer für seine Epoche kaum sein könnte. Und wir werden daran genauer begreifen, was Epochen eigentlich sind.

2. Barock

Christian Hoffmann von Hoffmannswaldau
Vergänglichkeit der Schönheit (vor 1679)

Wenn es eine Kunstepoche gegeben hat, in der Widersprüchlichkeit und Zerrissenheit die zentralen Eigenschaften waren, dann ist das wohl das Barock (ca. 1600–1770). Das fängt schon damit an, dass man nicht einmal genau weiß, was das Wort „Barock" überhaupt bedeutet und wo es herkommt.[3] Außerdem zeigt kaum eine Epoche so deutlich und in allen Künsten solche Ähnlichkeiten der Merkmale. Eines dieser gemeinsamen Merkmale war eine große Vorliebe für *Kunst* – aber nicht so, wie wir das Wort heute verstehen, sondern im Sinne von *Können, Künstlichkeit, Kunstfertigkeit* oder Handwerks*kunst*. Wenn du dir im Grünen Gewölbe in Dresden einmal den berühmten Kirschkern betrachtest – den mit den 185 geschnitzten Gesichtern darauf – dann weißt du, was ich meine.

Barock ist *Künstlichkeit* ins Extrem getrieben: Man hatte in der Mode eine Vorliebe für reich verzierte Kleider mit Brokat, Spitzen und Rüschen, deren Korsette so eng und deren Unterröcke so füllig waren, dass die Damen darin kaum atmen, geschweige denn laufen konnten. Du kennst vielleicht das berühmte Gemälde des „Sonnenkönigs" Ludwig XIV.? Mit dem Mantel könnte der Monarch keine fünf Meter zurücklegen. Man trug aufgetürmte Perücken über den stark gepuderten und geschminkten Gesichtern. Sich zu waschen, war verpönt – bei Hof sprühte man sich stattdessen mit teuren Parfums ein, um den mitunter schauderhaften

---

[3] Es gibt da verschiedene Annahmen und Herleitungsversuche, die uns hier aber egal sein können, weil keine uns wirklich etwas über die Epoche und ihre charakteristischen Eigenschaften verrät.

Körpergeruch zu überdecken (kein Witz!). Die Schlösser mit ihren
markanten grünen Kuppeln wurden aus einer schier unendlichen
Reihe von Zimmern und Sälen gebildet, alle üppig verziert mit
Spiegeln und Deckengemälden, mit prächtigen Stuck-Ornamen-
ten und aufwändig furnierten und polierten Möbeln. Hinter dem
Schloss der akkurat geschnittene Park, in dem keine Pflanze wachsen durfte, wie sie wollte: Bäume, Sträucher, Hecken wurden zu
kunstvollen geometrischen Figuren gestutzt und in schnurgerader
Linie oder eleganten Schwüngen ausgerichtet: Selbst die Natur
musste sich der Kunst unterwerfen. Wie stark unterscheidet sich
dieser Geschmack von der Idylle aus dem Gedicht Walthers von
der Vogelweide! Selbst die Kochkunst spiegelte mit ihren aufwändigen Pasteten und subtilen Süßspeisen diesen Hang zur Künstlichkeit wider.

Die dauerhafteste Wirkung hat das Barock bis heute wohl auf die
Musik gehabt, die Schwester der Dichtkunst. Wo immer es festlich
wird, sind die feierlichen Werke von Bach und Händel mit dabei:
Weihnachtsoratorium, Matthäus-Passion, Feuerwerksmusik – hier
ist ein Stück Barock zum Teil unserer eigenen Kultur geworden.
Dabei ist die barocke Musik so kunstvoll, dass sie es uns nicht
gerade einfach macht, sie zu genießen, denn die Bauprinzipien
sind streng und schwer zu durchschauen.

Am besten kann man sich das anhand der Fuge deutlich machen,
einer extrem barocken Kompositionsart, der uns in dieser Geschichte wiederbegegnen wird. Stell dir das so vor: Ein Violinist
trägt eine beliebige Melodie mit Orchesterbegleitung vor. Während er spielt und die Melodie seines Stückes entwickelt, kommt
ein zweiter Violinist und beginnt das gleiche Stück mit der gleichen Melodie – nur 20 Sekunden später. Und siehe da, beide
Klänge harmonieren miteinander – oder besser: die Melodie har-
moniert mit sich selbst – mit ihrer eigenen Vergangenheit. Aber

nicht genug damit: 10 Sekunden später tritt eine Flötistin hinzu und beginnt das Lied zum dritten Mal, diesmal aber in den hohen Lagen des Klangraumes. Und weitere 20 Sekunden später beginnt ein Bass und dann eine Viola und dann noch ein Cello, sodass ein höchst verschlungenes Geflecht aus Stimmen entsteht. Es gibt Fugen, die dieses Spiel mit sieben Stimmen betreiben – kein Wunder, dass man darin die Orientierung verliert, wenn man barocke Musik nicht gewohnt ist. Ein leicht verständliches Beispiel für eine Fuge ist das Presto aus Bachs Brandenburgischem Konzert No. 4, das du leicht im Internet findest.

Das Barock war also eine Zeit, die strenge, komplizierte Kunstprinzipien liebte und der es gar nicht künstlich genug sein konnte. Das ist kein Zufall, denn dieser hellen, verspielten Seite der barocken Kultur stand eine düstere, ängstliche und pessimistische gegenüber, von der man sich nur allzu gern ablenken wollte. Diese düstere Seite beruhte auf den vielen Erfahrungen von Zerstörung und Unheil, die das 16. und das 17. Jahrhundert reichlich zu bieten hatten: Da war zunächst das Glaubensproblem. Die Reformation, gerade zwei bis drei Generationen her, hatte den Menschen die Gewissheit geraubt, nach dem Tod in den Himmel zu kommen, sofern sie sich nur halbwegs an die kirchlichen Regeln hielten. Seit dem 16. Jh. predigten die Lutheraner etwas anderes als die Calvinisten und die Calvinisten etwas anderes als der Papst, aber wer hatte recht? Wie zur Bestätigung gingen in der Landwirtschaft die Erträge für viele Jahrzehnte zurück (die sog. *kleine Eiszeit* um 1600) und wegen der deutlich schlechteren Ernährungslage gingen Seuchen um – ganz so, als wolle Gott die Menschen strafen. Man lebte in panischer Angst vor dem Teufel und seinen Hexen, die plötzlich überall aufzutauchen schienen (und entsetzlich häufig grausam umgebracht wurden). Den Gipfelpunkt der Katastrophen bildete schließlich der 30-jährige Krieg 1618-48, der Not,

Gewalt und Elend eine ganze Generation lang in Europa verbreitete und die Bevölkerung Deutschlands in manchen Gebieten auf weniger als ein Drittel dezimierte. Ist es da verwunderlich, dass man sich aus diesem Chaos gern in eine Welt strenger künstlicher Ordnung flüchtete? Ordnung schafft Sicherheit und Sicherheit war rar in diesen Zeiten.

Christian Hoffmann von Hoffmannswaldau
Vergänglichkeit der Schönheit (vor 1679)

Es wird der bleiche Tod mit seiner kalten Hand
Dir endlich mit der Zeit um deine Brüste streichen
Der liebliche Corall der Lippen wird verbleichen;
Der Schultern warmer Schnee wird werden kalter Sand

5   Der Augen süsser Blitz, die Kräffte deiner Hand
Für welchen solches fällt, die werden zeitlich weichen
Das haar, das itzund kan des Goldes Glantz erreichen
Tilget endlich tag und jahr als ein gemeines band.

Der wohlgesetzte Fuss, die lieblichen Gebärden
10   Die werden theils zu Staub, theils nichts und nichtig werden
Denn opfert keiner mehr der Gottheit deiner pracht.

Diß und noch mehr als diß muß endlich untergehen
Dein Hertze kan allein zu aller Zeit bestehen
Dieweil es die Natur aus Diamant gemacht.

Hoffmannswaldaus Gedicht spielt mit den beiden Seiten des Barock – mit der hellen, kunstvollen Lebensfreude und dem tiefen Pessimismus. Was dabei herauskommt, ist das sog. Vanitas-Motiv

(Vanitas, lat.: Vergänglichkeit): Alles Schöne ist letztendlich dazu verurteilt zu vergehen:

Es wird der bleiche Tod mit seiner kalten Hand
Dir endlich mit der Zeit um deine Brüste streichen

Hoffmannswaldau empfängt uns in seinem Gedicht mit der Personifikation des Todes, der *mit seiner bleichen Hand* (V. 1) nach den Lebenden greift. Diese Art der Darstellung ist ein typisches Beispiel für eine Allegorie (ein *Gedankenbild*): Das abstrakte Konzept „Tod" wird zu einer Person und wir alle wissen, wie ein solcher allegorischer Tod aussieht: Er spukt mit seinem Mantel, der Sense und der Sanduhr durch jeden zweiten Disney-Film. In unserem Gedicht spielt er aber nur die dritte Person, denn das lyrische Ich wendet sich an einen – wahrscheinlich an ein*e* – Leser*in,* der es nicht gerade zimperlich deutlich macht, dass sie eines Tages zu sterben habe. Diese Botschaft nennen wir ein Memento mori (lat.: *Bedenke, dass du sterben wirst*) und wir begegnen dieser Gedankenfigur überall im Barock, in Liedern, in Gemälden, in Skulpturen, in der Architektur: hier ein Totenkopf, da eine verwelkende Blume im Glas, dort ein totes Rebhuhn.

Ist dir aufgefallen, wie kunstvoll Hoffmannswaldau die Botschaft des Memento mori in eine kühl-erotische Atmosphäre setzt: Die *kalte[...] Hand* des Todes streicht *um deine Brüste* (V. 1 f). Deutlicher kann ein barocker Dichter nicht werden. Höchstens genauer:

Der liebliche Corall der Lippen wird verbleichen;
Der Schultern warmer Schnee wird werden kalter Sand

Rote Korallen waren im Europa des 17. Jahrhunderts extrem selten und entsprechend teuer. Die Lippen der Angebeteten mit dem *Corall* (V. 3) zu vergleichen, unterstreicht folglich nicht nur die Schönheit, sondern auch den Wert dieser körperlichen Zierde. Beachte bitte auch das wunderbare sprachliche Bild *Der Schultern*

warmer Schnee (V. 4): Kann man kunstvoller gleichzeitig den Anblick des schönen Körpers wie auch die kühl-erotische Ausstrah-
lung der Angesprochenen charakterisieren?

Lass uns kurz den Aufbau der Strophe untersuchen, denn Form
ist eines der Schlüsselprinzipien des Barock. Jeder Vers zerfällt genau in der Mitte rhythmisch in zwei gleich große Teile:

> *„der Schul| tern* **war**| *mer* **Schnee**" *(7 Silben)*
> *„wird* **wer**| *den* **kal**| *ter* **Sand**" *(7 Silben)*.

Und auch der Inhalt folgt diesem Bruch: hier die schöne Angesprochene – dort das, was aus ihr wird.

Einen solchen Vers nennen wir Alexandriner: Sechs betonte Silben pro Vers (ich hab sie fett markiert), dazwischen je eine unbetonte, in der Mitte ein klarer Schnitt (eine Zäsur). Probier es aus:
es klappt in allen Zeilen des Gedichtes – bis auf eine einzige Ausnahme, und das hat Gründe...[4]

Auf heutige Leser wirkt der Alexandriner immer etwas behäbig
und statisch – wie ein Tanzbär, und so ähnlich sahen die barocken
Schreit-Tänze ja auch aus. Die völlig exakte Rhythmik wirkt eher
ermüdend als ermunternd – aber genau das passte in die strenge
Kunstwelt des Barock. Und das Thema ist ja auch wahrhaft nicht
besonders ausgelassen.

Alexandriner wurden im Barock gern verwendet. Sie sind schwer
zu bändigen, weil der Dichter exakt auf den Versaufbau Rücksicht
nehmen und seine Botschaft in kleine, sechs- oder siebensilbige
Abschnitte zwängen muss, die darüber hinaus noch in ein

---

[4]..., die wir aber an dieser Stelle nicht besprechen werden. Im übernächsten
Kapitel werden wir solche Abweichungen genauer unter die Lupe nehmen und
ihre Gründe untersuchen. Im Anschluss kannst du dich auch an dieser Stelle
einmal versuchen.

komplexes Reimschema passen müssen – eine würdige Herausforderung für einen Sprachkünstler. Siehst du, wie der barocke Dichter – ganz so wie der Gärtner des Schlossparks – aus dem wildwüchsigen Gebüsch der Sprache eine exakte, geometrische Palisadenhecke schneidet? Das ist Barock.

Es wird dich bei all der Formstrenge nicht wundern, dass auch der Gesamtaufbau des Gedichtes einem strengen Prinzip folgt. Wir nennen es Sonett und praktisch jeder große Dichter hat sich irgendwann einmal daran versucht: Goethe, Heine, Rilke – und natürlich Shakespeare mit seinem unsterblichen Sonettzyklus.

Der Aufbau des Sonetts ist streng vorgegeben: 14 Zeilen in vier Strophen; die ersten beiden je aus vier, die folgenden beiden je aus drei Versen. Man nennt sie die Quartette (= 4) und die Terzette (= 3). Für das barocke Sonett ist außerdem der Alexandriner typisch. Hast du darüber hinaus bemerkt, dass Hoffmannswaldau im zweiten Quartett die gleichen Reimsilben verwendet wie im ersten?[5] Eine zusätzliche künstlerische Hürde, denn natürlich ist es viel schwerer, je vier passende Reimwörter zu finden als nur je zwei.

Auch inhaltlich ist das Gedicht streng gegliedert: Jedem Merkmal des Lebens und der Schönheit wird eines des Todes und des Hässlichen entgegengestellt:

o   die *Brüste* und der *bleiche Tod* (V. 1),
o   der *warme Schnee* und der *kalte Sand.* (V.2),
o   Des *Goldes Glanz* wird ein *gemeines Band* (V. 7 f),
o   die *lieblichen Gebärden* werden zu *Staub* (V. 9 f).

---

[5] *Hand > Sand > Hand > Band*, und in den geraden Versen: *streichen > verbleichen > weichen > erreichen.*

Eine solche Gegenüberstellung von Gegensätzen nennen wir Antithese. Antithesen sind ausgesprochen häufig in der Literatur,
denn im Grunde sind sie nichts anderes als ein Konflikt (gut –
böse; schön – hässlich; stark – schwach; dumm – klug etc.) und
ohne solche Konflikte kommt Literatur nun einmal nicht aus.
Aber Antithesen sind natürlich auch ganz besonders geeignet, die
Zerrissenheit der barocken Kultur in Sprache zu kleiden. Deshalb
sind sie so typisch für die Zeit: Hoffmannswaldau kostet die
Schönheit der Angesprochenen sprachlich voll aus, aber er negiert
den Wert dieser Schönheit in jedem zweiten Vers durch sein
Memento mori.

> *Der wohlgesetzte Fuss, die lieblichen Gebärden*
> *Die werden theils zu Staub, theils nichts und nichtig werden*
> *Denn opfert keiner mehr der Gottheit deiner pracht.*

Es wäre dennoch zu kurz gegriffen, die beschriebene Schönheit
der Angesprochenen nur als etwas Zerstörbares und Nichtiges zu
deuten, denn indem Hoffmannswaldau den schönen weiblichen
Körper in den Quartetten buchstäblich von Kopf bis Fuß sprachlich auskostet, ja sogar zu einer *Gottheit* (V. 11) stilisiert, beweist er
einen feinen, ja überfeinen Sinn für (Lebens-)Lust. Sie gehört zur
hellen Seite des Barock und wird oft mit dem lateinischen Sinn-
spruch Carpe diem (*Nutze den Tag*) dem düsteren *Memento mori* entgegengestellt.

Sonette sind häufig Liebesgedichte. Aber es sind auch häufig philosophische Sinnsprüche. Für unser Gedicht passt erstaunlicher-
weise beides – je nachdem, ob wir die Angesprochene als eine
konkrete Person oder nur allgemein als *irgendeine* Schöne interpretieren. Das ist bemerkenswert, denn es verändert stark die Bedeutung der Schlussverse:

Dein Hertze kan allein zu aller Zeit bestehen
Dieweil es die Natur aus Diamant gemacht.

Nehmen wir an, das lyrische Ich will die Leserinnen und Leser
lediglich allgemein vor der Vergänglichkeit der Schönheit warnen:
Dann ist die Botschaft der letzten beiden Zeilen ein tröstender
Hoffnungsschimmer: Etwas von dir wird die Zeiten überstehen,
denn die Natur hat dein Herz aus Diamant gemacht. Die Dia-
mant-Metapher verdeutlicht in dieser Lesart die Festigkeit und
Ewigkeit des Herzens und natürlich seinen immensen Wert. Das
Herz allein wird überleben – das ist der Ausweg aus der Sterblich-
keit und Vergänglichkeit unseres irdischen Daseins.

Ganz anders lesen sich die Zeilen, wenn das lyrische Ich ein ganz
konkretes *lyrisches Du* anspricht – noch dazu eines, das nicht nur
weiblich und höchst anmutig ist, sondern das dem Dichter auch
schon einmal kühl die schneeweiße Schulter gezeigt hat (vgl. V. 4):
In diesem Falle stünde die Diamantenmetapher eher für die Härte,
Kälte und edle Unnahbarkeit des Herzens der schönen Dame. Der
letzte Vers wäre nun plötzlich der Vorwurf eines zurückgewiese-
nen Liebhabers.

Was Hoffmannswaldau eigentlich meinte, kann uns im Augenblick herzlich egal sein, denn wir sind nicht seine Biografen, sondern sein Publikum. Es ist gut möglich, dass er mit der Doppeldeutigkeit der Schlussverse bewusst gespielt hat. Vielleicht auch
unbewusst. Aber ist es nicht faszinierend, wie die Metapher des
Diamanten, aus zwei unterschiedlichen Blickwinkeln betrachtet,
so etwas Unterschiedliches aussagen kann? Und dabei doch in beiden Blickwinkeln völlig Sinn ergibt?

Fassen wir also zusammen: Hoffmannswaldau bringt die Zerrissenheit der barocken Kultur zwischen Lebensfreude und Todes-
angst durch ein Sonett mit *Vanitas*-Motiven zum Ausdruck, in

welchem in strengen Alexandrinern *Carpe diem* und *Memento mori*
einander antithetisch gegenübergestellt werden. Wenn du diesen
letzten Satz lesen und verstehen konntest, kannst du dich zurecht
einen *Adepten*[6] *der Literaturwissenschaft* nennen.

Das Barock war die letzte große *höfische* Epoche, also eine Kultur,
die vom Adel ausging: Er war nicht nur der wichtigste Kunstkon-
sument, sondern auch der bedeutendste Geldgeber. Kein Wunder,
dass es daher im Barock auch thematisch viel um das Leben und
die Sorgen einer überwiegend adligen Schicht ging. Die dem Barock folgende Epoche, die Aufklärung, war dagegen vor allem *bür-
gerlich* geprägt, stellte ganz andere Fragen und setzte auch künstlerisch neue Akzente. Einige Merkmale des Barock übernahm sie
dabei und entwickelte sie weiter, andere hingegen hat sie radikal
negiert.

---

[6] Und wenn du diese Fußnote nachgeschlagen hast, möchtest du bestimmt
wissen, was ein *Adept* ist. Falls ja, finde es heraus...

3. Aufklärung

Magnus Gottfried Lichtwer
Die beraubte Fabel (1762)

Wer an die Epoche der Aufklärung denkt, denkt sofort an Begriffe wie Vernunft, Verstand, Denken – kurz: an *Rationalität*. Kant sagt, der Wahlspruch der Aufklärung sei: „Habe Mut, dich deines eigenen Verstandes zu bedienen!" Was allerdings schnell vergessen wird, ist, dass Denken, Verstand und Rationalität bereits im Barock in hohen Ehren standen. Die großen Denker des Rationalismus – Descartes, Newton, Leibnitz und viele andere – waren Kinder des Barock, nicht erst der Aufklärung. Und was sind die strengen mathematischen und geometrischen Kunstprinzipien des Barock anderes als Kunst gewordene Rationalität?

Der Unterschied zwischen Barock und Aufklärung liegt nicht in der Rationalität; auch nicht darin, dass das Barock ein höfische, die Aufklärung hingegen eine bürgerliche Kultur war. Der eigentliche und fundamentale Unterschied liegt im unerhörten Optimismus der Aufklärung! Nämlich der Überzeugung, dass alles gut werden kann auf dieser Welt, dass der Mensch im Grunde gut ist und nur durch geeignete Mittel in die Lage versetzt werden müsse, auch *tatsächlich* gut zu sein und Gutes zu tun.

Diesen Optimismus, der das genaue Gegenteil des barocken Pessimismus war, teilte die Aufklärung mit vielen späteren Strömungen, zum Beispiel mit der Klassik oder der Romantik (Kap. 6 und 7). Wir sprechen sie alle gemeinsam als *Idealismus* an und meinen damit, dass die Künstler danach strebten, den Menschen in irgendeiner Weise zu vervollkommnen – also ein menschliches *Ideal* zu erreichen. Unterschiede zwischen den Strömungen bestanden nicht so sehr im *Ziel* der Entwicklung, als in dem *Weg*, den man zur Vervollkommnung des Menschen einschlagen wollte.

Der Weg, den die Aufklärung für richtig hielt, war die *Vernunft*. Man glaubte fest daran, dass es letztlich nur eine Wahrheit gebe und dass jeder Mensch in der Lage sei, diese Wahrheit zu erkennen, wenn er nur richtig nachdenkt. Das ist ziemlich rational – so als wäre die Welt eine Gleichung, auf die es nur eine Lösung gibt. Und es ist auch ein kleines bisschen anmaßend, denn natürlich glaubten die Denker der Aufklärung, der Wahrheit wesentlich näher zu sein als der Rest der Welt, welcher durch geduldige, aufgeklärte Lehrer noch zum Besseren erzogen werden müsse.

Aber genau hier liegt ein Schlüssel zum Verständnis der Aufklärung: Da sie sich die Verbesserung der Welt auf die Fahnen geschrieben hatte, war sie notwendig auch eine Kultur der Bildung, der Erziehung und der Wissenschaften. Dieser Teil der Aufklärung ist noch in unserer Zeit voll lebendig: Das europäische Bildungssystem folgt nach wie vor weitgehend den Idealen der Aufklärung und einige andere Bereiche unserer Gesellschaft ebenfalls, wie wir später kurz sehen werden.

Aufklärung war also ein Erziehungsprojekt hin zur allgemeinen Vernunft und Güte. Aber welche Rolle konnte in einem solchen Projekt die Dichtkunst spielen? Wie soll ein Gedicht sinnvoll zur Erziehung des Menschengeschlechts beitragen?[7] Die Antwort der Aufklärung war schlicht und praktisch: Die Dichtkunst wurde zu einem Vehikel umfunktioniert – zu einer Möglichkeit, dem Volk die Erkenntnisse der Aufklärung hübsch verpackt näher zu bringen und schmackhaft zu machen. Es gab eine ganze Kultur von erbaulichen, durchweg heiteren Kalendergeschichten, von weisen

---

[7] Schiller hat auf diese Frage eine berühmt gewordene Antwort gefunden, vgl. Kap. 6).

Sinnsprüchen und moralischen Erzählungen (und auch an unserem Gedicht werden wir diesen heiter-belehrenden Charakter entdecken können). Das heißt nicht, dass aufklärerische Literatur künstlerisch anspruchslos war. Aber aufklärerische Künstler verwendeten nur diejenigen Kunstmittel, die ihnen zur Erreichung ihrer erzieherischen Zwecke sinnvoll erschienen. Die überbordende Pracht des Barock war Vergangenheit. Aufklärung wollte Klarheit und Nüchternheit.

Eine besonders wichtige Form unter den erzieherischen Texten bildete die *Fabel*. Da sie in unserem Gedicht gleich höchstpersönlich als Figur auftreten wird, wollen wir uns vorab kurz näher ansehen, wie typische Fabeln aufgebaut sind. Fabeln funktionieren ganz einfach und fast immer über Tier-Allegorien: der eitle Rabe, der plumpe Bär, die diebische Elster usw. Europäische Fabeln haben ein sehr fest umgrenztes Tierreich und jedes Tier symbolisiert einen bestimmten menschlichen Charakterzug: Der Fuchs ist *immer* der gerissene Betrüger, der Löwe *immer* der Herrscher, das Lamm *immer* die unschuldige Seele. Indem diese Tiere auftreten, verkörpern sie Typen menschlichen Verhaltens, an denen wir eine Lektion lernen, eine Moral: Hier ist der Rabe mit dem Brot, dort ist der hungrige Fuchs, der dem Raben das Brot abluchsen will. Und weil der Rabe so eitel ist, fällt er auf die List des Fuchses herein und verliert seine Mahlzeit. Moral: Eitelkeit schadet dir nur. Siehst du, wie die Kunst des Geschichtenerzählens damit in den Dienst der vernünftigen Erziehung genommen wird? Das ist Aufklärung.

Viele Fabeln haben eine ausgesprochen kluge Moral und es lohnt sich, mal einige zu lesen – zum Beispiel die von Lessing. Sie sind sehr einfach zu verstehen, aber gar nicht so einfach zu begreifen, wenn man ihre Moral wirklich ernst nimmt. In unserem Gedicht

von Magnus Gottfried Lichtwer wird die Fabel zu einer Allegorie,
zu einer Göttin nämlich.

Magnus Gottfried Lichtwer
Die beraubte Fabel (1762)

Es zog die Göttin aller Dichter,
Die Fabel, in ein fremdes Land,
Wo eine Rotte Bösewichter
Sie einsam auf der Straße fand.

5   Ihr Beutel, den sie liefern müssen,
Befand sich leer; sie soll die Schuld
Mit dem Verlust der Kleider büßen.
Die Göttin litt es mit Geduld.

Mehr, als man hoffte, ward gefunden,
10   Man nahm ihr Alles; was geschah?
Die Fabel selber war verschwunden,
Es stand die bloße Wahrheit da.

Beschämt fiel hier die Rotte nieder,
Vergib uns, Göttin, das Vergehn,
15   Hier hast du deine Kleider wieder,
Wer kann die Wahrheit nackend sehn?

Sehr schnell ist die Form des Gedichtes behandelt: Vier Strophen
mit je vier Versen, jeder Vers bestehend aus vier betonten Silben
(4 x 4 x 4 – welche Rationalität!). Der Rhythmus ist ein Jambus[8]

---

[8] Den Takt eines Gedichtes bildet die regelmäßige Abfolge von betonten und
unbetonten Silben:

und damit der typische Takt für gefühlte 80% aller deutschen Gedichte. Nur an einer Stelle gibt es eine rhythmische Verwerfung,
nämlich am Anfang von Vers 9 (wir werden darauf zu sprechen
kommen). Außerdem liegt ein Kreuzreim (a-b-a-b) vor – auch das
ist in der Dichtung ausgesprochen häufig und wir erkennen daran:
Magnus Gottfried Lichtwer hat nicht im Geringsten vor, uns mit
künstlerischer Raffinesse zu beeindrucken, er will eine Geschichte
schön erzählen und davon sollen wir uns nicht durch subtile
Kunstfertigkeit ablenken lassen.

> *Es zog die Göttin aller Dichter,*
> *Die Fabel, in ein fremdes Land,*
> *Wo eine Rotte Bösewichter*
> *Sie einsam auf der Straße fand.*

Jamben sind immer gut geeignet, wenn man in einem Gedicht eine
Geschichte erzählen möchte – deshalb sind sie auch so häufig. In
unserem Gedicht wird ein Erlebnis der *Göttin [...] Fabel* (V. 2 f)
erzählt. Der Kunstkniff, die Fabel selbst als eine Allegorie auftreten zu lassen, ermöglicht es dem Dichter, seine Fabel zu *personifi-
zieren,* sodass sie ganz selbstverständlich *in ein fremdes Land* (V. 2)
reisen kann. Beachte, dass diese Fabel-Göttin alles andere als
prunkvoll daherkommt, sondern deutliche Merkmale der Armut
zeigt: Sie reist zu Fuß, sie reist allein und sie reist gänzlich ohne
Besitz: *Ihr Beutel [...] Befand sich leer* (V. 5 f). Möglicherweise ist die
Armut der Göttin Fabel eine Anspielung auf die finanzielle Situation vieler Fabeldichter: Von der Dichtkunst wurden damals und
werden heute nicht viele satt.

- Takte, die unbetont beginnen, nennen wir Jambus:
  *Es **war,** als **hätt'** der **Him**|mel*   (- ^- ^- ^-)
- Takte, die betont beginnen, nennen wir Trochäus:
  ***Al**/le **mei**/ne **Ent**/chen.*   (^- ^- ^-)

Ihr Beutel, den sie liefern müssen,
Befand sich leer; sie soll die Schuld
Mit dem Verlust der Kleider büßen.
Die Göttin litt es mit Geduld.

Ausgerechnet diese besitzlose Dichtergöttin wird von einer *Rotte Bösewichter* (V. 3) überfallen, die über ihren leeren Beutel so zornig werden, dass Sie sogar bereit sind, der göttlichen Dame die Kleider vom Leib zu rauben. Beachte, dass in dieser Entkleidungsszene nicht ein Fünkchen von erotischen Anspielungen zu finden ist, mit denen das Barock dieselbe Geschichte vielleicht sinnlich-frivol ausgeschmückt hätte – unser Gedicht strebt stattdessen rasch und unbeirrt in der Erzählung weiter:

Mehr, als man hoffte, ward gefunden,
Man nahm ihr Alles; was geschah?

Das Wort *Mehr* ist die erste Silbe des Verses und steht folglich an einer Stelle, wo der Jambus eigentlich eine unbetonte Silbe fordert, während die folgende Silbe („*als*") betont sein müsste, um in den Rhythmus des Gedichtes zu passen. Liest man den Vers in dieser Weise, ist zwar der Takt beibehalten, aber nicht die natürliche Sprachmelodie: *Mehr* muss betont werden, damit der Satz sinnvoll intoniert ist. Dass Lichtwer diesen rhythmischen Bruch in einem sonst vollständig regelmäßigen Gedicht in Kauf nimmt, ist ein klangliches Signal, das er setzt, um unsere Aufmerksamkeit zu lenken. Abweichung von der Regel schafft Aufmerksamkeit und Lichtwer nutzt das, um den Wendepunkt der kleinen Geschichte anzukündigen. Denn was finden die Diebe unter der Kleidung der Fabel? *Mehr*, als man hoffte...

Die Fabel selber war verschwunden,
Es stand die bloße Wahrheit da.

Die *bloße* – heute würde man sagen: die *nackte Wahrheit* – steht da, wo gerade noch die Göttin Fabel stand! Dieses kleine Sprachspiel drückt zunächst einen unerhörten Anspruch aus: Die Fabel ist damit nämlich nichts anderes als eine in Dichtung gekleidete Wahrheit. Irrtum ausgeschlossen? Wie sicher muss sich der Autor seiner Sache sein, um der Fabel eine solche Macht zuzutrauen! Das ist der Optimismus der Aufklärung in Reinform. Und er geht sogar noch tiefer, denn wie reagieren die Räuber?

> *Beschämt fiel hier die Rotte nieder,*
> *Vergib uns, Göttin, das Vergehn,*
> *Hier hast du deine Kleider wieder,*
> *Wer kann die Wahrheit nackend sehn?*

Bestürzt vom überwältigenden Anblick der Wahrheit erkennt *die Rotte* (V. 13) ihr *Vergehn* (V. 14). Sie fallen voller Reue *nieder* (V. 13) und bitten die Wahrheit, die geraubten Kleider zurückzunehmen (V. 15). Die Wahrheit gilt damit nicht nur als existent und erkennbar, sondern ihr Anblick ist offenbar auch so unerhört überzeugend, dass er allein ausreicht, um aus der *Rotte Bösewichter* vom Anfang des Gedichtes eine Gruppe *Beschämt[er]* (V. 13) zu machen. Im Angesicht der *bloße[n] Wahrheit* schmelzen die Räuber zu moralisch geläuterten armen Sündern zusammen, die augenblicklich Besserung geloben. Siehst du, welche tiefe Hoffnung die Aufklärer in die Kraft der Wahrheit gesetzt haben?

Magnus Gottfried Lichtwers Gedicht über die Fabel erzählt im Grunde selbst eine Fabel (wenngleich ohne Tiere) und hat damit den Anspruch, dem Leser eine kleine, belehrende Wahrheit zu vermitteln. Aus Tausenden und Abertausenden solcher kleinen Wahrheiten hat die Aufklärung im Laufe des 18. Jh. und darüber hinaus eine kulturelle Revolution geschaffen, die in vielerlei Hinsicht in der Weltgeschichte beispiellos ist und die noch lange kein

Ende hat. Sie hat schon auf die Zeitgenossen so überzeugend gewirkt, dass sie sogar Teile des pessimistischen Barock mit ihrem
Optimismus angesteckt hat (herausgekommen ist in der Kunst das
sog. Rokoko, die heitere kleine Schwester des Barock).

Die erstaunliche Wirkungsmacht der Aufklärung wurde dadurch
verursacht, dass man mit Vernunft und schöpferischem Optimismus die Welt ausgesprochen effizient gestalten kann: Wer eine
Brücke bauen will, braucht Pläne, braucht physikalische Kenntnisse, braucht Ingenieurskunst und und und. Wer das nicht vernünftig angeht, wird seine Brücke nicht fertigbekommen. Dass
unsere moderne Wissenschaft ohne den optimistischen Glauben
an die Vernunft nicht denkbar wäre, hatte ich bereits erwähnt.
Nicht weniger intensiv hat die Aufklärung auf unser Wirtschafts-
leben und unsere politische Kultur gewirkt. Es gibt berühmte und
einflussreiche aufklärerische Schriften über Wirtschafts- und über
Staatstheorie, die weit über das 18. Jh. hinaus ihre Wirkung entfaltet haben. Das ist ein wertvolles Erbe, denn Wirtschaft und Politik
sind zwei Gebiete, die man am allerbesten mit Vernunft betreibt
und mit nichts anderem. Dennoch hat die Aufklärung weder den
Hunger aus der Welt geschafft noch den Holocaust verhindert.
Sie hat die Umweltzerstörung nicht abgewehrt und das Unrecht
nicht gebannt. Aus diesen und anderen Gründen ist die Kritik an
der Aufklärung fast genau so alt wie die Aufklärung selbst.

Wir hingegen müssen uns merken, dass der optimistische Glaube
an die Vernunft, den wir Aufklärung nennen, weit mehr ist als eine
literarische Epoche. Er ist eine Sichtweise auf die Welt, dabei allerdings kein Allheilmittel. Dennoch hätte der europäischen Kultur Schlimmeres passieren können, als ausgerechnet von der Aufklärung geprägt zu werden: Wie würde unsere Welt wohl aussehen, wenn das Barock zur Leitkultur über die Jahrhunderte geworden wäre?

4. Empfindsamkeit

Friedrich Gottlieb Klopstock
Die frühen Gräber (1764)

Wir sind leicht geneigt, die Begriffe *Vernunft* und *Gefühle* als Gegensätze zueinander zu verstehen. Das ist auch meist ganz angemessen, denn unser Gefühlsleben scheint nicht gerade sonderlich
vernünftig zu sein. Es wird dich daher nicht wundern, dass die
Aufklärung in ihrer Frühphase eher wenig mit Gefühls- und Seelenleben des Menschen am Hut hatte. Es gab genug andere spannende Themen, die der rationalen Betrachtungsweise der Aufklärung leichter zugänglich waren. Aber schon nach gut einer Generation Aufklärung entdecken wir in der Poesie ein neues Interesse
am Gefühlsleben – allerdings ein typisch aufklärerisches Interesse,
denn natürlich kann man auch das Gefühls- und Seelenleben des
Menschen *vernünftig* untersuchen. Tut man das wissenschaftlich,
landet man unweigerlich bei der Psychologie und in gewisser
Weise ist die Empfindsamkeit eine Mutter der Psychologie – na,
zumindest eine Tante.

Die Empfindsamkeit spiegelt das neue, bewusste Interesse am
Seelenleben des Menschen wider, das in der frühen Aufklärung
eher vernachlässigt worden war und das man nun auf seine Eigenschaften und Besonderheiten untersuchte. Allerdings fand diese
Untersuchung nicht wissenschaftlich statt (bis zur wissenschaftli-
chen Psychologie dauerte es noch über ein Jahrhundert), sondern
künstlerisch: Wie kann ich meine Empfindungen in Sprache fassen, um sie anderen mitzuteilen? Wie kann ich *sagen*, was ich see-
lisch erlebe? Die sprachlichen Mittel, die das Barock für diese Aufgabe hatte, galten als verbraucht, als künstlich, unnatürlich und

nicht wahrhaftig genug. Die empfindsamen Dichter suchten nach neuen Ausdrucksmöglichkeiten.

Mit ihren sprachlichen Untersuchungen der Gefühle gab die Empfindsamkeit der Dichtkunst einen ganz anderen Stellenwert als die Aufklärung: Statt „nur" ein Mittel zu vernünftigen Zwecken zu sein, wurde das Gefühlsleben nun zum Untersuchungsgegenstand und die Dichtkunst zum Medium, das Nichtsagbare in Worte zu fassen. Mit der Empfindsamkeit schuf sich eine neue bürgerliche Generation ihre eigene Sprache, um ihr Seelenleben auszudrücken. Viele Wörter und Metaphern, die uns heute selbstverständlich sind, sind Schöpfungen der Empfindsamkeit, beispielsweise das Wort „empfindsam" selbst: Es wurde als Übersetzung des englischen „sentimental" geschaffen und rasch in den deutschen Wortschatz aufgenommen.

Die Empfindsamkeit ist also keine Gegenströmung zur Aufklärung, sondern ihre Fortführung auf dem Gebiet der Seele. Sie knüpfte dabei auch an religiöse Traditionen an, die wir hier aber nicht fokussieren werden, selbst wenn Friedrich Gottlieb Klopstock wohl nicht zufällig Theologe *und* einer der prägenden Lyriker der Empfindsamkeit war.

Friedrich Gottlieb Klopstock
Die frühen Gräber (1764)

Willkommen, o silberner Mond,
Schöner, stiller Gefährt der Nacht!
Du entfliehst? Eile nicht, bleib, Gedankenfreund!
5　Sehet, er bleibt, das Gewölk wallte nur hin.

Des Mayes Erwachen ist nur
Schöner noch, wie die Sommernacht,
Wenn ihm Thau, hell wie Licht, aus der Locke träuft,
Und zu dem Hügel herauf röthlich er kömt.

10　Ihr Edleren, ach es bewächst
Eure Maale schon ernstes Moos!
O wie war glücklich ich, als ich noch mit euch
Sahe sich röthen den Tag, schimmern die Nacht.

Was hat dieses Gedicht für eine seltsame Form? Keine Reime.
Ganz unterschiedlich lange Verse. Und dann der Rhythmus! Ich
zeichne dir das Schema der betonten und unbetonten Silben einmal hinter die Verse:

> *Will*| **kom**| *men, o* ***sil***| *ner* **Mond,**
> (8 Silben: - ^ - - ^ - - ^)
> ***Schö***| *ner,* ***stil***| *ler Ge*| ***fährt*** *der* **Nacht!**
> (8 Silben: ^ - ^ - - ^ - ^)
> ***Du*** *ent*| ***fliehst? Ei***| *le nicht, bleib, Ge*| ***dan***| *ken*| **freund!**
> (11 Silben: ^ - ^ ^ - - ^ - ^ - ^)
> ***Se***| *het, er* ***bleibt,*** *das Ge*| ***wölk wal***| *lte nur* **hin.**
> (11 Silben: ^ - - ^ - - ^ ^ - - ^)

Auf den ersten Blick scheint die Strophe ein strukturloses Gewirr aus Jamben und Trochäen, aus Doppelbetonungen und aus doppelten unbetonten Silben zu sein. Für eine musikalische Umsetzung ist Klopstocks Gedicht damit wirklich eine Herausforderung. Aber was hier wie rhythmisches Chaos aussieht, ist in Wahrheit höchst kunstvoll durchorganisiert. Den ersten Hinweis darauf findest du, wenn du dir die erste Strophe noch einmal bewusst rhythmisch vorliest. Das ist keine Alltagssprache! Das hat Feierlichkeit und Gemessenheit – auch im Rhythmus.

Einen zweiten Hinweis findest du, wenn du entdeckst, dass Strophe 2 und 3 exakt (!) nach dem gleichen Bauprinzip gebaut sind wie die erste: 2 x 8 Silben, dann 2 x 11 Silben, mit je genau dem gleichen Wechsel betonter und unbetonter Silben. Wenn du Interesse an Rhythmik hast, probier es mit allen drei Strophen durch – es ist eine gute Übung für das Taktgefühl.

Die Form, die Klopstock wählt, nennen wir Ode. Oden sind betont feierliche Gedichte und haben ihren Ursprung in der Antike. Deshalb sind sie auch üblicherweise ungereimt (Reime waren in der antiken Dichtkunst nicht gebräuchlich), sondern ihre Liedhaftigkeit besteht ausschließlich in ihrer strengen, aber komplexen Rhythmik.

Bei dem Thema des Gedichts (*Die frühen Gräber*) und bei seiner Stimmung wundert es uns kaum, dass Klopstock eine Form gewählt hat, die betont feierlich wirkt. Aber warum antik? Was hat das Seelenleben eines Dichters und Theologen des 18. Jahrhunderts mit den Kunstprinzipien des Altertums zu tun?

Die Antike – und in Deutschland ganz besonders die *griechische* Antike – war en vogue im 18. Jahrhundert. Und das war im Grunde nicht neu: Schon seit dem Ausgang des Mittelalters, der Renaissance, kannte und bewunderte das gebildete Europa die

Kultur des Altertums. Es gibt unzählige barocke Opern mit antiken Stoffen (Sagen, Mythen…), aber das sind künstlerisch gesehen eindeutige *Barock*opern, keine „Antik-Opern", denn alle künstlerischen Mittel sind barock. Lediglich der literarische Stoff ist antik.

Im 18. Jh. wurden die Kulturschätze des Altertums in Europa weiter gehoben und wir haben es dem Fleiß vieler aufgeklärter Köpfe und Hände dieser Zeit zu verdanken, dass uns so viele der Quellen und Kunstwerke erhalten geblieben sind. Aber das Interesse der empfindsamen Dichter an der Antike war nicht mehr (nur) das Interesse an den *Stoffen*, sondern auch an ihren rhythmischen *Formen*. Und warum das? Weil diese Formen *unverbraucht* waren. Und weil sie dennoch eine erhabene Tradition hatten. Und weil sie künstlerisch anspruchsvoll waren, ohne aber den muffigen Pomp des Barock[9] zu verbreiten.

> *Willkommen, o silberner Mond,*
> *Schöner, stiller Gefährt der Nacht!*
> *Du entfliehst? Eile nicht, bleib, Gedankenfreund!*
> *Sehet, er bleibt, das Gewölk wallte nur hin.*

Unser lyrisches Ich heißt in gemessener Sprache den Mond willkommen und nennt ihn einen *schöne[n] und stille[n] Gefährt[en] der Nacht.* (V. 2) und einen *Gedankenfreund* (V. 3). Dass es ausgerechnet der Mond ist, der hier solche Verehrung bekommt, ist kein Zufall, denn der Mond war das Lieblingssymbol der Empfindsamkeit: Er ist nämlich nicht nur der Gefährte des lyrischen Ichs, sondern astronomisch gesehen auch der Gefährte der Sonne, von der er sein

---

[9] Bitte missverstehe diese Wortwahl nicht als eine Kritik am Barock, sondern vielmehr als eine Einschätzung, wie sie ein Dichter der Empfindsamkeit dem Barock gegenüber gehabt haben mag. Tatsächlich ist es beinahe immer so gewesen, dass Künstler die jeweils vorausgegangene Epoche besonders ungnädig betrachtet haben (vgl. Kap. 12). Wir Heutigen hingegen können getrost Barock *und* Empfindsamkeit schätzen und in Ehren halten.

Licht bezieht. Und die Sonne war (zufällig?) das Lieblingssymbol
der Aufklärung. Während also die Aufklärung das Sonnenlicht der
Vernunft in alle Winkel des Lebens tragen wollte, beleuchtete die
Empfindsamkeit die dunklen, inneren menschlichen Gefilde, die
nur noch vom Mondlicht beschienen werden. Diese symbolische
Bedeutung des Mondes hat die Empfindsamkeit an spätere Epochen weitervererbt, namentlich an die Romantik, die sich ebenfalls
intensiv für Gefühle interessierte (vgl. Kap. 7).

Unmittelbar auf das Willkommen des *Gedankenfreundes* folgt eine
kurze sinnliche Irritation: Der Mond scheint wieder zu entfliehen
(V. 3) und das lyrische Ich bittet ihn eindringlich, doch zu bleiben.
Aber es erweist sich als eine optische Täuschung: Nicht der Mond
hat sich bewegt, sondern *das Gewölk wallte nur hin* (V. 4). Beachte,
mit welch mikroskopischem Blick Klopstock hier die augenblick-
liche Emotionalität seines lyrischen Ichs erforscht: Selbst die
kurze Sinnestäuschung wird augenblicklich bemerkt und in ihrer
Wirkung nachempfunden.

Die zweite Strophe ist ein Lobgesang auf die nächtliche Natur, wie
er einer Ode würdig ist:

> *Des Mayes Erwachen ist nur*
> *Schöner noch, wie die Sommernacht,*
> *Wenn ihm Thau, hell wie Licht, aus der Locke träuft,*
> *Und zu dem Hügel herauf röthlich er kömt.*

Weiterhin ist der Mond die Hauptperson. Er wird hier in eine
nächtliche Landschaft eingebettet, an der wir viel eher die idyllische Natur Walthers von der Vogelweide (Kap. 1) wiedererkennen als die geometrische Parklandschaft des Barock (Kap. 2). Aber
der Schein trügt etwas, denn das lyrische Ich ist viel nachdenkli-
cher und reflektierter als das lyrische Ich bei Walthers *Under der
linden*: Die Merkmale und Charakteristika einer (nächtlichen) Idylle

sind vorhanden (*Mai, Erwachen, Tau, Licht, Hügel...*), aber sie werden nicht mehr unmittelbar erlebt, sondern eher nachdenklich und sehnsuchtsvoll betrachtet – eben nach-*empfunden*. Die *Sommernacht* (V. 6) muss sich sogar einen Schönheitsvergleich mit dem Erwachen *[d]es Mayes* (V. 5) gefallen lassen! Warum genießt das lyrische Ich nicht einfach den Moment, sondern muss sofort an andere Momente denken, die vielleicht *[s]chöner noch* waren (V. 5)? Weil dieses lyrische Ich ein *empfindsames* lyrisches Ich ist. Und weil genau dieses seelische Ergründen empfindsame Dichter gereizt und fasziniert hat. *Und* weil unser lyrisches Ich offenbar allen Grund zur Nachdenklichkeit hat:

> *Ihr Edleren, ach es bewächst*
> *Eure Maale schon ernstes Moos!*
> *O wie war glücklich ich, als ich noch mit euch*
> *Sahe sich röthen den Tag, schimmern die Nacht.*

In Strophe 3 verliert die nächtliche Landschaft endgültig ihre idyllische Unschuld, denn der Blick des lyrischen Ichs schweift weg vom Mond und trifft auf die [Grab-]*Maale*, auf denen bereits *ernstes Moos* wächst (V. 10). Es müssen gute Freunde gewesen sein, die hier liegen, denn das lyrische Ich spricht sie als die *Edleren* an (V. 9) und erinnert sich an gemeinsame Erlebnisse und geteiltes Glück (V. 11 f.). Siehst du, wie reflektiert und nachdenklich Klopstocks lyrisches Ich hier auftritt? Denn auch die Trauer um die verlorenen Freunde ist nicht einfach nur ein bitteres Erlebnis, sondern vor allem ein Gegenstand der emotionalen Betrachtung.[10]

---

[10] Schiller hat diese Dichthaltung einmal „sentimentalisch" genannt und meinte damit, dass das moderne lyrische Ich sich nicht mehr unmittelbar als Teil der Natur erlebt, sondern als außenstehenden Betrachter, der gern zur Natur zurück möchte, aber nicht kann. Das Gegenteil davon sei die *naive* Dichthaltung, die wir bei Walther finden und die sich durch eine geradezu kindliche (= naive), unreflektierte Einstellung zum Erleben auszeichnet. Schiller nennt in diesem Zusammenhang auch die gesamte antike Dichtkunst naiv.

Beachte, dass der Tod der Freunde nicht etwa für ein *Memento mori* in Gebrauch genommen wird. Schmerzlich ist lediglich der Verlust und das Gefühl der Getrenntheit, aber nicht die Angst vor dem eigenen Ende! Wir nennen eine solche Dichthaltung Elegie – eine erhabene Empfindung der Trennung und des Verlustes – und wir werden ihr in dieser Literaturgeschichte wieder begegnen (Kap. 19).

In den *frühen Gräbern* nimmt Klopstock uns auf eine kurze Reise durch das Seelenleben seines lyrischen Ichs mit: Das freudige Willkommen an den *Gedankenfreund* Mond am Anfang, die kleine erschreckte Irritation und Sinnestäuschung, die enthusiastische Verehrung der nächtlichen Naturschönheit, der Vergleich mit früheren Sommertagen, schließlich die Trauer um verlorene Freunde und zuletzt das Versinken in Erinnerungen an vergangenes Glück: Ein kleiner Spaziergang durch die Gefühlslandschaft eines lyrischen Ichs, das sich von den Betrachtungen der Natur zu Betrachtungen seines eigenen Seelenlebens hinreißen lässt und dem Gang seiner Empfindung mit erstaunlicher Gründlichkeit und Detailtreue hinterherfühlt. Klopstock hatte, falls er dem lyrischen Ich seine eigenen Gefühle in den Mund gelegt hat, allen Grund zu einer grüblerischen Geisteshaltung: Sechs Jahre zuvor hatte er seine Frau bei der (Tot-)Geburt ihres Kindes verloren und Jahrzehnte um sie getrauert.

Und doch scheint sich das Gedicht nicht an eine verstorbene geliebte Frau zu wenden. Mit *Edleren* (ebd.) spricht man nicht die Geliebte an, denn der Begriff wirkt viel zu distanziert – jedenfalls für unseren Geschmack. Es ist ein Wort der Verehrung, nicht der Zuneigung. Aber auch das ist typisch für die Epoche: Während der Empfindsamkeit wurde weniger die Liebe als vielmehr die Freundschaft idealisiert. Es gab einen regelrechten Kult um Freundschaften – auch um die Freundschaft zwischen Frau und

Mann. Das ist kein Zufall, denn „Liebe" bedeutete in der Mitte des 18. Jahrhunderts (noch) etwas anderes als für uns heute. Liebe war entweder religiöse Gottesliebe (und damit in der Tat eher eine Art von Verehrung) oder aber sie kennzeichnete das galante und unernste Liebesspiel des Barock, also eine höfische Art des Flirts – und das war in der ernsten, bürgerlichen Empfindsamkeit verpönt! Erst im Laufe der Epoche, vor allem aber auch in der parallelen Jugendbewegung des Sturm und Drang und später in der Romantik wurden die richtigen Worte zum Ausdruck unseres heutigen, modernen Liebesbegriffes gefunden (siehe Kap. 5 und 7).

In der Empfindsamkeit schuf sich eine neue bürgerliche Schicht um die Mitte des 18. Jahrhunderts einen eigenen künstlerisch-sprachlichen Ausdruck für ihre Empfindungen und Emotionen. Die gewählte Herangehensweise wirkt auf uns heute betont tastend, vorsichtig und kopfgesteuert (nicht umsonst ist der Mond der *Gedanken-* und nicht der *Herzensfreund*). Das hat zur Folge, dass die Empfindsamkeit heute nicht viele Fans hat: Der jugendliche Sturm und Drang, den wir im folgenden Kapitel betrachten werden, kommt uns in seinem emotionalen Ungestüm viel näher. Aber der sprachliche Ausdruck, mit dem wir heute unser Seelenleben charakterisieren können, stammt zum großen Teil aus den Federn empfindsamer Dichter. Die folgenden Epochen brauchten diese Sprache der Gefühle nicht mehr neu zu erfinden, sondern nur noch auszubauen und zu steigern.

.

5. Sturm und Drang

Johann Wolfgang v. Goethe
Vor Gericht (1776)

Wer „Sturm und Drang" sagt, denkt sofort an Goethes *Prometheus*. Prometheus und Sturm und Drang – das ist wie Einstein und Wissenschaft: einfach das perfekte Beispiel. Jeder, der halbwegs bei Trost ist, würde den Sturm und Drang an Goethes *Prometheus* erklären! Aber ich kann mich nicht dazu entschließen und gleich will ich dir sagen, warum.

Was der *Sturm und Drang* für eine Epoche war, erkennt man eigentlich schon am Namen. Dieser stammt ursprünglich von einem gleichnamigen Drama Friedrich Maximilian Klingers, bringt aber auch den Zeitgeist auf den Punkt. Sturm und Drang war eine Jugendbewegung, und zwar eine ziemlich rebellische. Eine Bewegung, die sich gegen alles gutbürgerlich Etablierte richtete, dabei auch ein bisschen sozialkritisch war und auch ein bisschen politisch – aber nicht allzu sehr. Im Gegensatz zu Frankreich, wo sich gerade der Vorabend der Französischen Revolution zusammenbraute, hatten die jungen Köpfe in Deutschland zwar eine Menge Kritik, aber keinen konkreten Umsturz im Sinn. Heinrich Heine spöttelte eine Generation später: *Und man macht aus deutschen Eichen / keine Galgen für die Reichen.*

Gegen alles gutbürgerlich Etablierte zu sein, hieß für die jungen Rebellen des Sturm und Drang übrigens keineswegs gegen die Werte der Aufklärung zu sein! Auch der Sturm und Drang zählt zum Idealismus und gilt als Unterströmung der Aufklärung, denn man wollte die Menschheit verbessern und hatte dabei nichts gegen ein gesundes Stück Verstand einzuwenden. Aber die

Aufklärung war seit gut zwei Generationen in Deutschland etabliert und es schien sich kaum etwas verändert zu haben. Die Entwicklung des Menschengeschlechts ging der neuen Jugend nicht schnell und nicht tiefgreifend genug. Und es schien ihnen, als ob die Vernunft längst zur kleinlichen Vernünftelei geworden wäre. Was der Sturm und Drang wollte, war der große Wurf. Der entscheidende kulturelle Umsturz. Eben *Sturm,* und nicht Wind.

Auch mit der Empfindsamkeit hat der Sturm und Drang Gemeinsamkeiten. Aber wenn die Empfindsamkeit das Salz in der Suppe der Aufklärung war, dann war der Sturm und Drang das Chili. Was die Empfindsamkeit tastend und beobachtend ergründete, wollte der Sturm und Drang in vollen Zügen durchleben. Nicht warm, sondern heiß wollten Gefühle genossen sein – und diese neue Mischung kam an beim Publikum. Goethes berühmter Briefroman *Die Leiden des jungen Werthers*, der mit dem Selbstmord des Helden endet und der ebenso Elemente der Empfindsamkeit wie des Sturm und Drang beinhaltet, wurde der erste Bestseller der deutschen Literaturgeschichte. Er löste eine ganze Modewelle (die sog. *Werther-Mode*) aus und nicht wenige schwärmerische junge Männer erschossen sich in ebendieser Kleidung und mit ihrer Ausgabe des *Werther* in der Tasche. Was für eine ungestüme Zeit!

Wer die Welt verbessern will, aber nicht den ruhigen, vernünftigen Weg der Aufklärung gehen möchte, der muss eine Alternative haben. Die Alternative des Sturm und Drang war das *Genie* – der große Geist, der allein kann, was Tausende andere zusammen nicht schaffen. Ein Individuum, das fähig ist, die Welt aus den Angeln zu heben, sie nötigenfalls zu zerschlagen und aus den Trümmern neu zu erschaffen. Ein Mensch, der nur auf sein eigenes Gefühl und seine eigene geniale Intuition hört. Und der keine Gesetze duldet, außer denjenigen, die er selbst als richtig erkannt hat. Viele solcher großen und kleinen Genies geistern durch die

Dramen und Gedichte des Sturm und Drang, und *Prometheus* ist eines der bekanntesten unter ihnen.

Prometheus ist ein *Titan*, das heißt, er ist ein Vertreter der alten griechischen Urgötter aus der antiken Mythologie. Diese wurden von den olympischen Göttern (Zeus, Hera, Athene usw.) gestürzt und ziemlich grausam entmachtet. Prometheus aber ist mehr als eine titanische Urgottheit. Er ist ein echter Schöpfergeist: Er erschafft die Menschen, haucht ihnen Leben ein und verleiht ihnen anschließend – gegen den Willen von Zeus – das Feuer als eine besondere Gabe und als ein beinahe göttliches Machtinstrument. Dafür rächt sich Zeus später schrecklich – sowohl an den Menschen als auch an Prometheus selbst. Der junge Goethe, damals knapp über 20, war fasziniert von diesem genialen titanischen Geist, der bereit ist, sich auf Biegen und Brechen mit den Göttern anzulegen.

Du kannst dir nun sicher ausmalen, warum Prometheus ein so ausgezeichnetes Beispiel für den Sturm und Drang werden konnte: Schöpferisch, eigensinnig, genial und dabei um das Wohl der Menschheit besorgt – so sollte ein Held sein! Trotzdem, und gerade weil Goethes Prometheus den Sturm und Drang so trefflich charakterisiert, möchte ich dir ein ganz anderes Genie vorstellen, das viel unbekannter ist, dafür aber auch viel menschlicher. Und das uns zusätzlich verstehen lässt, was Genialität eigentlich ist:

Johann Wolfgang v. Goethe
Vor Gericht (1776)

Von wem ich es habe, das sag' ich euch nicht,
Das Kind in meinem Leib.
„Pfui!" speit ihr aus: „die Hure da!"
Bin doch ein ehrlich Weib.

5   Mit wem ich mich traute, das sag' ich euch nicht.
Mein Schatz ist lieb und gut,
Trägt er eine goldene Kett' am Hals,
Trägt er einen strohernen Hut.

Soll Spott und Hohn getragen sein,
10 Trag' ich allein den Hohn.
Ich kenn' ihn wohl, er kennt mich wohl,
Und Gott weiß auch davon.

Herr Pfarrer und Herr Amtmann ihr,
Ich bitte, lasst mich in Ruh'!
15 Es ist mein Kind, es bleibt mein Kind;
Ihr gebt mir ja nichts dazu.

Dem Trotz des Prometheus wird in Interpretationen gelegentlich
eine politische Absicht nachgesagt, aber falls es diese Absicht gibt,
bleibt sie jedenfalls ziemlich abstrakt. Der Konflikt in *Vor Gericht*
hingegen ist nicht nur sehr konkret, sondern auch hoch brisant im
ausgehenden 18. Jahrhundert: Unehelich schwanger zu werden,
war eine immense Schande. Nicht wenige junge Frauen trieb die
Angst vor der gesellschaftlichen Ächtung dazu, ihre Schwangerschaft zu verbergen und ihr neugeborenes Kind heimlich zu töten,
was, wenn es herauskam, die junge Kindsmörderin unweigerlich

mit der Todesstrafe bedrohte. Viele Schriften der Zeit behandeln dieses Problem, darunter auch mehrere Dramen des Sturm und Drang (so nicht zuletzt Goethes *Faust*, das in dieser Zeit konzipiert wurde).

Die junge Heldin unseres Gedichtes geht einen anderen Weg und steht zu ihrer Liebe und zu ihrem Kind – gegen die gesamte etablierte Gesellschaft! Das macht bereits die ersten Zeilen so unerhört brisant, dass Goethe es zur Entstehungszeit nicht gewagt hat, das Gedicht zu veröffentlichen. Es wurde erst 40 Jahre später zum ersten Mal gedruckt.

> *Von wem ich es habe, das sag' ich euch nicht,*
> *Das Kind in meinem Leib.*
> *„Pfui!" speit ihr aus: „die Hure da!"*
> *Bin doch ein ehrlich Weib.*

Beachte, mit welcher Selbstsicherheit diese junge werdende Mutter hier auftritt: Die Weigerung, den Namen ihres Geliebten preiszugeben, klingt ebenso ruhig wie bestimmt. (*das sag ich euch nicht*, V. 1). Dem immensen moralischen Druck der verhörenden Richter (*„Pfui"*, *„die Hure da!"*, V. 3) setzt sie in berührender Einfachheit ihre eigene Moral entgegen: *Bin doch ein ehrlich Weib* (V. 4). Wie ergreifend einfach mutet diese Verteidigung einer jungen Liebe und einer eigenen Weltsicht an! Prometheus stellt sich gegen die Götter. Aber dieses Mädchen stellt sich gegen die Richter und die Kirche der Zeit, und das genügt schon völlig, um in ernste Bedrängnis zu kommen.

Denn so schnell geben die Richter nicht auf. Sie formulieren die Frage um, um doch noch an den Namen des Vaters zu kommen – allerdings ohne das lyrische Ich im Mindesten aus der Ruhe zu bringen.

Mit wem ich mich traute, das sag' ich euch nicht.
Mein Schatz ist lieb und gut,
Trägt er eine goldene Kett' am Hals,
Trägt er einen strohernen Hut.

Unsere junge Heldin verlässt sich voll auf die Beziehung zu ihrem *Schatz* (V. 6) und verrät noch nicht einmal, ob er reich (*goldene Kett' am Hals*, V. 7) oder arm ist (*strohene[r] Hut*, V. 8). Bemerkenswert ist hier zunächst die Unabhängigkeit der Liebe vom gesellschaftlichen Status des Geliebten (alles andere als eine Selbstverständlichkeit in dieser Zeit!). Noch bemerkenswerter ist das Wort *traute* aus V. 5: Wenn das Paar nach geltendem Recht und Gesetzt *getraut*, also verheiratet wäre, gäbe es ja überhaupt keinen Anlass für das Verhör! Dass unser lyrisches Ich hier von Trauung spricht, kann daher nicht im juristischen oder kirchlichen Sinne gemeint sein. Dennoch erhebt sie unbeirrt den Anspruch, *getraut* zu sein. In dieser kleinen sprachlichen Geste steckt die Unabhängigkeit des Genies, das nur die eigenen Gesetze anerkennt! Dazu braucht es kein titanisches Auftreten, allerdings jede Menge Mut, denn die gesellschaftlichen Konsequenzen sind erheblich:

Soll Spott und Hohn getragen sein,
Trag' ich allein den Hohn.

Das lyrische Ich gibt sich keiner Illusion hin, welche gesellschaftlichen Reaktionen zu erwarten sind. Es ist aber bereit, *Spott und Hohn allein* zu tragen (V. 10), da es sich seiner und seines Liebsten Gefühle offenbar vollkommen sicher ist:

Ich kenn' ihn wohl, er kennt mich wohl,
Und Gott weiß auch davon.

So, wie unsere junge Heldin in der zweiten Strophe das geltende Recht über den Haufen geworfen hat (*Mit wem ich mich traute*, V. 5), so beansprucht sie nun auch noch die religiöse Unabhängigkeit

(*Und Gott weiß auch davon*, V. 12). Zwischen Gott und dem Liebes-
paar bedarf es keiner Vermittlung durch die Kirche mehr: Sie ist
sich Gottes Segen auch ohne Kirche vollkommen sicher. Bedenke, was eine solche Haltung für eine politische Sprengkraft
birgt in einer Gesellschaft, die noch tief religiös geprägt ist und in
der die Kirche die Deutungshoheit über die Religion beansprucht!

In Strophe vier schließlich übernimmt das lyrische Ich selbst die
Gesprächsführung, denn während die junge Schwangere in den
ersten beiden Strophen nur auf Fragen geantwortet hat, stellt sie
nun selbst Forderungen. Wer nun aber erwartet, dass diese Forderungen in Mutterschutz, Schwangerschaftsurlaub und Eltern-
geld bestehen, der hat vergessen, dass wir uns im 18. Jahrhundert
befinden – einer Zeit also, in der man als gesellschaftlich Ausge-
stoßene(r) in der Mitte Europas noch gut und gern verhungern
konnte, wenn man nicht für sich zu sorgen wusste.

> *Herr Pfarrer und Herr Amtmann ihr,*
> *Ich bitte, lasst mich in Ruh'!*
> *Es ist mein Kind, es bleibt mein Kind;*
> *Ihr gebt mir ja nichts dazu.*

Das lyrische Ich spricht die Institutionen Kirche (*Herr Pfarrer*, V.
13) und Staat (*Herr Amtmann*, ebd.) direkt an und bittet sie um
nichts als *in Ruh'* gelassen zu werden, da man ihr *ja [doch] nichts
dazu* geben werde (V. 16). Kann man die Einmischung der Gesellschaft konsequenter und mit besserer Begründung zurückweisen?
Kann man sich unabhängiger machen im 18. Jahrhundert?

Das lyrische Ich unseres Gedichtes erfüllt alle Anforderungen an
ein Genie des Sturm und Drang: Mut, Menschenliebe, Autono-
mie, einen tiefen Sinn für Gerechtigkeit und ein riesengroßes
Herz. Goethe hat in *Vor Gericht* eine Heldin geschaffen, die es wert
gewesen wäre, bekannter zu werden. Es spricht Bände über die

Zeit, dass er zwar den titanischen *Prometheus* veröffentlichte, aber
die sanfte Rebellin aus *Vor Gericht* nur seinen engsten Vertrauten
zu zeigen wagte.

Auch bezüglich der Form ist das Gedicht ein echtes Sturm-und-
Drang-Werk. In scheinbar einfachen Versen erinnert es uns auf
den ersten Blick an das Fabel-Gedicht von Lichtwer (Kap. 3), aber
es ist in Wahrheit viel komplexer und spiegelt die Rebellion auch
rhythmisch wider: Das geht schon damit los, dass das Werk zwar
in ganz alltäglichen vier- und dreihebigen Jamben verfasst ist, aber
die ersten beiden Verse der ersten beiden Strophen aus *Daktylen*[11]
mit Auftakt bestehen und damit eine seltsam melodisch-singende
Wirkung bekommen, die als etwas Besonderes aus dem gesamten
restlichen Gedicht herausstechen:

> *V. 1: Von* **wem** *ich es* **ha**| *be, das* **sag**' *ich euch* **nicht,**
> (- ^ - - ^ - - ^ - - ^)
> *V. 5: Mit* **wem** *ich mich* **trau**| *te, das* **sag**' *ich euch* **nicht.**
> (- ^ - - ^ - - ^ - - ^)

Warum hat Goethe diese rhythmische Besonderheit eingeführt?
Es gibt ganz verschiedene mögliche Erklärungen, die alle etwas
für sich haben: Da ist zunächst die Besonderheit der Zeilen selbst,
denn es sind genau die Zeilen, in denen das lyrische Ich eine Frage
der Verhörenden aufgreift. Der Singsang im schwingenden Drei-
vierteltakt des Daktylus' könnte damit eine Art Nachäffung der
Fragenden klanglich nachbilden („*Von wem ich es habe...?*"). Aber
ehrlich gesagt bevorzuge ich eine andere Deutung: Daktylen klingen immer leichter und tänzerischer als Jamben. Immer schwingt
in ihnen der heitere Takt des Walzers mit. Damit scheinen sie zwar

---

[11] Der Daktylus ist der ¾-Takt unter den Rhythmen:
    Eng| *el*| *chen,* **Beng**| *el*| *chen* **flieg** *in die* **Luft.** (^ - - ^ - - ^ - - ^).
Sogar das Wort selbst ist ein ¾-Takt: **Dak**| ty| lus (^ - -).

wenig auf die ernsten, bedrohlichen Fragen des Verhörs zu passen, umso mehr jedoch auf die Leichtigkeit der Antwort, die keine
Spur von Selbstzweifeln enthält und den Verhörenden deutlich
macht, dass es sinnlos ist, den Druck zu erhöhen. Einen Eichenast
kann man zerbrechen, eine Weidenrute nicht. Deshalb kann unsere junge Heldin mit tänzerischer Leichtigkeit auf die Fragen reagieren.

An einigen Stellen bricht Goethe außerdem seinen Jambus, indem
er einzelne Trochäen[12] an die Versanfänge fügt und damit die
Ruhe des Gedichts bewusst stört. Am deutlichsten geschieht das
in Vers 3:

> **„Pfui!"** *speit ihr* **aus:** *„die* **Hu** | *re* **da!"**
> (^ - - ^ - ^ - ^)

Der Jambus fordert hier eigentlich eine unbetonte erste Silbe, aber
natürlich muss *Pfui* betont werden, damit das Gedicht die Verach-
tung der Richter klanglich richtig wiedergibt! Der rhythmische
Bruch unterstützt die Härte der Beschimpfung und erhöht den
Kontrast zu den Zeilen davor.

Auch in den folgenden Strophen treten solche rhythmischen Ver-
werfungen auf, und zwar immer dann, wenn Kontraste deutlich
gemacht werden sollen. Wir müssen sie nicht einzeln durchdekli-
nieren, weil die Betonung einiger Stellen eher eine Frage des Vortrags ist[13]. Der letzte Vers des Gedichtes hat allerdings noch einmal einen Rhythmusbruch, auf den ich dich noch kurz hinweisen
möchte:

---

[12] Vgl. Anm. 8.
[13] Falls dich die Kunst des guten Vortrags interessiert – an diesen Strophen kann
man ausgezeichnet unterschiedliche Betonungen ausprobieren und ihre jeweilige
Wirkung prüfen.

Es ist mein Kind, es bleibt mein Kind;
Ihr gebt mir ja nichts dazu.

Wenn man im letzten Vers das *Ihr* betont – am besten mit einer kurzen Pause dahinter –, dann bekommt der Satz einen verächtlichen Unterton, der hervorragend zum Abschluss des Gedichtes passt. Es ist typisch für den jungen Goethe, solche rhythmischen Brüche zur Untermalung des Inhalts einzusetzen. Und es ist typisch für den genialischen Sturm und Drang, die strengen Formen des Taktes im Ernstfall bedenkenlos der Steigerung des Ausdrucks zu opfern.

Fassen wir also zusammen: Der Sturm und Drang war eine literarische Unterströmung der Aufklärung, in der eine junge, rebellische Generation ihre Unzufriedenheit mit der etablierten Gesellschaft zum Ausdruck brachte. Die Helden der Dramen, Gedichte und Romane waren durchgängig herausragende Individuen, die man am besten mit dem Begriff *Genie* charakterisiert. Die meisten dieser literarischen Genies enden tragisch und auch unsere junge Heldin hätte in der Realität wohl kaum eine Chance gehabt.

Viele Autoren des Sturm und Drang erging es nicht wesentlich besser. Einige hängten die Dichtkunst an den Nagel und wurden selbst gutbürgerlich, einige starben jung, einer verfiel dem Wahnsinn. Mindestens zwei aber hatten die Chance, sich selbst weiterzuentwickeln, und die vielversprechenden, aber doch sehr ungestümen Kunstideale des Sturm und Drang zu etwas Neuem, Reiferen weiterzuführen. Diese beiden waren Johann Wolfgang von Goethe und Friedrich Schiller. Sie sollten die überragenden Köpfe einer neuen literarischen Bewegung werden, um die es im nächsten Kapitel geht.

6. Weimarer Klassik

Friedrich Schiller
Der Handschuh (1797)

Die Weimarer Klassik (ca. 1794-1805) ist sicher eine der berühmtesten Epochen der deutschen Literaturgeschichte überhaupt. Gleichzeitig ist sie auch eine der problematischsten, weil man gut und gern behaupten könnte, dass es sie nie gegeben hat. Was wir heute als „Weimarer Klassik" ansprechen, war ein ganz bestimmtes Kunstprogramm, das von Friedrich Schiller und Johann Wolfgang von Goethe erarbeitet und in Dichtung umgesetzt wurde. Aber eigentlich auch wirklich nur von diesen beiden.[14] Und auch nur für einen Zeitraum von zehn, höchstens fünfzehn Jahren. Reicht das aus, um etwas als *Epoche* zu bezeichnen? Sollte man nicht lieber von einer persönlichen *Phase* zweier Dichter sprechen?

Wahrscheinlich hätte nie jemand von *der Weimarer Klassik* gesprochen, wenn nicht die Zeit um 1800 auch in anderen Künsten *klassisch* gewesen wäre: Viele der Kunstprinzipien, die wir gleich kennen lernen werden, haben in ähnlicher Weise auch in anderen Künsten gewirkt, zum Beispiel in der Architektur (wie du auf der Rückseite jeder deutschen 50-Cent-Münze sehen kannst). Zur gleichen Zeit erlebte auch die Musik in Wien mit Haydn, Mozart und Beethoven eine *klassische* Phase. Der wichtigste Grund für die Weimarer Klassik ist aber die unerhörte Wirkung, die Goethe und Schiller auf ihre Zeitgenossen und fast noch mehr auf die späteren literarischen Entwicklungen hatten: Ob in Verehrung oder in

---

[14] Andere bedeutende Dichter, die man früher zur Weimarer Klassik zählte, werden heute eher anderen Epochen zugeordnet: Herder eher dem Sturm und Drang, Wieland eher der Spätaufklärung.

bewusster Abgrenzung – an den *Dichterfürsten* kam im 19. Jahrhundert niemand vorbei.

Noch ein Problem gibt es mit unserer Epoche, nämlich das Wort „klassisch" selbst. Im Grunde ist dieser Begriff nämlich ziemlich unscharf und kann alles Mögliche bedeuten: Wer unter Windows *zum klassischen Desktop* wechselt, erwartet nicht, auf ein Bild von Goethe oder Schiller zu stoßen. Was heißt hier also „klassisch"?

Der Begriff *klassisch* wird gern genutzt, um Dinge als besonders vorbildlich, besonders bekannt oder besonders wertvoll zu kennzeichnen. Um 1800 sah man die Kultur der europäischen Antike in dieser Weise als klassisch an und so bedeutet das Wort im Sprachgebrauch der Zeitgenossen oft dasselbe wie *antik* – aber eben auch nicht immer! Spätere Generationen waren wiederum überzeugt davon, dass das künstlerische Schaffen von Goethe und Schiller so vorbildlich gewesen sei, dass sie die beiden zu *Klassikern* stilisierten, an denen sich spätere Dichtergenerationen ein Beispiel nehmen sollten. Wenn wir heute von „Weimarer Klassik" sprechen, meinen wir aber in der Regel nur die Phase der intensiven künstlerischen Auseinandersetzung von Goethe und Schiller, die in den 90er Jahren des 18. Jh. begann und mit Schillers Tod 1805 endete.

Das Kunstprogramm der Weimarer Klassik ist nicht ohne die Französische Revolution zu verstehen und das hat folgenden Grund: Da hatte man nun in Europa seit gut drei Generationen die Vernunft gepredigt und war von dem aufklärerischen Optimismus beseelt, dass diese Entwicklung früher oder später die gesamte Gesellschaft erfassen und zum Besseren verändern würde. Als 1789 das französische Volk gegen sein marodes, bankrottes und veraltetes Staatssystem aufbegehrte, waren viele Intellektuelle in Deutschland hellauf begeistert – so zum Beispiel auch Schiller, der hoffte, dass nun endlich auch in der Politik das Zeitalter der Vernunft anbrechen würde. Doch was geschah? Die hohen Ziele der Revolution schienen in der Gewaltherrschaft unterzugehen. Statt den neuen Staat der Vernunft zu errichten, errichteten die Jakobiner die Guillotine und verfolgten ihre politischen Gegner mit blutigem Terror. Manche Historiker schätzen die Anzahl der Hinrichtungen auf über 40.000!

Wie lässt sich der idealistische Optimismus der Aufklärung mit diesen entsetzlichen Bluttaten in Einklang bringen? Schiller hat über dieses Problem lange und angestrengt nachgedacht, wie wir aus seinen Briefen wissen. Er kam letztlich zu dem Schluss, dass irgendetwas fürchterlich schiefgegangen sein musste: Offenbar war das französische Volk ja einfach noch nicht reif gewesen, die Ketten der *„Barbarei und Knechtschaft"* abzustoßen und *„politische Freiheit zu erringen."*[15] Vielleicht hatte also die Aufklärung allein noch nicht genügt, um das gute und große Ziel des allgemeinen menschlichen Glückes zu erreichen?

Aber wie sollte es anders gehen? Wie könnte man die Menschheit auf die übergreifende Vernunft vorbereiten, sodass sie das nächste Mal ihre Chance besser nutzen würde und nicht erneut im Terror versänke? Was hatte den positiven Ausgang der französischen Revolution verhindert? Offenbar, so Schillers Überlegungen, war die Revolution über ihr eigenes Ziel hinausgeschossen und hatte die Gewalt, die zum Umsturz notwendig gewesen sein mochte, hoffnungslos übertrieben. Es hatte ihr also am richtigen *Maß* gefehlt. Und wo lernt man Maß und Mäßigung besser als in der Kunst?

In seinen berühmten Briefen „Über die ästhetische Erziehung des Menschen" entwirft Schiller die These, dass die Menschheit nur dadurch verbessert werden könne, dass ihr Sinn für Ästhetik und

---

[15] So Schiller 1795 an den Erbprinzen von Schleswig-Holstein Augustenburg.

Schönheit weiterentwickelt werde – ein unerhört mutiger Gedanke![16] Beachte, dass der Kunst in Schillers Verständnis selbst eine erzieherische Verantwortung übertragen wird – und zwar nicht ihren Inhalten (wie in der Aufklärung), sondern ihrer Ästhetik! Was die Vernunft der Aufklärung nicht geschafft hatte, sollte nun der Schönheitssinn der Kunst erreichen.

Schillers Gedanken schwebten nicht frei im Raum – sie lagen damals in der Luft: Vieles war von den vorausgehenden Generationen vorbereitet worden: Da war der Idealismus der Aufklärung und die große Hoffnung, dass sich die Geschicke der Menschheit zum Besseren würde wenden lassen. Da war auch die Empfindsamkeit, die betont hatte, dass der Mensch nicht nur aus Vernunft, sondern auch aus Wahrnehmungen und Gefühlen besteht. Und da war schließlich der Sturm und Drang mit seinem Glauben an den genialen Schöpfergeist. Tu all das zusammen und vermische es einige Jahre lang im Kopf eines klugen und kreativen Menschen, dann bist du schon sehr nah an den Idealen der Weimarer Klassik.

Es war etwa im Jahre 1794, als Schiller und Goethe merkten, dass sie in vielen Kunstfragen eine sehr ähnliche Auffassung hatten, wenngleich sie auf unterschiedlichen Wegen dahin gelangt waren (Goethe hatte z. B. die Französische Revolution von Anfang an abgelehnt). Beide wollten das ungestüme Hauruck ihrer Jugendjahre im Sturm und Drang hinter sich lassen. Beide strebten stattdessen nach einer Kunst, die dauerhafter sein könnte. Einer Kunst, die allgemeine menschliche Werte und immer gültige Gesetze beinhalten und darstellen könnte. Einer Kunst, die das

---

[16] ...und ein Gedanke, der hier nur ansatzweise skizziert werden kann – Schillers Abhandlung ist weit differenzierter.

Wesen des Menschen erfassen könnte, um damit die Welt langfristig zum Besseren zu bewegen.

Aber wo findet man allgemeine menschliche Werte und immer gültige Gesetze? Ein guter Ausgangspunkt schienen beiden Dichtern diejenigen Werte und Prinzipien zu sein, die es schon besonders lange gegeben hatte: die Kultur der Antike. Schon der antike Philosoph Platon hatte von einer besonderen Verbindung des *Guten, Schönen und Wahren* gesprochen, auf die die Weimarer Klassik trefflich Bezug nehmen konnte. Waren die Menschen in der Antike nicht viel näher am Ideal des vollkommenen Menschen gewesen? Hatten sie es nicht verstanden, Kunst, Philosophie und Politik harmonisch miteinander in Einklang zu bringen? Waren nicht große antike Kriegshelden auch beeindruckende Denker gewesen? Und war die Freiheit der griechischen Demokratie nicht untrennbar mit den Meisterwerken in Architektur, Dramatik und Philosophie verbunden? Diese und weitere Überlegungen waren es, die Goethe und Schiller – und viele andere Denker in Europa – zu einem neuen Höhepunkt der Verehrung und Nachahmung antiker Kunstprinzipien führten.[17]

Zwischenfazit: Die Weimarer Klassik wollte – ganz wie man es von einer Strömung des Idealismus erwartet – den Menschen verbessern, und zwar durch eine künstlerisch-ästhetische Erziehung hin zum *Guten, Schönen, Wahren.* Für dieses Erziehungswerk sollten allgemeingültige, geschichts- und kulturübergreifende Kunstprinzipien verwendet werden, für die die antike Kunst einen guten Ausgangspunkt bildete.

---

[17] Dass die wunderbaren kulturellen Schätze der Antike auf dem Blut und Schweiß eines Millionenheeres rechtloser Sklaven errichtet worden waren, blendete das gebildete Europa in seiner Antikenverehrung gern aus.

Wer nun aber glaubt, die Weimarer Klassik müsse in betont ruhigen und ausgeglichenen Bahnen verlaufen sein, irrt sich gewaltig – zumindest, was den Anfang angeht. Denn der ähnelte eher dem, was man im Rap einen *Battle* nennen würde: Nachdem Goethe und Schiller in Briefen und Gesprächen ihre künstlerischen Gemeinsamkeiten erkannt und entwickelt hatten, legten sie sich erst einmal mit praktisch der gesamten literarischen Welt in Deutschland an. Gemeinsam veröffentlichten sie 1797 kleine literarische Streitschriften namens *Xenien*, in denen sie über beinahe alles spotteten, was aktuell an Literatur auf dem Markt war. Kaum etwas schien dem genialen Dichterpaar gut genug, um vor ihrem strengen künstlerischen Urteil zu bestehen (eine bezeichnende Ausnahme: Klopstock!).

Wer fremde Werke schlecht macht, muss auch beweisen, dass er es selbst besser kann. Genau das nahmen sich Schiller und Goethe im Jahre 1797 vor. Nun wollten sie der deutschen Kunstwelt zeigen, wie Dichtung richtig geht, und sie wollten sich auch gegenseitig herausfordern. Aber wie stellt man das an, wenn man wenig Zeit hat, aber Großes zeigen will? Schreiben dauert! – jedenfalls wenn man einen Roman oder ein Drama konzipiert. Der Ausweg war die Ballade.

Goethe hat die Ballade einmal das *Ur-Ei* der Dichtung genannt, da sich in ihr alle drei literarischen Gattungen (Epik, Lyrik, Dramatik)[18] vereinen: Balladen sind Gedichte und gereimt (= Lyrik) und sie erzählen eine Geschichte (= Epik), die meist eine dramatische Handlung beinhaltet und oft auch aus Dialogen besteht (=

---

[18] Als *Epik* bezeichnen wir alle erzählende Dichtung vom Märchen über die Kurzgeschichte bis zum Roman. *Lyrik* ist Dichtung in Rhythmen und Reimen, also alles, was im weitesten Sinne ein Gedicht ist. *Dramatik* schließlich ist Dichtung in Dialogen, wie sie in Theaterstücken oder auch in Drehbüchern vorkommt.

Dramatik). Die Ballade war damit ausgezeichnet geeignet, um rasch einige kurze, aber doch vorbildliche künstlerische Werke zu schaffen und dabei in allen Gattungen gleichzeitig zu glänzen. Eine Fülle der bekanntesten und schönsten Balladen der deutschen Literatur entstanden im *Balladenjahr* 1797. So auch der *Handschuh*.

Friedrich Schiller
Der Handschuh (1797)

Vor seinem Löwengarten,
Das Kampfspiel zu erwarten,
Saß König Franz,
Und um ihn die Großen der Krone,
5   Und rings auf hohem Balkone
Die Damen in schönem Kranz.

Und wie er winkt mit dem Finger,
Auftut sich der weite Zwinger,
Und hinein mit bedächtigem Schritt
10   Ein Löwe tritt
Und sieht sich stumm
Ringsum
Mit langem Gähnen
Und schüttelt die Mähnen
15   Und streckt die Glieder
Und legt sich nieder.

Und der König winkt wieder,
Da öffnet sich behend
Ein zweites Tor,
20   Daraus rennt
Mit wildem Sprunge
Ein Tiger hervor.

Wie der den Löwen erschaut,
Brüllt er laut,
25   Schlägt mit dem Schweif
Einen furchtbaren Reif
Und recket die Zunge,
Und im Kreise scheu
Umgeht er den Leu,
30   Grimmig schnurrend,
Drauf streckt er sich murrend
Zur Seite nieder.

Und der König winkt wieder,
Da speit das doppelt geöffnete Haus
35   Zwei Leoparden auf einmal aus,
Die stürzen mit mutiger Kampfbegier
Auf das Tigertier;
Das packt sie mit seinen grimmigen Tatzen,
Und der Leu mit Gebrüll
40   Richtet sich auf, da wird's still;
Und herum im Kreis,
Von Mordsucht heiß,
Lagern sich die greulichen Katzen.

Da fällt von des Altans Rand
45 Ein Handschuh von schöner Hand
Zwischen den Tiger und den Leun
Mitten hinein.

Und zu Ritter Delorges, spottenderweis,
Wendet sich Fräulein Kunigund:
50 "Herr Ritter, ist Eure Lieb so heiß,
Wie Ihr mir's schwört zu jeder Stund,
Ei, so hebt mir den Handschuh auf!"

Und der Ritter, in schnellem Lauf,
Steigt hinab in den furchtbaren Zwinger
55 Mit festem Schritte,
Und aus der Ungeheuer Mitte
Nimmt er den Handschuh mit keckem Finger.

Und mit Erstaunen und mit Grauen
Sehn's die Ritter und Edelfrauen,
60 Und gelassen bringt er den Handschuh zurück.
Da schallt ihm sein Lob aus jedem Munde,
Aber mit zärtlichem Liebesblick -
Er verheißt ihm sein nahes Glück -
Empfängt ihn Fräulein Kunigunde.
65 Und er wirft ihr den Handschuh ins Gesicht:
"Den Dank, Dame, begehr ich nicht!"
Und verlässt sie zur selben Stunde.

Thematisch wie formal ist Schillers *Handschuh* alles andere als
„klassisch": Erzählt wird kein Stoff aus der Antike, sondern aus
dem ausgehenden Mittelalter und auch die Verse könnten kaum
weniger klassisch sein. Aber genau hierin finden wir ein wichtiges

Merkmal der Arbeit von Goethe und Schiller: Nur weil sie die antike Tradition als besonders vorbildlich erachteten, hielten sie sich
doch selbst keineswegs sklavisch an deren Kunstprinzipien, sondern entwickelten daraus ganz eigene Formen des Ausdrucks.
Selbstverständlich hat Schiller auch Balladen mit antiken Themen
verfasst (z. B. *Der Ring des Polykrates* oder *Die Kraniche des Ibykus*
oder *Die Bürgschaft*) und selbstverständlich hat er in diesen Gedichten auch strenge Vers- und Reimschemata eingesetzt. Schon deshalb konnte er sich hier die Freiheit erlauben, statt strenger antiker
Hexameter simple Knittelverse zu verwenden.

Der Knittelvers ist vielleicht die freieste gereimte Versform überhaupt. Man kann seinen Bau folgendermaßen zusammenfassen:

- o   beliebig viele betonte Silben pro Vers,
- o   dazwischen beliebig viele unbetonte Silben,
- o   die Verse beliebig in Paarreimen, Kreuzreimen oder um-
     schließenden Reimen
- o   ...oder im Ernstfall auch mal ohne Reim.

Sprich: Knittelverse müssen sich *irgendwie* halbwegs reimen, der
Rest ist egal.

Und dennoch gelingt es Schiller aus dieser Ansammlung von Willkür eine Sprache von so immenser Eleganz und Schönheit zu formen, dass man nur staunen kann. Das funktioniert vor allem deshalb, weil Schiller die Knittelverse *dramaturgisch* einsetzt, also äußerst geschickt das Tempo der Handlung durch lange und kurze
Verse mal vorantreibt, mal verzögert – wir werden uns das gleich
an ausgewählten Stellen genauer ansehen. Die Reime werden im
Handschuh nicht nach einer bestimmen Anzahl von Silben gesetzt
(wie sonst in Gedichten üblich), sondern am Ende von *Sinnabschnitten,* an denen dann auch der jeweilige Vers endet. Diese dra-
maturgische Einteilung erklärt auch die Aufteilung der Strophen,

die eigentlich Absätze in der erzählten Handlung sind. Deshalb sind sie auch ganz unterschiedlich lang. Schiller ordnet die Form seiner Ballade also konsequent ihrem Inhalt unter. Und da der Inhalt nicht antik ist, ist es die Form auch nicht.

Eine solche Unterordnung formaler Kunstprinzipien unter inhaltliche Aspekte hatten wir bereits bei Magnus Gottfried Lichtwer und der Aufklärung kennengelernt (Kap. 3). Dennoch ist Schillers *Handschuh* meilenweit von der betont nüchternen Kunst der Aufklärung entfernt. Das sieht man schon daran, dass der Dichter ganze 43 Verse (also gut zwei Drittel des Gedichts!) dafür verwendet, um nur die Auftritte der Raubtiere zu beschreiben, bevor erst in V. 44 die eigentliche Handlung beginnt. Dabei ist Schillers Sprache alles andere als weitschweifig oder gar langatmig. Im Gegenteil zeichnet sie sich durch eine unerhörte Dichte aus. Schau dir noch einmal den Anfang an:

> *Vor seinem Löwengarten,*
> *Das Kampfspiel zu erwarten,*
> *Saß König Franz,*
> *Und um ihn die Großen der Krone,*
> *Und rings auf hohem Balkone*
> *Die Damen in schönem Kranz.*

Ganze 27 Wörter, organisiert in sechs knappen Sinnabschnitten, verbunden mit nur einem einzigen Verb! Und dennoch kennen wir danach die gesamte Ausgangssituation und haben eine lebendige Vorstellung des Ortes und der anwesenden Gesellschaft vor Augen: Die Worte *Löwengarten* (V. 1), *Kampfspiel* (V. 2) und *rings auf hohem Balkone* (V. 5) sind die einzigen, die uns Schiller gibt, um den Handlungsort zu skizzieren, aber sie reichen völlig aus, um in uns das Bild einer Kampfarena mit Manege, Zuschauertribüne, Toren, Mauern und Fahnen aufflackern zu lassen. Dasselbe gilt für die Anwesenden: *König Franz* (V. 3), *die Großen der Krone* (V. 4) und die

Damen in schönem Kranz (V. 6) sind für uns genügend Hinweise, um eine höfische Gesellschaft vor uns zu sehen, wie sie für einen König üblich gewesen sein dürfte. Das merkt man später im Gedicht, wenn in V. 49 f plötzlich von einem Ritter und einem (Edel-)Fräulein die Rede ist, die wir ohne weitere Erklärung akzeptieren, weil uns Schillers verdichtete Sprache genügend darauf vorbereitet hat: Natürlich gehören Ritter in diese Situation, selbst wenn sie gar nicht erwähnt wurden (zu den *Großen der Krone* durften sich Ritter nicht zählen).

Wie dicht und komplex Schillers Sprache eigentlich ist, kannst du leicht herausfinden, wenn du selbst versuchst, den Anfang der Ballade als Geschichte zu erzählen. Du wirst staunen, wie viele Sätze du äußern musst, bis alles gesagt ist, was Schiller in 27 Wörtern unterbringt.

Die folgenden fast 40 Verse erzählen in Etappen von den Auftritten der Raubkatzen, die jeweils auf Befehl des Königs in die Arena gelassen werden.

> *Und wie er winkt mit dem Finger,*
> *Auf tut sich der weite Zwinger,*
> *Und hinein mit bedächtigem Schritt*
> *Ein Löwe tritt*
> *Und sieht sich stumm*
> *Ringsum*
> *Mit langem Gähnen*
> *Und schüttelt die Mähnen*
> *Und streckt die Glieder*
> *Und legt sich nieder.*

Es ist bemerkenswert, mit welcher Präzision Schiller mit jedem Abschnitt die Spannung erhöht: Da ist zunächst der Löwe, der all seine Aktivitäten mit majestätischer Ruhe und Gelassenheit

ausführt. Die Behäbigkeit setzt sich dabei bis in den Klang fort:
Im *lange[n] Gähnen* (V. 13) und dem Schütteln der *Mähnen* (V. 14)
hört man regelrecht die gravitätische Selbstsicherheit des königlichen Raubtieres.

Mit dem Auftritt des Tigers steigert sich die Spannung nicht nur
inhaltlich, sondern auch sprachlich.

> *Da öffnet sich behend*
> *Ein zweites Tor,*
> *Daraus rennt*
> *Mit wildem Sprunge*
> *Ein Tiger hervor.*
> *Wie der den Löwen erschaut,*
> *Brüllt er laut,*
> *Schlägt mit dem Schweif*
> *einen furchtbaren Reif*

Die Verben und Adjektive werden dynamischer: *rennt* (V. 20), *wild*
(V. 21), *brüllt, laut* (V. 24), *schlägt* (V. 25), *furchtbar* (V. 26). Auch die
Strophen und Verse selbst sind kürzer und damit rascher. Das
schafft Geschwindigkeit in der Sprache und Spannung in der Dramaturgie.

Schiller verwendet außerdem Mittel der sprachlichen Verdichtung, die hart an die Grenze des grammatisch Möglichen gehen,
indem er die Adjektive sehr merkwürdig einsetzt: Betrachte etwa
den *wilden Sprung[...]* (V. 21) oder den *furchtbaren Reif* (V. 26). Ist es
wirklich der *Reif*, der so *furchtbar* ist? Oder ist es nicht viel mehr
der Tiger selbst? Später erfahren wir von *grimmigen Tatzen* (V. 38).
Können Tatzen denn überhaupt *grimmig* sein? Aber stell dir vor,
Schiller hätte – logisch korrekt – geschrieben: *Schlägt mit dem Schweif*
/ auf furchtbare Weise einen Reif – wie viel schwächlicher wären diese
Zeilen! Es ist faszinierend, wie intensiv Schiller die Möglichkeiten

der Sprache ausnutzt und schöpferisch erweitert, ohne dass wir diese Kunstgriffe beim Lesen überhaupt bemerken würden.

Auch klanglich wird die Gefährlichkeit des Tigers charakterisiert:

> *Grimmig schnurrend,*
> *Drauf streckt er sich murrend*
> *Zur Seite nieder.*

In diesen Versen finden sich erstaunlich viele Wörter, die zu einem rollenden „r" einladen: *grimmig, schnurrend, murrend* (V. 30 f). Das Gedicht gibt damit auch klanglich einen Eindruck vom bedrohlichen Schnurren des Tigers. In den drei Versen gibt es überhaupt nur zwei Wörter ohne „r". Ein Zufall? Möglich. Aber wenn, dann ist es jedenfalls ein sehr passender.

Der Auftritt des Tigers hat nicht zum erhofften Kampf geführt, und so winkt der König ein drittes Mal.

> *Da speit das doppelt geöffnete Haus*
> *Zwei Leoparden auf einmal aus,*
> *Die stürzen mit mutiger Kampfbegier*
> *Auf das Tigertier;*
> *Das packt sie mit seinen grimmigen Tatzen,*
> *Und der Leu mit Gebrüll*
> *Richtet sich auf, da wird's still;*

Schiller kann die Gefährlichkeit der Raubkatzen nach Löwe und Tiger nicht mehr steigern, aber die Anzahl schon. Und so ist es kein Zufall, dass nun *[z]wei Leoparden auf einmal* hereinbrechen (V. 35). Mit ihrem Auftritt scheint auch endlich das blutige Vergnügen des Tierkampfes loszugehen, denn die beiden setzen unmittelbar zum Angriff auf den Tiger an. Doch der Ausbruch der Aggression währt nur kurz, denn der Löwe – ganz der König, der er auch in der Fabel ist – unterbindet den Kampf mit einer Geste der uneingeschränkten Macht, welche die anderen Katzen verstummen lässt (V. 39f).

Was ist bis zu diesem Punkt der Ballade eigentlich geschehen? Im Grunde nichts. Wir haben etwas über die grausamen Vergnügungen eines Königshofes im Ausgang des Mittelalters erfahren. Ferner scheinen die Kämpfe dieses Mal nicht so recht in Gang kommen zu wollen, denn die *greulichen Katzen lagern* nur *herum im Kreis* (V. 41-43), statt sich gegenseitig zu zerfleischen. Aber sind all die geschilderten Einzelheiten nicht völlig unbedeutend für den weiteren Gang der Handlung, der doch eigentlich erst jetzt mit dem titelgebenden *Handschuh* des Burgfräuleins Kunigunde so richtig interessant wird?

Ein aufklärerischer Dichter hätte das vielleicht so gesehen und die Auftritte der Raubkatzen radikal zusammengestrichen. Erinnere dich, mit welch knappen Worten uns Magnus Gottfried Lichtwer seine Geschichte von der Göttin Fabel erzählt hat (Kap. 3). Aber genau hier liegt eben der Unterschied zwischen Aufklärung und Klassik: Schiller will nicht nur unseren Verstand, sondern auch unser Herz berühren und dafür braucht er nicht nur eine Moral, sondern auch eine herausragende Dramaturgie, die uns bei den Emotionen packt. Nur wenn wir die Gefährlichkeit der Raubkatzen auch *fühlen*, erkennen wir das ganze Ausmaß der nun folgenden Zumutung:

> *Da fällt von des Altans Rand*
> *Ein Handschuh von schöner Hand*
> *Zwischen den Tiger und den Leun*
> *Mitten hinein.*
> *Und zu Ritter Delorges, spottenderweis,*
> *Wendet sich Fräulein Kunigund:*
> *"Herr Ritter, ist Eure Lieb so heiß,*

Wie Ihr mirs schwört zu jeder Stund,
Ei, so hebt mir den Handschuh auf!"

Mit einem knappen, *Da* (V. 44) kündigt Schiller die Wende in der
Handlung an und es beginnt die eigentliche Ungeheuerlichkeit der
Geschichte: Unbewaffnet und ohne Rüstung soll sich Ritter De-
lorges als Liebesbeweis für seine angebetete Kunigunde zwischen
die Raubtiere wagen, die zwar derzeit ruhig, aber *von Mordsucht heiß*
(V. 42) in der Arena lagern. Beachte, wie zynisch fein das Fräulein
Kunigunde ihre Worte setzt (V. 50-52). Die Textstelle lädt gera-
dezu ein, die Lippen beim Vortrag zu einem kleinen, boshaften
Lächeln zu spitzen und jedes Wort zu einem Messerstich zu schär-
fen.

Möchte Kunigunde ihren Verehrer tatsächlich in Lebensgefahr
bringen? Schiller legt uns durch das Adverb *spottenderweis* (V. 48)
eher nahe, dass sie ihn lediglich demütigen will. Möglicherweise
glaubt sie auch tatsächlich, dass Delorges ihr einen Liebesbeweis
schuldet, und fordert ihn deshalb mit gespieltem Spott heraus.
Gleichviel, sie bringt ihren Verehrer in ein entsetzliches Dilemma:
Entweder er setzt sein Leben aufs Spiel oder er läuft Gefahr, vor
der gesamten höfischen Gesellschaft das Gesicht zu verlieren –
und das ist für einen Ritter eigentlich noch schlimmer als zu sterben. Noch tief bis ins 19. und 20. Jahrhundert hinein gehorchten
adlige, militärisch geprägte Schichten einem Ehrbegriff, nach dem
man eher sein Leben als sein Gesicht verlor. Dieses ritterliche Gesetz kennt Delorges natürlich. Völlig egal, ob die anderen *Ritter
und Edelfrauen* (V. 59) des Kreises den Mut aufbringen würden, in
die Arena hinabzusteigen: Wenn er es nun nach dieser spöttischen
Aufforderung nicht tut, ist sein Ansehen bei Hofe mindestens ge-
schädigt, wenn nicht zerstört. Was für eine erbarmungslose Situation!

Doch Delorges' Entschluss scheint rasch gefasst und noch rascher ausgeführt:

> *Und der Ritter, in schnellem Lauf,*
> *Steigt hinab in den furchtbaren Zwinger*
> *Mit festem Schritte,*
> *Und aus der Ungeheuer Mitte*
> *Nimmt er den Handschuh mit keckem Finger.*

Wie knapp im Vergleich zum Auftritt der Raubkatzen wird dieser Höhepunkt der Ballade geschildert! Zwar nutzt Schiller weiterhin seine Technik der verdichteten Sprache (etwa mit dem *furchtbaren Zwinger*, V. 54 oder dem *kecke[n] Finger*, V. 57), doch scheint der glückliche Ausgang des Abenteuers mit fünf Versen erstaunlich schnell erzählt. Dieser Umstand zeigt, dass der Spannungsaufbau des Anfangs für Schiller kein Selbstzweck war, kein Nervenkitzel um seiner selbst willen, sondern ein künstlerisches Mittel, um uns die Ungeheuerlichkeit der Aufforderung deutlich zu machen, während der Dichter auf die Ungeheuerlichkeit der *Ausführung* und auf den Mut des Ritters nur einen geringen dramaturgischen Wert legt. Gleich werden wir erfahren, warum.

> *Und mit Erstaunen und mit Grauen*
> *Sehns die Ritter und Edelfrauen,*
> *Und gelassen bringt er den Handschuh zurück.*
> *Da schallt ihm sein Lob aus jedem Munde,*
> *Aber mit zärtlichem Liebesblick -*
> *Er verheißt ihm sein nahes Glück -*
> *Empfängt ihn Fräulein Kunigunde.*

Mit der *gelassen[en]* Rückkehr des Ritters scheint die Handlung zu einem glücklichen Ende geführt: Die Spannungsgier der höfischen Gesellschaft ist gestillt und es *schallt ihm sein Lob aus jedem Munde* (V. 61), während Kunigunde ihren Helden *mit zärtlichem Liebesblick*

(V. 62) augenscheinlich zu einer neuen Phase der gemeinsamen Beziehung einlädt. – Und da plötzlich der Bruch:

> *Und er wirft ihr den Handschuh ins Gesicht:*
> *"Den Dank, Dame, begehr ich nicht!"*
> *Und verlässt sie zur selben Stunde.*

Die volle Tragweite dieses Schlusses können wir nur verstehen, wenn wir wissen, wie sehr Schiller mit diesem Ende gerungen hat. In der Erstausgabe des Gedichtes war der Schluss nämlich milder:

> *Und der Ritter, sich tief verbeugend [!], spricht:*
> *"Den Dank, Dame, begehr ich nicht!"*
> *Und verlässt sie zur selben Stunde.*

Zu diesem weicheren Schluss hatte Goethes Freundin Charlotte von Stein den Dichter bewegt. Offenbar schien ihr die Grobheit, einer Dame den Handschuh ins Gesicht zu werfen, trotz des grausamen Spieles unangemessen. Und offenbar hat dies Schiller zumindest für eine bestimmte Zeit auch eingeleuchtet. Allerdings kehrte er später zur ungestümeren Fassung zurück und die Gründe dafür lassen sich aus dem Erziehungsprogramm der Weimarer Klassik heraus erklären, auch wenn man zunächst meinen könnte, zur Klassik hätte die edlere, gefasstere Reaktion von Delorges besser gepasst – aber das wäre ein Missverständnis.

Überlegen wir einmal, welche Schlüsse wir aus der Ballade ziehen können und welche Rolle dabei das Ende spielt. Klar ist, dass das Verhalten von Fräulein Kunigunde, die ihren Geliebten zum Spiel in Lebensgefahr bringt, unbedingt kritikwürdig ist. Aber ist das nicht ein bisschen wenig für die Lehre einer klassischen Ballade, die allgemeingültige menschliche Werte vermitteln will? Wer von Schillers Lesern käme schon in eine vergleichbare Situation? Und dann: Ist es denn wirklich gerecht, der armen Kunigunde die gesamte Last der Schuld aufzubürden? Sicher, sie hat mit ihrem

Spott die Handlung ausgelöst, aber waren die anderen in der Runde nicht insgeheim froh darüber? Schließlich waren die erhofften Kampfspiele ausgeblieben und der Nachmittag drohte langweilig zu werden. Beachte bitte, dass niemand aus der Gesellschaft widerspricht, als Kunigunde ihren Delorges provoziert. Man sieht *mit Erstaunen und mit Grauen* (V. 58) zu und lobt den erfolgreichen Ritter später *aus jedem Munde* (V. 61), anstatt beide – das Fräulein wie den Ritter – zurechtzuweisen, auf was für einen sinnlosen Irrsinn sich hier beide einlassen!

Im Grunde wäre das die Aufgabe des Königs gewesen: Nur er hätte die Situation retten können, indem er Kunigunde mit einem königlichen Machtwort das böse Spiel verwiesen hätte. So hätte Delorges sein Gesicht wahren können, ohne sein Leben aufs Spiel zu setzen. Aber der König schweigt wie alle anderen und akzeptiert damit stumm das unsinnige Hasardspiel um Tod, Ehre und fragwürdige Liebe.

Delorges' Tat ist sicherlich schön in einem ritterlichen Sinne. Sie zeugt von Mut und Tapferkeit. Aber sie ist auch reichlich unbedacht und leichtfertig. Man darf sein Leben aufs Spiel setzen, wenn es um wirklich wichtige Dinge geht, das hat auch Schiller so gesehen.[19] Aber hier am Löwengarten geht es um nichts als um einen ritterlichen Ehrbegriff (der allerdings über das Ansehen in der Gesellschaft entscheidet). Irgendwo zwischen Kunigundes Spott und der lebensgefährlichen Tat muss unserem Ritter diese Tatsache deutlich geworden sein. Wenn er nun zurückkehrt und sich nach ritterlicher Art tief verbeugt, bevor er Kunigunde verlässt, so hat er ihr Verhalten gestraft, aber die passive Duldung der

---

[19] In seiner „Braut von Messina" lässt er den Chor sagen: „Das Leben ist der Güter höchstes nicht."

anderen, die hat er letztlich akzeptiert. Bis in die letzte Tat hinein ein echter Ritter!

Indem Delorges dem Fräulein den Handschuh ins Gesicht wirft, bricht er bewusst die Gesetze des ritterlichen Verhaltens und das heißt: er bricht mit seiner eigenen bisherigen Lebensweise – und mit der Gesellschaft, die für eine nachmittägliche Unterhaltung solche grausamen Spiele duldet. Nicht dem Fräulein allein, sondern allen Anwesenden wirft er buchstäblich den Fehdehandschuh ins Gesicht. Deshalb dürfen wir das „sie" in V. 67 (*Und verlässt* sie *zur selben Stunde*) getrost auf den gesamten Königshof beziehen, in dem Kunigunde nur eine Figur ist. Delorges bricht nicht mit Kunigunde, sondern mit dem ganzen hohl gewordenen Ritterideal. Nur wenn wir den Schluss der Ballade so verallgemeinert verstehen, hat sie eine Aussage, die dem Bildungsprogramm der Weimarer Klassik würdig ist.

Schillers Ballade löst künstlerisch ein, was seine theoretischen Schriften fordern: Die große Beliebtheit des *Handschuh* beweist, dass die vollendete Sprachkunst des Gedichtes noch nach über zwei Jahrhunderten Köpfe und Herzen zu gewinnen weiß. Und ob wir es uns deutlich machen oder nicht: Der selbstbewusste Bruch des Delorges mit der höfischen Gesellschaft beeindruckt uns ebenso wie seine mutige Tat zuvor. In gewissem Sinne ist er damit eine Fortführung des Genies aus dem Sturm und Drang, aber – und das ist ganz klassisch – eines nunmehr gereiften Genies.

> *Edel sei der Mensch,*
> *Hilfreich und gut!*

Dieser Anfang aus Goethes *Das Göttliche* bringt das Bildungsideal der Klassik auf den Punkt. Delorges handelt edel, indem er sein Leben aufs Spiel setzt, und noch mehr indem er den Königshof mir seinem leer gewordenen Ehrbegriff hinter sich lässt. Nun muss sich zeigen, ob die schöne Tat ihn auch *hilfreich und gut* machen wird.

Den Beweis, dass die ästhetische Erziehung des Menschen die Welt verbessern kann, ist die Weimarer Klassik schuldig geblieben. Das liegt auch daran, dass die Epoche kein richtiges Ende hatte, denn Schiller starb 1805 überraschend im Alter von nur 45 Jahren. Goethes Werke spielen nach dem Tod des Freundes zwar bisweilen noch mit klassisch-antiken Formen und zeigen auch inhaltlich noch Züge des gemeinsam erarbeiteten Bildungsideals. Aber die entscheidenden Merkmale von Goethes Spätwerk gehören einer anderen literarischen Strömung an, die parallel zur Klassik verlief und die wir im folgenden Kapitel behandeln werden.

7. Romantik

Novalis
Wenn nicht mehr Zahlen und Figuren (1800)

Die Romantik (ca. 1795-1830) begann etwa zeitgleich mit der Weimarer Klassik und im Gegensatz zu dieser zweifelt niemand ernsthaft daran, dass es sich um eine eigenständige kulturelle Epoche handelt, denn ähnlich wie die Aufklärung ist die Romantik ein gesamteuropäisches Phänomen und hat weit über ihre Epochengrenzen hinaus bis in unsere Gegenwart hineingewirkt. Nicht umsonst hat es das Wort „romantisch" in unsere Alltagssprache geschafft.

In der Literaturwissenschaft sprechen wir mit dem Begriff Romantik eine kulturelle Entwicklung an, die das Schicksal des europäischen Kontinents nachhaltig prägen sollte – im Guten wie im Bösen, denn Romantik erschöpft sich keineswegs in Liebesschwüren und Rosensträußen. Sie hatte auch ganz andere Seiten, beispielsweise auch eine politische, deren Auswirkungen von einigen Historikern bis in die Gräueltaten des Nationalsozialismus hinein nachverfolgt werden. Ich werde dir später davon berichten.

Romantik ist keine einfache Kost, ja vielleicht sogar die Epoche, die am schwersten überhaupt zu verstehen ist. Das liegt einerseits an einer turbulenten historischen Zeit mit immensen kulturellen, wirtschaftlichen und politischen Spannungen (Beginn der Industrialisierung, Französische Revolution, Napoleon und die Befreiungskriege…). Andererseits liegt es auch daran, dass sich die Romantik selbst am liebsten mit Widersprüchen beschäftigt hat, insbesondere im Versuch, diese Widersprüche aufzuheben und zu

einer fantastischen Vereinigung und Verschmelzung der Gegensätze zu gelangen, weil uns diese vielleicht nur unvereinbar *scheinen*.

Bei Novalis[20] finden wir so etwas wie ein frühes literarisches Programm der Romantik. Das kurze Gedicht ist ganz einfach gebaut,
hat es aber inhaltlich in sich.

Novalis
Wenn nicht mehr Zahlen und Figuren (1800)

Wenn nicht mehr Zahlen und Figuren
Sind Schlüssel aller Kreaturen
Wenn die, so singen oder küssen,
Mehr als die Tiefgelehrten wissen,
5   Wenn sich die Welt ins freye Leben
Und in die Welt wird zurück begeben,
Wenn dann sich wieder Licht und Schatten
Zu ächter Klarheit werden gatten,
Und man in Mährchen und Gedichten
10   Erkennt die ewgen Weltgeschichten,
Dann fliegt vor Einem geheimen Wort
Das ganze verkehrte Wesen fort.

Novalis' Gedicht erfüllt auf den ersten Blick nicht gerade die Erwartungen an ein typisch romantisches Kunstwerk, sondern wirkt
zunächst seltsam kopflastig. Das liegt daran, dass das Gedicht eine
philosophische Absicht hat: Jede Doppelzeile beinhaltet ein Stück

---

[20] Novalis hieß eigentlich *Friedrich von Hardenberg* und sein Künstlername ist ein
Wortspiel, das seine Verwurzelung in den gebildeten Schichten des 18.
Jahrhunderts zeigt: „*novale*" ist Latein und heißt „*Brachland*". Der Genitiv
„novalis" bedeutet folglich „des Brachlandes" oder freier übersetzt „vom
Brachland". Und gibt es ein typischeres Brachland als einen „harden Berg"?

romantische Weltsicht, die sich in den letzten beiden Versen zu einer ausgewachsenen Literaturtheorie steigert. Ein solches Thema ist für ein romantisches Gedicht eher *nicht* typisch. Aber es ist wiederum *sehr* typisch romantisch, dass selbst eine philosophische Betrachtung in Lyrik verfasst wird.

Der Aufbau ist ganz einfach: Jeweils zwei Verse gehören zusammen, was schon durch den Paarreim deutlich wird (*Figuren – Kreaturen, küssen – wissen* etc.). Jedes Verspaar außer dem letzten bildet einen Nebensatz mit *Wenn*.[21] Eine solche Wiederholung einer immer gleichen Satzstruktur nennen wir *Parallelismus*. Novalis nutzt den Parallelismus, um eine Bedingung nach der anderen aufzuzählen, wie sich die Welt nach Auffassung des lyrischen Ichs verändern müsse. Die abschließenden Verse 11 und 12 setzen diesen wiederholten *Wenns* zuletzt ein schlussfolgerndes *Dann* entgegen. Das ganze Gedicht besteht also nur aus einem einzigen zusammengesetzten Satz mit fünf aufgezählten Neben- und einem abschließenden Hauptsatz. Wir können die Einzelsätze damit Verspaar für Verspaar genießen – Blatt für Blatt, wie eine Artischocke…

> *Wenn nicht mehr Zahlen und Figuren*
> *Sind Schlüssel aller Kreaturen*

Was meint Novalis mit *Schlüssel aller Kreaturen* (V. 2)? „Kreatur" bedeutet *Geschöpf*. Und als *Schlüssel* zu allen Geschöpfen kann nichts anderes als ein *Erkenntnis*schlüssel gemeint sein. Etwas, das uns das Wesen der Schöpfung aufschließt. Und nach Aussage des Gedichts sollen als ein solcher *Schlüssel [zur Erkenntnis] aller Kreaturen* (ebd.) weder *Zahlen* noch *Figuren* (V. 1) taugen.

---

[21] Das „und" in V. 9 ist im Grunde keine Ausnahme, denn es ersetzt nur ein weiteres „Wenn" - probier es aus, du kannst sie ersetzen.

Zahlen sind der Inbegriff von Rationalität, Abstraktheit und Vernunft. Ihr Einzug in das Alltagsleben eines jeden Mitteleuropäers war das Ergebnis einer über Generationen unermüdlich wirkenden Aufklärung (Kap. 3). Gegen sie scheint sich Novalis in den ersten beiden Versen zu wenden: Als Erkenntnisschlüssel der Welt hält das lyrische Ich rationale Methoden wie Messen und Berechnen – denn nichts anderes macht man ja mit Zahlen – offenbar für ungeeignet.

Auch unsere heutige Vorstellung von Romantik scheint im Gegensatz zur Vernunft zu stehen und damit kulturgeschichtlich gesehen im Gegensatz zur Aufklärung: Romantik ist unvernünftig. Und Vernunft ist unromantisch. Deshalb wundert es uns auch nicht, dass ein romantisches lyrisches Ich Zahlen als Erkenntnisschlüssel ablehnt.[22] Novalis selbst hätte sich allerdings wahrscheinlich keineswegs als Gegner der Vernunft betrachtet. Bevor er als Dichter auftrat, hatte er unter anderem Jura, Wissenschaftstheorie, Mathematik, Bergwerkskunde und Chemie studiert – klingt nicht gerade romantisch, oder?

Die Vertreter der Romantik, besonders in der Anfangsphase, betrachteten die Vernunft nicht als etwas Negatives. Aber sie war ihnen nicht genug! Denn ihnen schien die Welt überreichlich voll mit Dingen, die die Wissenschaft *nicht* erklären konnte. Und gerade diese Dinge waren viel spannender als die spärlichen und trockenen Erkenntnisse der Vernunft: All die Wunder, die Instinkte, die Gefühle und Ahnungen, die Mythen und Religionen und nicht zuletzt auch die Sprache selbst! Wenn die Romantiker sich meist nicht viel um Vernunft und Rationalität geschert haben, dann

---

[22] Das gleiche scheint für die *Figuren* (V. 1) zu gelten – möglicherweise eine Anspielung auf die reichhaltige aufklärerische Zeichen- und Kartierungskultur für naturwissenschaftliche Phänomene.

nicht weil sie sie abgelehnt hätten, sondern weil sie andere Dinge wichtiger fanden.

Aber wenn *Zahlen und Figuren* versagen – was kann dann zum *Schlüssel aller Kreaturen* (V. 2) taugen? Die Antwort des lyrischen Ichs klingt auch für moderne Ohren noch typisch romantisch:

> *Wenn die, so singen oder küssen,*
> *Mehr als die Tiefgelehrten wissen,*

Singen und Küssen kann man mit Fug und Recht als typisch unvernünftige Handlungen bezeichnen – erst recht aus der Sicht eines Menschen um 1800, als Psychologie, Verhaltensbiologie und Ethnologie praktisch noch nicht erfunden waren. Novalis hingegen gibt dem *[S]ingen oder [K]üssen* eine große, ja philosophische Bedeutung: Sie sind nicht nur innig, schön und wichtig, sondern ein *Schlüssel* (V. 2) zum *[W]issen*, das den *Tiefgelehrten* (V. 4) verborgen bleibt.

Novalis formuliert in dieser Doppelzeile etwas, was das Lebensgefühl vieler junger gebildeter Köpfe der Zeit um 1800 umgetrieben hat: Das Gefühl, dass in der Welt noch mehr ist, als das, was von den aktuellen Wissenschaften beschrieben werden konnte. Phänomene, für die man keine Erklärung hatte, ja oft noch nicht einmal Worte, und von denen man dennoch fühlte, dass sie existent und wirkungsmächtig sind: Die reiche und verworrene Welt der Emotionen, die unergründlichen Weisheiten und religiösen Ahnungen der Mythen, die verschlungene Vielfalt der Sprachen und nicht zuletzt die unerforschten Geheimnisse der Natur. Mit dieser Aufzählung haben wir schon eine Menge Hauptthemen der Romantik zusammen.

Die Erkenntnis, dass die Welt noch lange nicht vollständig verstanden ist und dass die aufklärerische Vernunft auch noch lange

nicht so weit ist, alles Existierende zu erklären, ist typisch romantisch, auch wenn sie nicht erst in der Romantik erfunden wurde[23].
In der Zeit um 1800 wurde sie zum *Trend* und steckte viele, auch
aufklärerische Köpfe an.

Das lyrische Ich meint also, eine Lösung für das Problem der Erkenntnis zu haben. Und diese Lösung ist Novalis' romantisches
Programm: Durch *singen oder küssen* (V. 3) kann man mehr von der
Welt verstehen, als die *Tiefgelehrten* (V. 4) je finden können. Wie er
sich das genau vorstellt, verrät er uns natürlich erst zum Schluss.

> *Wenn sich die Welt ins freye Leben*
> *Und in die Welt wird zurück begeben,*

Mit den Versen 5 und 6 kommt das eigentliche Feindbild der
Romantik zur Sprache, das keineswegs „Aufklärung" heißt: Es ist
das Problem der *Entfremdung*. Und weil dieser Punkt so wichtig für
das Verständnis der Romantik ist, müssen wir uns kurz überlegen,
was Entfremdung bedeutet.

Unser heutiges Leben ist im Vergleich zu dem um 1800 ziemlich
abstrakt: Computer, Personalausweise, Steuererklärungen, Abiturzeugnisse. Und obwohl es all das vor 200 Jahren noch nicht gab,
gab es doch die Anfänge davon: Rechentafeln, Urlaubspässe, Akzisesteuern, Universitätspatente. Mit zunehmender Abstraktheit
unserer Gesellschaft – so erlebten es auch damals schon immer
mehr Menschen in ihren Alltag – fühlen wir uns unserem eigenen
Leben gegenüber fremd. Was tun wir da eigentlich den ganzen
Tag, wenn wir einer Schulpflicht nachgehen – oder einer

---

[23] Schon Goethe lässt im Sturm und Drang seinen Faust die gleichen Zweifel an
der Erkenntnisfähigkeit der gegenwärtigen Wissenschaften formulieren. Im sog.
„Urfaust" heißt es: „*Hab nun, ach, die Philosophei,/ Medizin und Juristerei,/ Und leider
auch die Theologie/ Durchaus studiert mit heißer Müh/* […] *Und seh, daß wir nichts wissen
können,…*"

Wehrpflicht? Einem Beruf, statt einer Berufung? Einem Müssen, statt einem Wollen? Warum leben wir zwar immer bequemer, aber scheinbar auch immer unfreier und abstrakter? Wie herrlich klar und konkret war dagegen der Alltag früherer Generationen, die sich um ihre Felder kümmerten und sich selbst ernährten wie es die Menschen über Jahrtausende getan hatten! Oder ganz und gar der Alltag eines Vogels, der doch laut Neuem Testament weder sät noch erntet und doch von unserem *himmlischen Vater* ernährt wird...

> *Wenn sich die Welt ins freye Leben*
> *Und in die Welt wird zurück begeben,*

Die Romantik wollte dieser Entfremdung vom *freyen[n] Leben* (V. 5) entgegenwirken. Das sollte nicht heißen, dass nun alle wieder Bauern werden sollten – im Gegenteil! Man stellte sich eine Welt vor, in der auch das moderne Leben nicht mehr verkehrt und widersprüchlich wäre, weil in der Welt ein geheimer Einklang zwischen den Dingen herrscht, den man *nur* entdecken müsste und schon wären die Widersprüche aufgelöst und die Entfremdung der Menschen von ihrem eigenen Leben überwunden! Wie das gehen soll, bleibt weiter ein Geheimnis, das erst am Ende gelüftet wird.

> *Wenn dann sich wieder Licht und Schatten*
> *Zu ächter Klarheit werden gatten,*

In den Versen 7 und 8 geht es genau um einen solchen Widerspruch: Licht und Schatten sind Gegensätze und damit unvereinbar. Physikalisch kann man sie nicht *gatten* (V. 8) – wenn man sie mischt, entsteht Halbschatten, nicht mehr. Aber Licht und Schatten sind für jeden Gebildeten des 18. Jahrhunderts nicht einfach irgendwelche Gegensätze: Licht ist die Lieblingsmetapher der Aufklärung und Schatten wurde daher gewissermaßen notwendig die Metapher für alles Unaufgeklärte, Unverständliche und Unvernünftige.

Das lyrische Ich hingegen meint, dass *ächte[...] Klarheit* (V. 8) nur möglich ist, wenn sich diese Gegensätze *gatten* (ebd.): Wenn sich das metaphorische *Licht* (die Vernunft der Aufklärung) mit dem metaphorischen *Schatten* (der spannenden Welt des Unerklärten) vereinen könnte, denn daraus könnte etwas Neues, Größeres und Besseres entstehen. Eine Welt, in der ein harmonisches, *freye[s] Leben* (V. 5) wieder möglich ist, weil die Widersprüche gelöst sind. Es ist kein Zufall, dass der Philosoph Friedrich Hegel zeitgleich seine Theorie der Dialektik entwickelt hat: Behauptung (*These*) und Widerspruch (*Antithese*) sind eigentlich gar nicht unvereinbar, sondern lassen sich geistig zu einer höheren Wahrheit, der *Synthese*, läutern. Das ist das romantische Ideal in philosophische Begrifflichkeit übersetzt! Noch immer wissen wir natürlich nicht, wie das erreicht werden soll.

> *Und man in Mährchen und Gedichten*
> *Erkennt die ewgen Weltgeschichten,*

Ebenso wie die Weimarer Klassik (Kap. 6) ist die Romantik durchdrungen von dem Gedanken, dass die Menschheit dem Ideal des harmonischen Lebens schon einmal näher gewesen sei als aktuell. Aber während die Klassik die Antike zum idealisierten Zeitalter auserkoren hatte, glaubte die Romantik an die Idealität des Mittelalters, aus dem sie oft und gerne ihre Stoffe bezog.

Die romantische Begeisterung für das Mittelalter lag weniger darin, dass es Könige und Ritter gegeben hätte, sondern vielmehr an der mittelalterlichen Kunst und Kultur, die eine seltsame naive Klarheit ausstrahlte und viele junge Künstler faszinierte. Erinnere dich an das Gedicht Walthers von der Vogelweide: ein so einfaches und doch so anmutiges sprachliches Gemälde (Kap. 1). In der Romantik wurde die Minnelyrik neu entdeckt, erforscht und tief verehrt.

Ein weiterer Grund für die Faszination am Mittelalter lag in dessen mythischem Charakter. Ein Mythos ist eine Geschichte, die so lang von Mund zu Mund und von Kultur zu Kultur überliefert wird, dass sie sich verändert und verzweigt und also selbst eine Geschichte bekommt – eine Geschichte zum Quadrat sozusagen. Spannend am Mythos ist, warum die darin liegende Erzählung so alt werden konnte. Warum haben sich die Menschen immer wieder von König Artus erzählt? Oder von Faust? Oder von der Sintflut? Oder von Rotkäppchen? Warum haben sie nicht irgendwann andere Geschichten erzählt und die alten vergessen? In der Romantik erkannte man, dass solche langen Überlieferungen und Weiterentwicklungen kein Zufall sind: Wenn eine Geschichte die menschlichen Gemüter immer wieder bewegen und faszinieren konnte, dann muss sie etwas Besonderes in sich tragen. Dann ist sie vielleicht einer dieser *Schlüssel aller* Kreaturen, nach denen das lyrische Ich in V. 2 sucht. Dann erkennt man vielleicht tatsächlich *in Mährchen und Gedichten* (V. 9) nicht nur Unterhaltung, sondern *die ewgen Weltgeschichten* (V. 10). Am Ende des 19. Jahrhunderts sollte Sigmund Freud in Wien auf ganz ähnlichen Gedanken seine Psychoanalyse aufbauen.

Wegen ihrer Mythos-Faszination war die Romantik auch stark an der Volkskultur interessiert: All die Geschichten, Lieder und Traditionen, die von Mund zu Mund und von Generation zu Generation weitergetragen werden – in der Romantik wurden viele davon erstmals systematisch gesammelt: Die Brüder Grimm, zwei herausragende Sprach- und Literaturwissenschaftler, zogen durch die Dörfer und ließen sich die Märchen der Menschen erzählen, um sie aufzuschreiben. Clemens Brentano und Achim von Arnim sammelten Volkslieder, deren einfache sangliche Verse sie in eigenen Gedichten und Liedern nachahmten und weiterführten. Ludwig Tieck und Wilhelm Hauff schrieben Geschichten, in denen sie die unerklärlich einfache Magie der Volksmärchen einzufangen suchten. Und auch unser Gedicht ist nicht umsonst rhythmisch so einfach gehalten: Simple, nicht allzu genaue Jamben, dazu die Paarreime – das alles ist der künstlerisch unbekümmerten Form der Volksdichtung abgeschaut.

In der letzten Doppelzeile kommt es endlich zur lange herausgezögerten Antwort des Gedichts: Die Antwort auf die vielen *Wenns* und damit die Antwort auf die Frage: Wie soll es umgesetzt werden, das schöne romantische Programm des tiefen und harmonischen Verständnisses aller Kreaturen? Wie soll es gehen, dass die Widersprüche aufgelöst sind und die Märchen und Gedichte (wieder) eine würdige Rolle spielen?

> *Dann fliegt vor Einem geheimen Wort*
> *Das ganze verkehrte Wesen fort.*

Und damit haben wir sie, die simple und doch so ungeheure Antwort des Gedichts: Alles, was *verkehrt[...]* ist am *Wesen* der Dinge (V. 12), kann mit *Einem geheimen Wort* (V. 11) hinweggefegt werden.[24] In diesen Zeilen finden wir den unerhörten Glauben der romantischen Dichter an die Macht des Wortes, der durchaus für die gesamte Epoche als typisch gelten darf. Wer nur das richtige Wort zu treffen weiß, dem öffnen sich die Geheimnisse der Welt. Das lyrische Ich schreibt damit dem *Wort* eine ähnlich große Bedeutung zu wie die Aufklärung der Vernunft, der Sturm und Drang dem Genie oder die Weimarer Klassik der Ästhetik. Die Welt richtiger zu verstehen, heißt, sie richtiger in Worte fassen zu

---

[24] Viele Drucke des Gedichtes schreiben „Einem" sogar groß, um zu betonen, wie wenig nötig ist, um die Welt zu heilen. Deshalb hab auch ich es dir hier so abgedruckt.

können; sie richtiger *sagen* – und damit vielleicht auch: sie richtiger *sehen* zu können.

Auch rhythmisch fallen die beiden Schlussverse aus dem Rahmen:

> Dann **fliegt** *vor* **Ei** | *nem ge* | **hei** | *men* **Wort**
>
> (- ^ - ^ - - ^ - ^)
>
> *Das* **gan** | *ʒe ver* | **kehr** | *te* **We** | *sen* **fort.**
>
> (- ^ - - ^ - ^ - ^)

Mehrere doppelt unbetonte Silben geben dem Jambus ein wenig von der walzerhaften Beschwingtheit des Daktylus (vgl. Anm. 11). Die letzten beiden Verse sind außerdem die einzigen, die auf eine männliche Kadenz[25] enden (alle anderen klingen weiblich aus). Novalis unterstützt also die inhaltliche Besonderheit der beiden Schussverse durch Eigenarten im Rhythmus.

Der Glaube an das treffende Wort ist ein Schlüssel zum Verständnis der Romantik. Nicht umsonst spielen magische Worte – Zauberworte – eine so große Rolle in romantischen Erzählungen und Gedichten. Im Wort allein lassen sich Widersprüche – auch physikalische wie Licht und Schatten (V. 7) – auflösen. Durch das treffende Wort wird Verständnis erzeugt und das Wesen der Dinge erfasst. Im *Begriff* steckt das *Begreifen.*

---

[25] Als Kadenz bezeichnen wir den Ausklang eines Verses – je nachdem, wo die letzte betonte Silbe liegt. Je mehr unbetonte Silben nach der letzten betonten kommen, um so weicher und melodischer klingt der Vers aus. Das erklärt auch die Namensgebung der Kadenzen.

- o männliche (oder stumpfe) Kadenz: die letzte Silbe ist betont: ...ge | **hei** | men **Wort**
- o weibliche (oder klingende) Kadenz: die *vor*letzte Silbe ist betont: ...Fi | **gu** | ren
- o gleitende (oder reiche) Kadenz: die *vorvor*letzte Silbe ist betont: ...**En** | gel | chen

Dass das lyrische Ich so einen Wert auf das richtige Wort legt, ist möglicherweise das Resultat eines noch größeren und umfassenderen Prozesses: In der Zeit um 1800 scheint sich – dafür hat die Soziologie beeindruckende Belege gesammelt – ein intensiver Wandel unserer Sprache ereignet zu haben. Und zwar nicht grammatisch, sondern in der *Bedeutung* der Wörter und Begriffe. Wenn das stimmt, dann hat die junge Generation der Zeit in gewisser Weise eine andere Sprache gesprochen als ihre Eltern. Natürlich nicht bei Wörtern wie *Tisch* oder *Hut*. Wohl aber bei Worten wie *Liebe* oder *Freiheit, Glaube, Natur* oder *Sinn*. Stell dir vor, was für eine ungeheure Auswirkung es für eine Gesellschaft hat, wenn sich plötzlich die Vorstellung davon ändert, was diese Wörter zu bedeuten haben! Wenn eine junge Generation etwas für *sinnvoll* oder *frei* erachtet, was ihre Eltern für *unsinnig* oder *sittenlos* halten.

Wenn die Theorie des sprachlichen Wandels stimmt – und dafür spricht vieles –, dann umfasst diese Veränderung nicht nur die Romantik, sondern ist wohl die Ursache für die gesamte idealistische Epoche seit der Aufklärung: In jedem der vorausgehenden Kapitel (3–6) hatten wir erlebt, dass eine (jüngere) Dichtergeneration mit den existierenden Begriffen und Ausdrucksformen der Gesellschaft nicht mehr zufrieden war und nach neuen Möglichkeiten des sprachlich-künstlerischen Ausdrucks gesucht hat: Lichtwer mit seiner betont einfachen Fabel, Klopstock mit seiner Ode an das Seelenleben, Goethe mit seiner kleinen, titanischen Heldin, Schiller mit seinem sittlich geläuterten Ritter und schließlich Novalis mit *Einem geheimen Wort*. Heinrich Heine gab dem Idealismus, als er um 1830 zu Ende ging, den Namen „Kunstepoche", denn in einer Zeit, in der sich Bedeutungen ändern, spielt die Kunst immer eine besondere Rolle. Schließlich ist sie allein frei, bestehende Gesetze der Sprache über den Haufen zu werfen und neue zu erfinden.

Weil es sich die Romantik so zu Herzen genommen hat, die Widersprüche der Welt in der Sprache aufzulösen, haben viele romantische Künstler bewusst mit Stilmitteln gespielt, mit denen sich Gegensätze vereinen lassen, zum Beispiel mit *Synästhesien* (das sind Vermischungen verschiedener Sinneseindrücke: *Farben hören, Töne sehen* etc.). Auch liest man in den Literaturgeschichten oft von der „romantischen Ironie" und dem „romantischen Witz", mit denen scheinbar unvereinbare Gegensätze auf sprachlich kreative Weise vereint werden sollten. Für Novalis' Gedicht spielen sie kaum eine Rolle, weil es – wie gesagt – als philosophisches Programm angelegt ist. Deshalb wollen wir es hier bei der Erwähnung belassen. Aber es ist schon seltsam folgerichtig, dass eine Epoche, die nach neuen Begriffen und Bedeutungen sucht, erst einmal damit beginnt, mit den bestehenden zu spielen und zu experimentieren, oder?

Bei der Romantik lohnt es sich mehr als bei anderen Epochen, verschiedene *Phasen* zu unterscheiden – nicht zuletzt auch deshalb, weil sich diese Phasen in unterschiedlichen Zentren geballt haben: Man spricht von der *Jenaer Romantik* (ca. bis 1804), von der *Heidelberger Romantik* (bis 1815) und der *Berliner Romantik* (ab 1815), die mit Früh-, Hoch- und Spätromantik mehr oder weniger deckungsgleich sind. Aber auch inhaltlich gab es neben vielen Gemeinsamkeiten einige Unterschiede: Der Optimismus, der aus den letzten beiden Versen von Novalis' Gedicht spricht, ist typisch frühromantisch und viele Werke dieser Zeit sind von dem Glauben beseelt, dass nun eine neue und bessere Zeit anbrechen würde.

Was tatsächlich hereinbrach, war die französische Revolutionsarmee unter Napoleon Bonaparte. Die Hochromantik war deshalb stark von den politisch-militärischen Umbrüchen in Europa geprägt: Napoleon, der Generalissimus der Französischen Revolution und spätere Diktator und Kaiser überrannte mit seinen

Heeren fast ganz Europa und forderte damit den erbitterten Widerstand vieler deutscher Intellektueller heraus. Aus dieser Zeit hat die Romantik einen nationalistischen Beigeschmack geerbt, den sie nicht mehr loswerden sollte: Nichts schweißt so zusammen wie ein gemeinsamer Feind. Und so wurde das Interesse an volkstümlichen Liedern und Geschichten oft zum Interesse an *deutschen* Liedern und *deutschen* Geschichten verengt. Diese Entwicklung findet sich auch in anderen europäischen Kulturen und ist Teil einer allgemeinen nationalen Bewegung, die das 19. Jahrhundert in Europa prägen sollte. Es ist eine Tragödie der deutschen Romantik, dass spätere Generationen sich auf die romantische Tradition berufen konnten, wenn sie „volkstümlich" in „völkisch" uminterpretierten.

Die Spätromantik schließlich ist wie jede Spätphase eine Zeit des Abschiedes – und zwar nicht nur von der Romantik, sondern vom gesamten Zeitalter des Idealismus. Seit Beginn der Aufklärung hatte man verschiedene Gedanken und Wege erprobt, die menschliche Gesellschaft mithilfe der Kunst zu bessern und einem idealen Zustand entgegenzuführen. In den ersten Jahrzehnten des 19. Jahrhunderts wich dieser Glaube und machte einer Strömung Platz, die wir übergreifend als *Realismus* bezeichnen und die uns in den nächsten Kapiteln (bes. Kap. 10) beschäftigen wird.

Auch in spätromantischen Werken finden wir noch das Ideal einer harmonischen Welt, in der ein Leben im Einklang von Mensch und Natur möglich ist, doch finden wir auch schon ein großes Stück Realismus: Die Helden der Spätromantik leben in einer realen Welt, während ihr Idealismus mehr und mehr in eine Traumwelt entschwindet, die nur noch in der Fantasie oder im Rausch erreicht werden kann. Deshalb wohnt spätromantischen Werken auch immer eine eigentümliche Traurigkeit und resignierte Sehnsucht inne.

Eine bezeichnende Ausnahme ist ein kleiner Vierzeiler, den Joseph von Eichendorff eine Generation nach Novalis am Ausklang der Romantik verfasst hat. Und weil er den gleichen Glauben an die Kraft des Wortes beinhaltet, einen Glauben, der als Essenz der romantischen Epoche bezeichnet werden kann, möchte ich ihn dir zum Abschluss nicht vorenthalten. Leicht findest du die Ähnlichkeiten zu Novalis' Gedanken selbst:

> *Schläft ein Lied in allen Dingen,*
> *Die da träumen fort und fort,*
> *Und die Welt hebt an zu singen,*
> *Triffst du nur das Zauberwort.*

8. Biedermeier

Eduard Mörike
Er ist's (1829)

Jetzt wird es aber höchste Zeit, dass wir über *Epigonen* sprechen. Wer nicht weiß, was Epigonen sind und welche Rolle sie für die Kunstgeschichte spielen, kann niemals vollständig verstehen, was Epochen eigentlich sind. Ohne Epigonen gäbe es nämlich gar keine Epochen – weder in der Literatur noch in der Malerei oder in der Philosophie. Jede kulturelle Entwicklung braucht ihre Epigonen.

„Epigone" ist griechisch und bedeutet wortwörtlich „Nachgeborener". Der Duden definiert den Begriff als „Nachahmer ohne Schöpferkraft", aber diese negative Kennzeichnung ist nur die halbe Wahrheit. Positiv gewendet könnte man Epigonen mit gleichem Recht als „nachschaffende Künstler" bezeichnen, denn jeder Künstler ist immer gleichzeitig beides: Neuschöpfer *und* Nachahmer. Nichts entsteht, ohne irgendwo Wurzeln zu haben, also ist auch jeder irgendwie ein Epigone, nämlich ein *Nachgeborener,* der an vorausgegangene Künstlergenerationen anknüpft.

Das Besondere an Epigonen im engeren Sinne ist lediglich, dass sie keinen neuen künstlerischen Stil schaffen, sondern einen bestehenden fortsetzen. Das ist möglicherweise weniger rühmlich in den Augen der Nachwelt, aber ohne solche Fortführungen durch irgendjemandem (genauer gesagt: durch eine ganze Menge von Menschen) könnte es keine Trends geben und damit auch keine Epochen. Wenn Goethe und Schiller mehr oder weniger allein die Epoche der Weimarer Klassik begründen konnten (Kap. 6), dann nur deshalb, weil ihre künstlerischen Ideen sehr vielen anderen

Künstlern eingeleuchtet haben und von diesen weitergeführt wurden. Ist das etwas Negatives? Und ist es etwas Negatives, dass Goethe und Schiller stilistisch bewusst an die antike Dichtung anknüpften? Macht sie das zu „Nachahmern ohne Schöpferkraft"?

Das Biedermeier war eine Epoche, die stilistisch stark an die Spätromantik anknüpfte und bezüglich der künstlerischen Mittel keine größeren Neuerungen mit sich brachte. Es war damit in gewisser Weise eine Epoche der Epigonen und wird deshalb nicht selten etwas geringschätzig betrachtet. Aber das ist nicht gerecht, denn wie wir gleich sehen werden, hat es Kunstwerke von immenser Schönheit hervorgebracht, ohne die die deutsche Literatur um vieles ärmer wäre. Aber bevor wir uns Mörike zuwenden, müssen wir die historischen Hintergründe betrachten, denn wie immer ist es kein Zufall, dass das Biedermeier so war, wie es eben war.

Als Napoleon 1815 nach über 20 Jahren endlich endgültig besiegt war, hofften viele Deutsche, die sich freiwillig am Kampf gegen die französische Besatzung beteiligt hatten, auf nationale Einheit und politisches Mitspracherecht. Beide Hoffnungen erfüllten sich nicht: Auf dem Wiener Kongress 1815 handelten die europäischen Großmächte eine Friedensordnung aus, in der das Bürgertum praktisch keine politische Beteiligung bekam, während Könige, Herzöge und Grafen wieder in ihre alten Rechte eingesetzt wurden – so als wäre nichts gewesen. Nicht umsonst nennen wir diese Zeit auch die Restauration: Möglichst alles sollte wieder so werden wie vor der Französischen Revolution: Adelshäuser, die weitgehend absolutistisch regieren konnten, die an keine Staatsverfassung gebunden waren und auf die Interessen des Bürgertums wenig Rücksicht nehmen mussten.

Auf eine solche Enttäuschung kann man auf zweierlei Weise reagieren: Entweder man empört sich und fordert sein Mitspracherecht lautstark ein, oder man resigniert und zieht sich aus der Politik zurück. 1815 hat es beides gegeben und deshalb sind nebeneinander zwei sehr unterschiedliche literarische Strömungen entstanden: Diejenigen, die sich empörten, fassen wir unter dem Begriff des „Jungen Deutschland" bzw. des „Vormärz" zusammen und ich werde dir im nächsten Kapitel davon berichten (Kap. 9). Diejenigen hingegen, welche die politische Entmündigung durch den Adel akzeptierten, entwickelten eine private, häusliche Kultur, die wir heute als Biedermeier bezeichnen. Sie kennzeichnet den weitaus größten Teil der deutschen Bevölkerung nach 1815 und das ist auch gar nicht verwunderlich: Rebellen sind immer selten. Die breite Masse richtet sich lieber bequem ein und nimmt die Finger weg, wenn die Herdplatte heiß wird.

Vielleicht ist eine solche Einstellung zur Gesellschaft kritikwürdig, denn sie schließt die stille Akzeptanz vieler politischer Ungerechtigkeiten ein. Hier liegt ein zweiter Grund, warum das Biedermeier bisweilen etwas geringschätzig betrachtet wird. Aber ist es nicht andererseits auch verständlich und nur allzu menschlich, wenn man sich nicht mit der Staatsgewalt anlegen möchte? Die deutschen Fürsten wussten sehr wohl, dass viele mit den Ergebnissen des Wiener Kongresses unzufrieden waren, und gingen mit aller Macht gegen Kritiker vor. Du und ich – wir beide wissen nicht, wie es in preußischen Gefängnissen zuging. Viele kritische Schriftsteller der Zeit wussten es genauer, als ihnen lieb war, und nicht alle haben diese Erfahrung überlebt. Ist es da verwunderlich, dass die meisten Bürger sich lieber ins Privatleben zurückzogen?

Stilistisch schloss das Biedermeier wie gesagt an die Spätromantik an. In manchen Literaturgeschichten wird es sogar als letzte Phase der Romantik betrachtet, denn häufig kann man nicht genau sagen, ob ein Kunstwerk (noch) spätromantisch ist oder (schon) zum Biedermeier gehört. Das liegt daran, dass der optimistische

Glaube an das Wunderbare bereits in der Spätromantik einer eher resignierten Stimmung gewichen war, während stattdessen Themen der realen Gesellschaft an Bedeutung gewannen. An den Erzählungen des Spätromantikers E.T.A. Hoffmann erkennt man das sehr gut: Seine Helden erleben die Wunderwelt der Fantasie nur noch im Traum oder im Rausch. Und wenn sie morgens erwachen, finden sie sich in einer Welt wieder, die weder an Magie noch an Einhörner glaubt, dafür aber an Wohlstand, Karriere und gutes Essen.

Das Biedermeier hat diesen zunehmenden Rückzug der Romantik konsequent weitergeführt, indem es seine Themen ausschließlich aus der Realität schöpfte, diese dann aber mit romantischen Stilmitteln darstellte. In der Spätromantik hatte man bewusst mit der Mischung aus Fantasie und Realität gespielt. Im Biedermeier hingegen kommen Traum und Fantasie nur noch in den sprachlichen Bildern, den *Metaphern,* vor, ohne damit einen Anspruch auf geistige Erneuerung zu verbinden, wie Novalis es getan hat (vgl. Kap. 7).

Zugespitzt könnte man also sagen, dass das Biedermeier realistische Themen mit romantischen Mitteln behandelt hat. Es ist damit eine Epoche des Übergangs zwischen Idealismus und Realismus. Die künstlerischen Inhalte können dabei mitunter sogar etwas Gesellschaftskritik enthalten, denn die Dichter des Biedermeier haben keineswegs die Augen vor ihrem Umfeld verschlossen. Aber sie haben konkrete politische Themen vermieden und stattdessen eine eher allgemeine, betrachtende Perspektive eingenommen. Dieser Punkt macht das Biedermeier zu einer insgesamt eher realistischen als idealistischen Strömung: Realismus ist Betrachtung. Und betrachten – das konnten die Künstler des Biedermeier wirklich meisterhaft.

Eduard Mörikes Gedicht ist fernab von jedem gesellschaftskritischen Engagement, denn es behandelt die Ankunft des Frühlings. Könnte ein Stoff weniger zur Kritik einladen? Und mehr zur genießerischen Betrachtung?

Eduard Mörike
Er ist's (1829)

Frühling lässt sein blaues Band
Wieder flattern durch die Lüfte;
Süße, wohlbekannte Düfte
Streifen ahnungsvoll das Land.
5   Veilchen träumen schon,
Wollen balde kommen.
– Horch, von fern ein leiser Harfenton!
Frühling, ja du bist's!
Dich hab ich vernommen!

Mörikes kleines einstrophiges Gedicht fängt in einfühlsam zarten Sprachbildern den Moment der ersten Frühlingsahnung ein – ein Gefühl, das mit sanfter Vorfreude und hoffnungsfroher Erwartung verbunden ist und das du (hoffentlich) selbst kennst und liebst.

Formal schließt es an die volksliedhafte Einfachheit der Romantik an: die ersten vier Verse sind in sauberen vierhebigen Trochäen ausgeführt. Alle folgenden Verse sind durchweg dreihebig mit Ausnahme von Vers 7, der als einziger fünf Hebungen hat. Offensichtlich geht es Mörike nicht um die strenge Einhaltung eines formalen Schemas, sondern um eine leichte, ungezwungene Rhythmik, wie sie zu einem Frühlingslied passt. Der Trochäus ist außerdem typisch für Gedichte, die keine Handlung erzählen,

sondern einen Eindruck einfangen oder einen Gedanken ausdrücken wollen – durchaus passend also für ein Frühlingsgedicht.

Die ersten vier Verse bilden durch die einheitliche Rhythmik und
den umschließenden Reim eine in sich geschlossene Einheit. Ihre
sprachlichen Bilder sind von berückender Zartheit und atmen eine
Einfachheit und Leichtigkeit, hinter der sich die immense Sprachkunst Mörikes verbirgt.

> *Frühling lässt sein blaues Band*
> *Wieder flattern durch die Lüfte;*
> *Süße, wohlbekannte Düfte*
> *Streifen ahnungsvoll das Land.*

Der Autor hält in seiner Wortwahl die Schwebe zwischen kühler
Luftigkeit und fein aromatischer Wärme. Den Frühling lässt er als
Personifikation auftreten, indem dieser *sein blaues Band* (V. 1) *durch
die Lüfte* flattern lässt (V. 2). In diesem Sprachbild spiegelt sich die
lebensfrohe, frische Leichtigkeit des Frühlingshauches ebenso wie
die fragile Zartheit seiner ersten Düfte, die kaum mehr sind als
eine vorsichtige Ahnung. Noch *[s]treifen* sie *das Land* nur (V. 4),
aber diese sanfte Berührung genügt dem lyrischen Ich schon für
ein hoffnungsfrohes Wiedererkennen.

Es ist oft gemutmaßt worden, was es mit dem *blaue[n] Band* auf
sich hat. Warum hat Mörike die Farbe *Blau* gewählt? In vielen Interpretationen liest man von einer Anspielung auf das Symbol der
„blauen Blume", das in der Romantik eine bedeutende Rolle gespielt hat.[26] Das ist möglich, aber wahrscheinlich ist die Erklärung

---

[26] Wir hatten es im Romantikkapitel weggelassen, weil es ohne Kontext recht
schwer zu verstehen ist: Novalis lässt in seinem Roman „Heinrich von
Ofterdingen" den Titelhelden wiederholt von einer „blauen Blume" träumen, die
für ihn der Inbegriff der schönen, harmonischen – eben romantisierten – Welt
wird.

viel einfacher: Jede Farbe ruft in uns bestimmte Gefühle und Stimmungen wach, die jeder kennt und versteht. So ist etwa Rot die typische Signalfarbe und strahlt eine Kraft und Intensität aus, die für unser Gedicht viel zu stark wäre. Grün und Gelb könnte der Leser mit Natur und Sonne in Verbindung bringen, sodass sie zunächst viel naheliegender scheinen als Blau. Allerdings rufen beide Farben eher den Spätfrühling wach, wenn die Natur schon erblüht und die Luft voll durchwärmt ist. Blau hingegen strahlt Kühle, Frische und Sauberkeit aus (nicht umsonst ist es die Lieblingsfarbe der Waschmittelwerbung). Damit passt es ideal zu jener Stimmung, in der sich der Frühling erst vage andeutet.

Der zweite Teil des Gedichtes besteht aus zwei symmetrischen dreihebigen Verspaaren, die durch den fünfhebigen Vers 7 voneinander getrennt werden. Das erste Verspaar thematisiert das Erwachen der Natur.

Veilchen träumen schon,
Wollen balde kommen.

Veilchen sind mit ihrer kräftigen Farbe und ihrem süßen Duft der Inbegriff der Frühlingsblume. In der vorfrühlingshaften Situation des Gedichtes sind sie aber noch längst nicht erblüht, sondern verstecken sich noch tief in der Erde. Immerhin: ihre baldige Ankunft kündigt sich bereits in einer Ahnung an, denn sie *träumen schon* (V. 5), so als sei ihr Winterschlaf nicht mehr sehr tief. Mit ihrem Traum sowie dem Willen, *balde [zu] kommen* (V. 6), *personifiziert Mörike die* Blumen – genau so, wie er es zuvor mit dem Frühling getan hat. Mit der blauen Farbe der Veilchen stellt er außerdem eine leise, assoziative Verknüpfung zum blauen Band des Frühlings her.

Der folgende Vers 7 ist in jeder Hinsicht bemerkenswert, und muss Mörike besonders wichtig gewesen sein, denn es ist der einzige fünfhebige im gesamten Gedicht und beginnt mit einem Gedankenstrich, der die Trennung von den Versen davor signalisiert.

> *– Horch, von fern ein leiser Harfenton!*

Normalerweise bemühen sich Dichter um eine möglichst einheitliche Verslänge – sei es aus Tradition, sei es, weil man das Gedicht dann besonders gut vertonen kann. In den ersten vier Versen hat Mörike dieses Prinzip auch streng eingehalten, ist dann zwar vom Vierheber zum Dreiheber gewechselt, hat aber im Anschluss wieder sehr regelmäßig dreihebig weitergedichtet – außer bei Vers 7. Und das, obwohl er auch diesen Vers mühelos hätte kürzen können, sodass er ins rhythmische Schema gepasst hätte:

> *Horch, von fern ein Ton*   (dreihebig: ^ - ^ - ^) oder
> *Horch, ein leiser Ton*   (dreihebig: ^ - ^ - ^) oder
> *Horch von fern ein Harfenton* (vierhebig: ^ - ^ - ^ - ^) etc.

Wenn Mörike keine dieser Möglichkeiten (oder irgendeine beliebige andere) gewählt hat, dann muss ihm jedes einzelne Wort wichtig gewesen sein. Möglicherweise hat er die rhythmische Eigenart auch bewusst eingesetzt, um dem Vers eine besondere Prominenz zu geben. Wie auch immer: der Vers *sollte* herausstechen.

> *Horch von fern ein leiser Harfenton*

Inhaltlich fügt Vers 7 den visuellen und geruchlichen Eindrücken erstmals und als einziger einen akustischen Sinnesreiz hinzu. Der Ton ist leise und er kommt *von fern* (ebd.), was gut zur ahnungsvollen Zartheit der anderen Sprachbilder passt. Aber es ist kein Klang aus der Natur (z. B. Vogelgesang oder Windsäuseln), sondern ein *Harfenton* – nicht gerade ein typisches Instrument, um es im Freien zu spielen, oder? Wenn schon ein Musikinstrument, warum dann keine Gitarre oder Flöte? Hätte die Flöte als typisches

Instrument von Hirten nicht viel besser in die freie Natur gepasst?
Rhythmisch hätte sie sich jedenfalls nahtlos eingefügt:

> *Horch von fern ein leiser Flötenton*
> (mögl. Version: ^ - ^ - ^ - ^ - ^)

Obwohl eine Flöte also viel realistischer gewesen wäre, wählt Mörike die Harfe und nimmt damit ein eher unrealistisches Detail in Kauf. Dafür gewinnt er aber auch etwas, das ihm offenbar wichtiger war als Plausibilität: Im Gegensatz zur Flöte verbinden wir mit der Harfe nicht nur Zartheit des Klanges, sondern auch hohe Kunstfertigkeit und Exklusivität. Flöte spielt jeder Zweite, Harfe hingegen kaum einer und zu Mörikes Zeiten war das nicht anders. Der Musiker unseres Gedichtes aber könnte exklusiver nicht sein, denn es ist der Frühling selbst, der hier spielt:

> *Frühling, ja du bist's!*
> *Dich hab ich vernommen!*

Für einen so außergewöhnlichen Künstler wie den Frühling ist die Harfe in ihrer grazilen Brillanz gerade gut genug. Eine Flöte oder Gitarre wäre viel zu gewöhnlich. Indem Mörike den Frühling zum Musiker macht und ihn abschließend sogar selbst anspricht (*ja du bist's*, V. 8), führt er nicht nur die Personifikation des Gedichtanfangs fort, sondern unterstreicht auch die immense Kunstfertigkeit und Besonderheit dieses Meisters der erwachenden Natur.

Mörike schafft mit seinem Frühlingsgedicht ein Stück Poesie von hinreißender Zartheit. Die sprachlichen Mittel, die er dazu verwendet, sind zur Entstehungszeit des Gedichtes bereits wohl etabliert: die Personifikation des Frühlings und der Veilchen, der Reichtum an Sinneseindrücken für Auge, Ohr und Nase, der Bezug auf Ahnungen und Gefühle und nicht zuletzt die Anmut der Sprache – all das hätte auch einem Novalis Ehre gemacht.

Allerdings, und hier liegt der Unterschied zur Romantik, dient all der Bilderreichtum einem realen Erleben und nicht der Darstellung eines fantastischen Seelenzustandes. Die Personifikationen bleiben sprachlicher Schmuck ohne den Anspruch, den Frühling oder die Blumen als beseelte Wesen abzubilden. In einem romantischen Gedicht hätte das durchaus anders sein können: Sprechende Blumen oder Jahreszeiten mit persönlichen Charaktereigenschaften wären dort problemlos denkbar gewesen.

Die Epoche des Biedermeier ist gekennzeichnet von einem neuen Interesse an Diesseitigkeit und Realität, während die künstlerischen Mittel noch stark romantisch sind. Mit dieser Charakterisierung ist das Biedermeier selbst Vorbote für den zunehmenden Einfluss des Realismus, der das gesamte 19. Jahrhunderts prägen sollte und den wir im übernächsten Kapitel genauer betrachten werden. Zuvor aber möchte ich dir diejenigen unter Mörikes Zeitgenossen vorstellen, die sich zwischen 1815 lautstark politisch zu Wort gemeldet haben.

9. Junges Deutschland/Vormärz

Heinrich Heine
Die schlesischen Weber (1844)

Das Ende des Idealismus in der Spätromantik bedeutet nicht das Ende des Glaubens an die Verbesserungswürdigkeit der menschlichen Gesellschaft. Aber es bedeutet das Ende des Glaubens daran, dass für diese Aufgabe Kunst und Kultur die entscheidende Rolle spielen könnten. Am Beginn des 19. Jahrhunderts wuchs in Deutschland eine junge Generation heran, die sich ebenfalls nach Veränderungen sehnte – und zwar im handfesten politischen Sinne.

Im letzten Kapitel hatte ich dir vom Wiener Kongress 1815 erzählt und wie die europäischen Adelshäuser nach dem Sturz Napoleons wieder die Zügel der Regierung in die Hand nahmen, während das Bürgertum, das sein Blut im Kampf gegen Bonaparte eingesetzt hatte, politisch leer ausging. Viele bürgerliche Kreise resignierten, zogen sich ins Privatleben zurück und bildeten dort die Kultur des Biedermeier aus – aber keineswegs alle!

Viele junge Bürgerliche, besonders an den Universitäten, wollten sich mit der Restauration nicht zufriedengeben und begannen, sich politisch zu engagieren. Bis zum Revolutionsjahr 1848, als es schließlich tatsächlich zu einem Umsturzversuch in Deutschland kommen sollte, nahm die Anzahl derer stetig zu, die sich in Gedichten, Dramen und Romanen, aber mehr noch in Berichten, Streitschriften und Flugblättern gegen die veralteten politischen Verhältnisse wandten. Die adligen deutschen Landesregierungen hingegen machten es den politisch engagierten bürgerlichen Kreisen möglichst schwer und reagierten mit Zensur,

Publikationsverboten, Verhaftungen und Schlimmerem. Es ist deshalb kein Zufall, dass das Gedicht unseres Kapitels nicht in Deutschland, sondern im französischen Exil entstand. In Paris war die Luft etwas freier und der Horizont weiter.

Die politisch engagierte Literatur vor 1848 nennen wir einerseits Junges Deutschland (so der Name einer jungen Autorengruppe, zu der auch Heinrich Heine gehörte), andererseits Vormärz, was bedeuten soll: „Zeit vor der (März-)Revolution von 1848". Beiden Strömungen gemeinsam war das kritisch-politische Engagement, weshalb wir sie hier guten Gewissens zusammenfassen können. Die Unterschiede sind gering und vergleichsweise theoretisch.[27]

Ein Kennzeichen politisch engagierter Literatur ist es stets, dass die Autoren sich sehr reale Missstände innerhalb der Gesellschaft zum Thema machen. Das ist auch in Heines Gedicht der Fall: Mit dem Beginn der Industrialisierung waren in England Maschinen entwickelt worden, mit denen man sehr schnell und sehr billig Stoffe und Tuche herstellen konnte. Das war schön für jeden, der sich neue Kleidung kaufen wollte, denn die Preise für Textilien gingen rapide zurück. Für diejenigen hingegen, die Stoffe noch in Handarbeit herstellten – zum Beispiel im preußischen Schlesien – war die Entwicklung eine wirtschaftliche Katastrophe. Um dem enormen Preisdruck der billigen englischen Stoffe noch gewachsen zu sein, mussten Weber 14, 16 oder 18 Stunden arbeiten und verdienten dennoch kaum genug zum Überleben. Im Laufe des 19. Jahrhunderts kam es zu einer zunehmenden Verelendung schlesischer Handwerkerfamilien und schließlich in den 40er Jahren zu Hungersnöten, zu Unruhen und Demonstrationen, die

---

[27] Sie liegen weniger in den Inhalten und Stilmitteln als in unterschiedlichen Personengruppen und zeitlichen Entwicklungen: Vormärz ist eine spätere und etwas radikalere Ausbaustufe des politischen Engagements.

vom preußischen Militär blutig niedergeschlagen wurden. Auf diese Entwicklungen nimmt Heine in seinem Gedicht Bezug.

Heinrich Heine
Die schlesischen Weber (1844)

Im düstern Auge keine Träne,
Sie sitzen am Webstuhl und fletschen die Zähne:
Deutschland, wir weben dein Leichentuch,
Wir weben hinein den dreifachen Fluch –
5   Wir weben, wir weben!

Ein Fluch dem Gotte, zu dem wir gebeten
In Winterskälte und Hungersnöten;
Wir haben vergebens gehofft und geharrt,
Er hat uns geäfft und gefoppt und genarrt –
10   Wir weben, wir weben!

Ein Fluch dem König, dem König der Reichen,
Den unser Elend nicht konnte erweichen,
Der den letzten Groschen von uns erpresst
Und uns wie Hunde erschießen lässt –
15   Wir weben, wir weben!

Ein Fluch dem falschen Vaterlande,
Wo nur gedeihen Schmach und Schande,
Wo jede Blume früh geknickt,
Wo Fäulnis und Moder den Wurm erquickt –
20   Wir weben, wir weben!

Das Schiffchen fliegt, der Webstuhl kracht,
Wir weben emsig Tag und Nacht –
Altdeutschland, wir weben dein Leichentuch,
Wir weben hinein den dreifachen Fluch,
25   Wir weben, wir weben!

Formal merkt man dem Gedicht an, dass Heine aus der romantischen Tradition kommt, denn der Aufbau ist von volksliedhafter
Einfachheit: Die Verse sind aus je vier betonten Silben aufgebaut
und in schlichten Paarreimen organisiert. Der jeweils letzte Vers
ist nur halb so lang und bildet, weil er jedes Mal wiederholt wird,
eine Art Refrain. Zwischen die betonten Silben setzt Heine
manchmal eine, manchmal zwei unbetonte, sodass man gar nicht
recht sagen kann, ob es sich eher um einen jambischen oder um
einen daktylischen Rhythmus handelt. Allerdings zeigt das Gedicht nichts von der tänzerischen Beschwingtheit, die sich sonst
bei Daktylen einstellt. Das liegt nicht nur am düsteren Inhalt, sondern auch am harten Klang des Gedichts, in dem auffällig viele
Wörter mit Konsonanten-Häufungen und Zischlauten auftreten
(*fletschen, Fluch, Schmach, krach*t usw.).

Inhaltlich beschwört Heine eine vorrevolutionäre Situation herauf
– die Ruhe vor dem Sturm:

> *Im düstern Auge keine Träne,*
> *Sie sitzen am Webstuhl und fletschen die Zähne:*

Noch gehen die Weber ihrer harten Tätigkeit nach, doch die
Träne[n] (V. 1) sind bereits versiegt und der kaum noch bezähmten
Wut gewichen, was sich unheilverkündend in der animalischen
Geste des Zähnefletschens (vgl. V. 2) ausdrückt. In dieser span-
nungsreichen Situation wird das Weben selbst zur Vorbereitung

des Aufstandes, denn was hier gewebt wird, ist kein gewöhnlicher Stoff:

Deutschland, wir weben dein Leichentuch,
Wir weben hinein den dreifachen Fluch –
Wir weben, wir weben!

Die Leichentuch-Metapher (V. 3) gibt der eigentlich unschuldigen Tätigkeit des Webens einen düster-bedrohlichen Unterton. Das stetig wiederholte *Wir weben, wir weben!* am Ende jeder Strophe verkörpert damit nicht nur die Monotonie der immer gleichen Handgriffe bei der Tuchherstellung, sondern erinnert uns auch stetig an das herannahende Unheil: Was wird passieren, wenn das Leichentuch fertig ist?

Dass es ein *dreifache[r] Fluch* (V. 4) ist, den die Weber in ihr Leichentuch einweben, ist durchaus wörtlich gemeint, denn die folgenden drei Strophen verfluchen erst *Gott[...]* (V. 6), dann den *König* (V. 11) und schließlich das *Vaterland* (V. 16). Jeder gebildete Deutsche des frühen 19. Jahrhunderts erkannte in diesen drei Begriffen unweigerlich einen bekannten preußischen Wahlspruch: *„Mit Gott für König und Vaterland"* – so las man es auf militärischen Ehrenabzeichen, so lautete die Devise der *Konservativen Partei* und der Slogan der königstreuen *Neuen Preußischen Zeitung*. Indem Heine diesen Wahlspruch im *dreifachen Fluch* (V. 4) zitiert, verdeutlicht er, gegen wen sich seine Kritik eigentlich richtet.

Aus diesem Grunde darf man es auch nicht allzu wörtlich nehmen, wenn der erste Fluch der Weber *dem Gotte / zu dem wir gebeten* (V. 5 f) gilt.

Ein Fluch dem Gotte, zu dem wir gebeten
In Winterskälte und Hungersnöten;
Wir haben vergebens gehofft und geharrt,
Er hat uns geäfft und gefoppt und genarrt –
Wir weben, wir weben!

Heine war kein sonderlich religiöser Mensch, aber wenn er in seinen Dichtungen Gott auftreten lässt, dann steht dieser in der Regel selbst der Religion kritisch gegenüber. Wenn die Weber also Gott verfluchen, so steckt darin eigentlich eine Kritik an der Kirche der Zeit, die das bestehende Regierungssystem stützte und die Ärmsten der Armen mit der Hoffnung auf jenseitige Gerechtigkeit vertröstete, statt ihnen helfend zur Seite zu stehen. Meisterhaft stellt Heine den Kontrast zwischen der Hoffnung der Weber und der bitteren Realität heraus, indem er zwei Kaskaden von Partizipien einander gegenüberstellt:

gehofft und geharrt   (V. 8) vs.
geäfft und gefoppt und genarrt (V. 9)

Eine solche Wiederholung immer gleicher Wortanfänge nennen wir Alliteration. Alliterationen dienen normalerweise dazu, mit der klanglichen Ähnlichkeit der Wörter auch eine inhaltliche Nähe herzustellen. Hier allerdings wird die inhaltliche Ähnlichkeit zur Ironie, da die Hoffnung der Weber auf die Kirche als Betrug entlarvt wird.

Der zweite Fluch der Weber gilt *dem König* (V. 11) und ist leichter nachvollziehbar:

Ein Fluch dem König, dem König der Reichen,
Den unser Elend nicht konnte erweichen,
Der den letzten Groschen von uns erpresst
Und uns wie Hunde erschießen lässt –
Wir weben, wir weben!

Preußen, zu dem Schlesien seit dem 18. Jh. gehörte, war zur Entstehungszeit des Gedichtes eine ausgesprochen reaktionäre Monarchie, die sich gegen jede Form der politischen Modernisierung erbittert wehrte und stark vom Militarismus wie von der Unterdrückung jeglicher politischen Opposition geprägt war. Die Charakterisierung des preußischen Königs als „König der Reichen" (V. 11) ist dennoch nur halb zutreffend, denn sonderlich reich waren im Preußen des 19. Jahrhunderts längst nicht mehr die großen Adelsfamilien, sondern eher bürgerliche Großindustrielle, die wie alle anderen Bürger auch vom politischen Mitspracherecht weitgehend ausgeschlossen waren. Allerdings wurden sie für ihre fehlende politische Freiheit mit weitreichenden wirtschaftlichen Zugeständnissen abgefunden, sodass die hauptsächliche Steuerlast tatsächlich auf den Schultern ärmerer Bevölkerungsschichten lag. Für verarmte Handwerksfamilien wie die Weber in Schlesien waren die Steuern nicht höher als für andere, aber natürlich besonders bitter, weil die Familien ohnehin ums Überleben kämpften. Als es schließlich zu Hungerrevolten kam, ging das preußische Militär rücksichtslos gegen die Demonstrierenden vor, statt die Ursachen der Not zu erkennen und zu lindern. Deshalb entspricht die Charakterisierung *Der den letzten Groschen von uns erpresst / Und uns wie Hunde erschießen lässt* (V. 13 f.) durchaus dem, was viele schlesische Handwerksfamilien in den 1840er Jahren erleben mussten.

In dieser Blindheit des Staates für die Not der ärmsten Bevölkerungsschichten liegt schließlich auch der Schlüssel, warum der letzte Fluch *dem falschen Vaterlande* (V. 16) gilt. Allerdings lohnt sich bei dieser Strophe eine genauere Untersuchung, welche Vorwürfe Heine den schlesischen Webern in den Mund legt, denn das verrät viel von der Weltsicht eines Dichters im Vormärz:

> *Ein Fluch dem falschen Vaterlande,*
> *Wo nur gedeihen Schmach und Schande,*
> *Wo jede Blume früh geknickt,*
> *Wo Fäulnis und Moder den Wurm erquickt –*
> *Wir weben, wir weben!*

Die Alliteration *Schmach und Schande* (V. 17) mag noch als Kritik am unrühmlichen Verhalten des preußischen Staates verständlich sein. Doch warum wird gleich das ganze Vaterland verantwortlich gemacht, das doch mehr ist als König und Militär?

Das lyrische Ich behauptet zunächst, in diesem *Vaterland* werde *jede Blume früh geknickt* (V. 18). Das ist unschwer als Metapher zu identifizieren: Schon in der mittelalterlichen Minnelyrik (Kap. 1) hatten Blumen für unschuldige Schönheit und einfache Natürlichkeit gestanden. Für sie ist im *falschen Vaterlande* offenbar kein Platz. Beachte, dass die Blume des Gedichtes nicht etwa *gepflückt* wird und damit wenigstens noch einen schönen Strauß ergeben hätte. Sie *verwelkt* auch nicht einfach, sondern wird *geknickt* (ebd.), also mutwillig zerstört. Unschuld, Schönheit und Natürlichkeit werden in diesem *falschen Vaterlande* bewusst unterdrückt und am Wachstum gehindert.

Vers 19 stellt der Blumenschönheit als Kontrast *Fäulnis und Moder* entgegen, die nur *den Wurm erquick[en]* (ebd.). Fäulnis entsteht, wenn organische Substanzen absterben und von niederen Lebewesen (hier vertreten durch den *Wurm*) zersetzt werden. Heines Kritik am *falschen Vaterlande* besteht also darin, dass er es als ein veraltetes und absterbendes Gebilde ansieht, in dem junge und frische Entwicklungen keine Chance bekommen. Unschwer erkennt man in dieser Charakterisierung die Kritik eines nach neuen politischen Verhältnissen strebenden Bürgertums im Kampf gegen die Restauration. Daraus erklärt sich auch, warum nicht das

Vaterland an sich, sondern lediglich das *falsche* Vaterland verflucht wird. Das politisch engagierte Bürgertum vor 1848 war durchaus vaterlandstreu eingestellt – nur nicht in der Weise, wie es sich der preußische König vorstellte.

Diese Deutung wird schließlich auch von der Abschlussstrophe unterstützt, die größtenteils eine Wiederholung des Anfangs ist und damit einen Rahmen um die drei Mittelstrophen spannt.

> *Das Schiffchen fliegt, der Webstuhl kracht,*
> *Wir weben emsig Tag und Nacht –*
> *Altdeutschland, wir weben dein Leichentuch,*
> *Wir weben hinein den dreifachen Fluch,*
> *Wir weben, wir weben!*

Nach zwei Versen, in denen der Vorgang des Webens selbst dargestellt wird (V. 21/22), entsprechen die letzten drei Verse exakt den Anfangsversen 3 bis 5 – mit einer bezeichnenden Ausnahme: Aus *Deutschland, wir weben dein Leichentuch* (V. 3) wird nun *Altdeutschland, …* (V. 23). Die Kritik, die Heine den Webern in den Mund legt, richtet sich also nicht gegen Deutschland als Nation, sondern gegen Deutschland als rückschrittliches und überholtes staatliches System, das es zu begraben und durch eine neue, moderne Gesellschaft zu ersetzen gilt. Nicht umsonst hatte sich die Künstlergruppe um Heine *Junges Deutschland* genannt. Das Gedicht ist damit ein Monument des politischen Erneuerungswillens bürgerlicher Schichten in den Jahren vor der 1848er Revolution.

Was hat das alles mit den Bedürfnissen von schlesischen Handwerksfamilien zu tun? Im Grunde recht wenig: Sicher litten die Weber in Schlesien unter der Steuerlast und den brutalen Repressalien des preußischen Staates. Sicher hätten sie den Beistand einer mutigeren Kirche gebraucht, die sich ihrer Bedürfnisse annimmt, statt die Staatsordnung zu stützen. Das eigentliche Problem der

Weber aber waren weder Gott noch König – und schon gar nicht
das Vaterland –, sondern der Preisdruck einer neuen und immer
effizienter organisierten Textilindustrie, die nicht von Staat und
Kirche, sondern von bürgerlichen Unternehmern geführt wurde.
Die vorrangige Ursache der Verelendung einer ganzen Bevölkerungsschicht lag in der zunehmenden Industrialisierung, die das
traditionelle Handwerk verdrängte. Von diesem Problem schweigt
das Gedicht und fokussiert stattdessen Fragen, die sich eigentlich
einer ganz anderen Bevölkerungsschicht stellten, nämlich dem
nach politischer Mitbestimmung strebenden Bürgertum.

Ist dieser Umstand ein Vorwurf gegen Heine? Wohl kaum. Als
Künstler und Kritiker hat sich Heine mehr engagiert als die meisten seiner Zeitgenossen und dafür Verfolgung und Vertreibung
auf sich genommen. Das Gedicht beweist außerdem soziales Engagement, indem es die Gesellschaft auf das Elend der schlesischen Weber aufmerksam macht. Dass Heine ihnen dabei eher die
Probleme seiner *eigenen* Schicht in den Mund legte, ist ein Akt
künstlerischen Gestaltungswillens, zu dem er jedes Recht hat –
schließlich haben wir ein poetisches Werk vor uns, keine Sozial-
studie.

Dennoch ist der Umstand, dass Heine nicht die wirtschaftlichen,
sondern die politischen Probleme ins Zentrum rückt, nicht ganz
untypisch für das kritische Bürgertum des Vormärz[28] und sollte
sich schicksalhaft auf die Revolution von 1848 auswirken: Nachdem nämlich im März 1848 die Unzufriedenheit in offene Rebellion umgeschlagen war und Bürger wie Handwerker gemeinsam
auf den Barrikaden gekämpft hatten, machten die adligen

---

[28] Heine selbst hat übrigens nachweislich weitergedacht, als er uns hier im
Gedicht zeigt. Nicht umsonst war er ein Vorbild und Freund von Karl Marx, der
als einer der ersten die wirtschaftlichen und sozialen Zusammenhänge der
Industrialisierung analysiert und umfassend interpretiert hat.

Regierungen sehr rasch konkrete politische Zugeständnisse. Viele bürgerliche Schichten waren damit zufrieden und wollten nun schnell wieder zu Ruhe und Ordnung zurückkehren, während sich die wirtschaftliche Lage für die arme Bevölkerung noch kaum geändert hatte, sodass diese weiterkämpfen wollte. Die daraus entstehende Spaltung der Revolution konnte der Adel nutzen, um beide Lager niederzuschlagen und die politischen Errungenschaften weitgehend rückgängig zu machen. Insofern ist Heines Gedicht nicht nur ein Dokument der deutschen Literatur, sondern darüber hinaus auch ein Zeugnis für die bürgerliche Geistesgeschichte und ihre politischen Missverständnisse in der Mitte des 19. Jahrhunderts.

10. Realismus

Theodor Storm
Die Stadt (1851)

Realismus ist nicht einfach nur eine Epoche. Es ist auch nicht nur eine Entwicklung, die mehrere Epochen übergreift. Realismus ist eine *künstlerische Haltung*. Es ist eine von mehreren möglichen Antworten auf die Frage, was Kunst eigentlich soll.

Du erinnerst dich, dass der Idealismus die Frage nach dem Sinn der Kunst dahingehend beantwortet hat, dass Kunst den Menschen und die Gesellschaft *verbessern* soll (Kap. 3-7). Aber diese Aufgabe stellte sich als gar nicht so einfach heraus. Auch wenn es von der Aufklärung bis zur Romantik viele Veränderungen und Verbesserungen gegeben hat – das *geheime Wort*, von dem sich Novalis den Schlüssel zur richtigen Weltsicht erhofft hatte, war ein Geheimnis geblieben (vgl. Kap. 7).

Realismus will etwas ganz anderes mit der Kunst erreichen: Er will zeigen, wie die Welt *ist*, nicht wie sie sein *soll*. Das ist in gewisser Weise weniger, aber andererseits auch mehr als das, was der Idealismus wollte. Denn die Welt zu zeigen, wie sie ist, bedeutet keineswegs, einfach einen Schnappschuss von ihr zu machen – es bedeutet, sie erst einmal richtig *verstehen* zu wollen, bevor man anfängt, sie zu verändern. Besonders eindrücklich hat diesen Umstand Georg Büchner im berühmten Kunstgespräch seiner Novelle „Lenz" auf den Punkt gebracht. Dort lässt er seinen Helden sagen:

Man muss die Menschheit lieben, um in das eigentümliche Wesen jedes einzudringen; es darf einem keiner zu gering, keiner zu hässlich sein, erst dann kann man sie verstehen.

Georg Büchner war ein Dichter des Vormärz und sein Held Lenz, der in diesem Zitat spricht, war ein Dichter des Sturm und Drang gewesen. Und dennoch lässt Büchner ihn eine Kunstauffassung formulieren, die eher den Realismus charakterisiert als den Sturm und Drang. Du siehst daran, dass Realismus keine völlig neue Haltung war, als sie um die Mitte des 19. Jh. zum führenden Trend wurde. Die Welt richtig zu verstehen, ist ja im Grunde eine Voraussetzung, um sie verändern zu können. Deshalb ist ein gewisses Quantum an Realismus praktisch in jeder Kunstepoche vorhanden und es schwankt nur hin und her, wie groß es ist und wie viel Wert die Dichter darauf legen.

Der Beginn des *Realismus im engeren Sinne* wird üblicherweise mit dem Scheitern der Märzrevolution von 1848/49 angesetzt, auch wenn wir bereits in Biedermeier und Vormärz eindeutige realistische Tendenzen nachweisen können, insbesondere das neu erwachte Interesse an der Wirklichkeit – ob in der Politik oder im Privatleben.

Jüngere Leser schätzen realistische Literatur oft nicht besonders, weil die Autoren häufig einen Bogen um spannende Abenteuer oder fantastische Erzählungen machten. Stattdessen stellten sie eher alltägliche Probleme dar, diese dafür aber in erzählerischer Breite mit großer Genauigkeit (nicht umsonst ist der Roman die Lieblingsgattung des Realismus). Aber wenn man sich überlegt, worauf es realistischen Dichtern ankam, dann erklärt sich, warum sie so schrieben und schreiben mussten: Wer die Menschen verstehen will, der muss sie genau studieren, er muss sie beobachten und das Typische an ihren Handlungen, Einstellungen und

Gefühlen herausarbeiten. Und das Typische an uns Menschen ist
nun mal der Alltag und nicht das Abenteuer. Typisch sind Plaudereien, nicht geschliffene Wortgefechte. In diesen Plaudereien – so
die Auffassung des Realismus – steckt der eigentliche Schlüssel für
das Verständnis des menschlichen Wesens – nicht in *einem geheimen
Wort* (vgl. Kap. 7).

Theodor Storm
Die Stadt (1851)

Am grauen Strand, am grauen Meer
Und seitab liegt die Stadt;
Der Nebel drückt die Dächer schwer,
Und durch die Stille braust das Meer
5   Eintönig um die Stadt.

Es rauscht kein Wald, es schlägt im Mai
Kein Vogel ohn' Unterlass;
Die Wandergans mit hartem Schrei
Nur fliegt in Herbstesnacht vorbei,
10   Am Strande weht das Gras.

Doch hängt mein ganzes Herz an dir,
Du graue Stadt am Meer;
Der Jugend Zauber für und für
Ruht lächelnd doch auf dir, auf dir,
15   Du graue Stadt am Meer.

Storms dreistrophiges Gedicht ist formal eher unauffällig: In recht
regelmäßigen drei- und vierhebigen Jamben entwickelt es einen
ruhig fließenden, erzählenden Klang, der nur dadurch ein wenig

zusätzliche Spannung gewinnt, dass die Strophen nicht aus den typischen Vierzeilern mit Kreuzreim aufgebaut sind, sondern der jeweils dritte Vers gleichsam verdoppelt ist, sodass ein Fünfzeiler mit dem Reimschema *a-b-a-a-b* entsteht. Da das Gedicht vor allem Eindrücke und Beschreibungen wiedergibt, ermöglicht der zusätzliche Vers dem Autor eine Vertiefung und Präzisierung der Darstellung.

Inhaltlich bereitet uns der Titel zwar auf die Beschreibung einer *Stadt* vor, doch bekommt diese in den ersten Versen nur eine Nebenrolle zugeteilt:

> *Am grauen Strand, am grauen Meer*
> *Und seitab liegt die Stadt;*

Anstatt in Zentrum zu stehen, erwähnt das lyrische Ich die *Stadt* erst nach der umgebenden Landschaft: Strand und Meer scheinen die Wahrnehmung derart zu dominieren, dass die Stadt selbst dagegen nur *seitab* (V. 2) und beinahe zufällig ins Blickfeld rückt – ein Eindruck, der durch den ungewöhnlichen Einsatz der Konjunktion „und" (V. 2) noch verstärkt wird.

Das Bild, das uns Storm zeichnet, wirkt nicht gerade idyllisch, im Gegenteil: Die doppelte Nennung der Farbe *Grau*, die uns auch später wieder begegnen wird (V. 12 & 15), beschwört von Anfang an eine trübe und triste Stimmung herauf, die in den folgenden Versen noch verstärkt wird:

> *Der Nebel drückt die Dächer schwer,*
> *Und durch die Stille braust das Meer*
> *Eintönig um die Stadt.*

Vers 3 ist der einzige des ganzen Gedichtes, der eine Beschreibung unserer eigentlichen Titelheldin enthält, und selbst hier sind lediglich die Dächer der Stadt zu sehen, während sich die übrigen

Beschreibungen praktisch vollständig auf die umgebende Landschaft beschränken.

Storm scheint dabei aufrichtig darum bemüht zu sein, ein möglichst abweisendes und ungefälliges Bild zu zeichnen, denn er verwendet besonders viele negativ besetzte Wörter: *Nebel*, *drückt*, *schwer* (V. 3). Damit führt er das *Grau in Grau* der ersten Verse konsequent weiter. Außerdem *braust das Meer / Eintönig* durch die Stille (V. 4 f) und fügt dem tristen Anblick triste Geräusche hinzu. Selbst im Reim scheint Storm die Eintönigkeit unterstreichen zu wollen, indem er das Wort *Stadt* auf sich selbst reimt (V. 2 und 5).

Bezeichnenderweise bildet ausgerechnet das Wort *Eintönig* einen Rhythmusbruch, denn es muss auf der ersten Silbe betont werden, sodass der sonst vorherrschende Jambus gestört wird.

> *Und **durch** die **Stil**\|le **braust** das **Meer*** (- ^ - ^ - ^ - ^)
> *Ein*\|*tön*\|*ig **um** die **Stadt.***   (^ - - ^ - ^)

Rhythmisch widerspricht es daher seiner eigenen Aussage. Ein Zufall? Oder vielleicht ein erster Hinweis darauf, dass das lyrische Ich es mit der negativen Stimmung doch nicht so ernst meint...?

Strophe 2 beginnt mit einer wahrhaft seltsamen Landschaftsbeschreibung, denn Storm schildert uns zunächst nur, was alles *nicht* zu sehen ist. Mit diesem Kunstgriff unterstreicht er den Eindruck von Kargheit und Leere des Anblicks.

> *Es rauscht kein Wald, es schlägt im Mai*
> *Kein Vogel ohn' Unterlass;*
> *Die Wandergans mit hartem Schrei*
> *Nur fliegt in Herbstesnacht vorbei,*
> *Am Strande weht das Gras.*

Alle Merkmale von Lieblichkeit einer Landschaft, wie sie seit der Minnelyrik zum festen Repertoire der Dichtkunst gehörten,

werden schroff negiert: der rauschende Wald, der liebliche Vogelgesang, der Wonnemonat Mai (vgl. V. 6, 7) – all das fehlt nicht
nur, sondern bekommt sogar ein nordisch-raues Gegenstück: das
wehende *Gras* (V. 10), die schreiende *Wandergans* (V. 8), die *Herbstesnacht* (V. 9) – klarer und realistischer könnte man der Tradition
idealistischer Naturidyllen nicht widersprechen.

Dennoch erfährt das Gedicht in der dritten Strophe eine plötzliche und geradezu enthusiastische Wendung:

> *Doch hängt mein ganzes Herz an dir,*
> *Du graue Stadt am Meer;*
> *Der Jugend Zauber für und für*
> *Ruht lächelnd doch auf dir, auf dir,*
> *Du graue Stadt am Meer.*

Eingeleitet durch das entgegensetzende *Doch* (V. 16) wendet
Storm die abweisende Schwermut der Landschaftsbeschreibung
in eine uneingeschränkte Liebeserklärung, die aufgrund ihrer nai-
ven Einfachheit nur umso ergreifender wirkt: Hier öffnet uns jemand sein Herz, ohne lang nach kunstvollen Worten zu suchen,
mit denen er seine Gefühle elegant verhüllen könnte. Dabei zeichnet er nicht etwa plötzlich ein positiveres Bild – es bleibt die *graue
Stadt am Meer* (V. 12 u. 15), doch die Erinnerung an die hier ver-
brachte *Jugend* und ihren *Zauber* (V. 13) adelt den Eindruck, den
der Ort und seine raue Umgebung auf das lyrische Ich machen.

Die vielen Wortwiederholungen – *für und für* (V 13), *auf dir, auf dir*
(V. 14) sowie der doppelt genannte Vers *Du graue Stadt am Meer*
(V. 12 u. 15) – nehmen das Motiv der Eintönigkeit sprachlich wieder auf, aber erfüllen es mit Enthusiasmus und zeigen damit, dass
das lyrische Ich die Stadt nicht *trotz*, sondern *mitsamt* ihrer Kargheit
und Tristesse liebt.

Theodor Storm – selbst im friesischen Husum geboren – hat an vielen verschiedenen Orten in Deutschland gelebt und doch hat es ihn immer wieder in seine nordische Heimat zurückgezogen. Wir gehen daher sicherlich nicht fehl, wenn wir im lyrischen Ich des Gedichtes den Dichter selbst vermuten. Aber unabhängig davon, ob es eigene oder erfundene Eindrücke sind, die Storm hier mit uns teilt, wir können an dem Gedicht viele Charakteristika realistischer Dichtung erkennen, die es noch einmal festzuhalten gilt:

Da ist zunächst der offensichtliche Wille, den Untersuchungsgegenstand (die Heimatstadt) mit fremden Augen heraus zu betrachten und in allen Details darzustellen. Das lyrische Ich ist dabei uns und sich selbst gegenüber ehrlich genug, um zuzugeben, dass der Anblick eigentlich nicht besonders schön ist – jedenfalls nicht vordergründig. Andererseits bleibt es aber auch seinen eigenen Gefühlen gegenüber ehrlich, selbst wenn es feststellen muss, dass diese im Widerspruch zur objektiven Wahrnehmung stehen. Dieser Widerspruch schließlich wird ergründet und auf *der Jugend Zauber* (V. 13) zurückgeführt. Die glücklichen Jugenderinnerungen bilden damit die schlüssige Erklärung, warum das lyrische Ich so sehr liebt, was von außen betrachtet so wenig liebenswert erscheint. Beachte, dass Storm uns bei all seinen Schilderungen keineswegs einlädt, die Gefühle des lyrischen Ichs zu teilen! Er versucht nicht, uns die Landschaft „schönzureden", wie das ein Dichter des Biedermeier vielleicht getan hätte (schließlich könnte man der rauen friesischen Landschaft ja auch etwas Idyllisches abgewinnen). Storm will nichts als nachvollziehbar machen, warum sein Herz so an dieser Landschaft hängt. Ob es dem Leser danach ähnlich oder anders geht, liegt nicht in der Intention des Gedichts.

Typisch realistisch ist auch die Sprache: ausführlich, beschreibend, aber arm an Metaphern, dafür sichtlich um Objektivität bemüht.

Das Meer, das Gras, die Wandergans – all das ruft in uns durchaus gezielt Emotionen hervor, aber jedes genannte Ding steht erst einmal für sich selbst und nicht für irgendeine übertragene, metaphorische Bedeutung. Das war bei Mörikes *Harfenton* anders (Kap. 8). Stell dir vor, Storm hätte die metaphernreiche Sprache der Romantik übernommen, um seine Eindrücke zu schildern – wie anders hätte das Gedicht gewirkt: „*Husum lässt sein graues Band / wieder flattern an der Küste...*"

Eine allerletzte Entwicklung, die für den Realismus und noch mehr für die folgenden Epochen typisch werden sollte, deutet sich in der Thematik von Storms Gedicht an. Mit dem zunehmenden Verstädterungsprozess im Europa des 19. Jahrhunderts wird die Stadt (besonders die Großstadt) immer mehr zum dominanten Thema der Kunst. Bei Storm ist sie noch versteckt und eingebettet in eine übermächtige Natur. Bald schon aber wird sie alle anderen Themen verdrängen – oder doch zumindest stark beeinflussen. Schon im folgenden Kapitel ist das Thema zwar noch nicht die Stadt selbst, aber ein typisch großstädtisches Phänomen, das künstlerisch behandelt wird.

11. Naturalismus

Karl Henckell
Das bejahrte Freudenmädchen (1888)

Man könnte den Naturalismus als *radikalen Realismus* definieren, zumindest in einer ersten Annäherung. Viele Entwicklungen, die im Realismus typisch waren – das neue Interesse an der Realität, der Versuch, den Menschen und die Gesellschaft besser zu verstehen, die zunehmende Hinwendung zum modernen (städtischen) Leben, schließlich auch die betonte Nüchternheit der Sprache – all das wird im Naturalismus weitergeführt und teils auf die Spitze getrieben.

Auslöser für diese Radikalisierung war ein für damalige Verhältnisse ungeheuer rascher gesellschaftlicher Veränderungsprozess: Die Industrialisierung hatte im letzten Drittel des 19. Jh. endgültig Deutschland erreicht, das 1871 von Bismarck „mit Eisen und Blut" zum Deutschen Kaiserreich vereint worden war und in kürzester Zeit zu einer der führenden Industrienationen der Welt aufstieg. Fabrikanlagen mit einem enormen Bedarf an Rohstoffen und Arbeitskräften wurden aus dem Boden gestampft und zogen ganze Heere von Menschen aus den Dörfern in die Städte, wo sie in neu errichten Arbeitersiedlungen wohnten und bald eine ganz neue gesellschaftliche Schicht, das Proletariat, bildeten. Neu an alledem war eigentlich nicht die Entwicklung selbst (denk nur an Heine und seine schlesischen Weber aus Kap. 9), sondern das *Tempo*, in dem die Veränderungen abliefen. Das extrem rasche Wachstum brachte ganz neue Arten von Problemen mit sich, etwa Massenarmut, Slum-Bildung und Umweltverschmutzung, aber auch technische Umgestaltungen des Alltagslebens, neue kulturelle Entwicklungen und neuartige politische Kräftekonstellationen.

Von einer modernen Kunst und Literatur sollte man erwarten können, dass sie diese rasanten Entwicklungen in angemessener Weise begleitet und passende künstlerische Ausdrucksformen dafür findet – und genau das hat der Naturalismus versucht. Eine Kunst, die solchen fundamentalen Veränderungen gerecht werden wollte, hatte selbst radikal neu zu sein. Sie musste sich gegebenenfalls trauen, auf traditionelle künstlerische Werte (zum Beispiel auf Schönheit) zu verzichten und einfach nur noch eines sein: modern![29]

Für viele naturalistische Künstler manifestierte sich diese Modernitätsforderung in der Öffnung der Kunst für neue Themen und für neue künstlerische Mittel. Thematisch kamen vor allem die Spannungen innerhalb der neuen gesellschaftlichen Schichten, insbesondere der städtischen Unterschicht ins Blickfeld: Erstmals wurden Probleme ganzer Bevölkerungsgruppen (Auflösung der traditionellen Familie, Bevölkerungsexplosion, Verelendung, Arbeitslosigkeit, Alkoholismus etc.) zum zentralen Gegenstand der literarischen Verarbeitung. Wenn Romantik und Realismus die moderne Psychologie mitgeprägt haben, dann hat der Naturalismus dasselbe für die moderne Soziologie (die *Gesellschaftswissenschaft*) getan.

Die künstlerischen Mittel, die dafür Verwendung fanden, waren ebenfalls von der gesellschaftlichen Entwicklung geprägt und sollten widerspiegeln, was wirklich getan und wirklich gesprochen wurde, ohne poetisch überformt zu sein: Hatte Heine seinen „Schlesischen Webern" noch Worte in den Mund gelegt, die bei

---

[29] So etwa forderte es (hier etwas verkürzt dargestellt) Arno Holz, dessen naturalistisches Kunstprogramm gleich genauer zur Sprache kommen wird.

allem Zorn des Gedichtes doch von künstlerisch-ästhetischer Wirkungsabsicht zeugten (und die so mit Sicherheit kein Handwerker
in Schlesien gesprochen hätte), so wollte der Naturalismus in
schonungsloser Weise den tatsächlichen Sprachgebrauch erfassen
und wiedergeben – mit all seiner Gewöhnlichkeit, mit all seiner
Härte, mit all den Wortfindungsproblemen und Satzabbrüchen,
die unsere Alltagssprache nun einmal prägen. Und auch mit all den
Dialekten und Abweichungen von der Hochsprache, die für den
Sprachgebrauch einer gesellschaftlichen Schicht typisch sein können.

Arno Holz, einer der führenden deutschen Dichter und Theoreti-
ker des Naturalismus, hat diese Kunstauffassung einmal in einer
berühmt gewordenen Formel zusammengefasst:

$$Kunst = Natur - X$$

Er drückte in dieser Formel aus, dass die Kunst danach strebt
(oder streben *sollte*), die Natur möglichst getreu wiederzugeben.
Sie kann dieses Ziel nie vollständig erreichen (deshalb das „X" als
Differenz), aber sie kann versuchen, X möglichst klein zu halten,
also möglichst nahe an die Natur heranzukommen.[30]

An Arno Holz' Formel ist einiges bemerkenswert: Da ist zunächst
die Tatsache, dass er überhaupt versucht, Kunst in eine mathema-
tische Formel zu bringen. Das ist typisch für die Zeit, in welcher
gerade die Naturwissenschaften einen bedeutenden Aufschwung
erlebten. Wenn sich physikalische und chemische Zusammenhänge in Formeln darstellen ließen – warum dann nicht auch
künstlerische?

---

[30] Die Gedanken von Holz sind noch etwas komplizierter als hier dargestellt,
aber für unsere Zwecke genügt diese Annäherung.

Bemerkenswert ist ferner der seltsame „Natur"-Begriff der Formel. Was heißt denn hier Natur, wenn sie sich in eine Gleichung
pressen lässt? Kann damit die „Natur" der Romantik gemeint
sein? Unmöglich, die lässt sich nicht mit einer Subtraktion berechnen! In den eilig errichteten Arbeiterwohnungen der Großstädte
hieß „Natur" nicht mehr Wälder, Wiesen und Auen, sondern „Natur des Menschen", also das, was sich jetzt und hier ereignete und
quasi *natürlich* vor sich ging.

Schließlich ist die Auffassung bemerkenswert, dass Kunst dann
am besten sein soll, wenn sie am nächsten an die Natur herange-
rückt ist – wenn sie also sozusagen am *unkünstlichsten* ist. Das ist
eine ziemlich radikale Ansicht und die Kunst läuft damit Gefahr,
sich selbst aufzugeben. Was wäre denn, wenn Kunst nach der Meinung von Holz ihr Ziel erreicht hätte? Würde sie dann nicht einfach nur noch die existierende Wirklichkeit wiederholen? Was
sollte das denn für einen Sinn ergeben? Wir werden im nächsten
Kapitel sehen, dass spätere Künstlergenerationen dem Naturalismus genau diese Vorwürfe gemacht haben und selbst bewusst versuchten, die Kunst wieder ganz anders zu definieren.

Wenn man Holz' Formel in der Literatur ernst nimmt und versucht, so nah wie möglich an die tatsächliche Sprache der Menschen heranzukommen, dann sind Gedichte als künstlerischer
Ausdruck im Grunde unmöglich: Wie könnte gereimte, rhythmische Sprache den Forderungen des Naturalismus entsprechen?
Lyrik ist diejenige literarische Gattung, die sich am weitesten vom
alltäglichen Sprachgebrauch entfernt, sich die größten Freiheiten
nimmt und ihre ganz eigenen Sprachgesetze entwirft. Es ist deshalb nicht verwunderlich, dass im Naturalismus kaum Lyrik entstanden ist.[31] Stattdessen war die Lieblingsgattung der

---

[31] Bezeichnenderweise hat Arno Holz selbst recht viel und recht beachtliche

Naturalisten das Drama, denn hier sprechen die Personen direkt miteinander – ganz wie im wirklichen Leben und ohne Vermittlung durch einen Erzähler. Es wird dich daher auch wenig wundern, dass das Beispielgedicht unseres Kapitels schon äußerlich fast nicht als Gedicht erkennbar ist und eine Art Selbstgespräch (einen *inneren Monolog*) darstellt.

Karl Henckell
Das bejahrte Freudenmädchen (1888)

Schleiche auf dunklem Flur. Schleppe grauen Gram. Bin ja, bin ja nur eine alte Hur; habt mich für Geld. Kenne auf der Welt keine Scham – ein Tier!
War doch auch ein Kind, rein wie Ihr, las in dem Angebind, dem
5   Samtbrevier: Herr Gott, dich loben wir. – Bin wie Ihr gesprungen zu Spiel und Tanz, habe so hell gesungen auf sonniger Heide: Wir winden dir den Jungfernkranz – Jungfernkranz! – mit veilchenblauer Seide…
Schleiche auf dunklem Flur, hässliche, alte Hur, gehorsamer Diener!
10   gehorsamer Diener! – Gott!! – – Mütterchen, was sagt der liebe Gott?
»Beten, beten.«
Heissa, heissa, hopsassa. La la la…hopsassa! Schöner, grüner, schöner grüner Jungfernkranz! – – – mir wird schlecht. – Hunger – Brot! Brot! Liebste fürn Lumpengeld, ist doch ne elende Welt! – O läg ich tot! …

Solltest du Henckells Gedicht nach dem ersten Lesen nicht mögen, dann bist du wahrscheinlich bereits ziemlich nahe an der richtigen Interpretation. Das Werk *will nicht* gemocht werden. Seinem

---

Lyrik geschrieben – allerdings sind seine Gedichte gerade nicht sonderlich naturalistisch, sondern ziemlich impressionistisch (vgl. das folgende Kapitel).

Autor geht es um eine künstlerische, nicht aber um eine ästhetische Verarbeitung seines Themas. Deshalb arbeitet Henckell auch
mit einem Minimum lyrischer Mittel, verzichtet auf eine erkennbare rhythmische Einteilung ebenso wie auf die Gliederung in
Strophen oder Verse[32] und unterteilt seinen Text lediglich in Sätze
und Absätze.

Dennoch handelt es sich nicht um Prosa, sondern um Lyrik, was
nicht zuletzt an der durchgehenden Verwendung von Reimwör-
tern zu erkennen ist, anhand derer auch eine gewisse innere Vers-
aufteilung möglich wäre (vgl. Anm. 32). So treten etwa im ersten
Absatz folgende Reimwörter auf: *Flur – Hur, Gram – Scham, Geld
– Welt.* Ein wirkliches Reimschema entsteht dabei nicht, Henckell
nutzt aber insgesamt vor allem überkreuzende Reime, die mitunter
ineinander verschlungen sind, sodass das vierte Reimwort eines
Kreuzreims erst auftritt, nachdem schon andere Reime begonnen
haben. Der Autor scheint die Reime damit eher zu verstecken als
offenzulegen. Schon formal rückt das Gedicht damit so nah wie
irgendwie möglich von der Poesie ab und an die Alltagssprache
heran: Ein Schritt weiter und wir hätten eigentlich keinen Grund
mehr, überhaupt von Lyrik zu sprechen.

Inhaltlich bildet das Gedicht einen inneren Monolog: Wir nehmen
teil an den stummen Gedankengängen eines lyrischen Ichs, das
uns scheinbar ungefiltert mitteilt, was ihm, (bzw. *ihr*) durch den
Kopf geht. Und wie solche Gedankenströme nun einmal sind,
kommt es dabei zu Pausen und Wiederholungen, zu Gedanken-
sprüngen und Satzabbrüchen, zu emotionalen Aufwallungen und

---

[32] In späteren Drucken des Gedichts hat Henckell eine Verseinteilung
vorgenommen, aber bezeichnend – und typisch für eine naturalistische
Kunsthaltung – ist natürlich, dass er sie zunächst weggelassen hat.

wieder ruhigeren Phasen. Im Schriftbild werden sie durch eine intensive Verwendung von Satz- und Pausenzeichen signalisiert.

Natürlich sind diese scheinbar unkontrollierten Gedankenflüsse und Assoziationen von Henckell ganz bewusst erzeugt und durchkomponiert. Wir erkennen an dieser Vorgehensweise gut die naturalistische Kunstauffassung: Henckell möchte die Illusion erzeugen, dass es sich nicht um eine künstliche Komposition, sondern um echte Gedanken eines echten Subjekts handelt, und je mehr wir ihm diese Illusion glauben, umso besser hat er seine Aufgabe als Künstler erfüllt: Kunst = Natur – X.

Schleiche auf dunklem Flur. Schleppe grauen Gram. Bin ja, bin ja nur eine alte Hur; habt mich für Geld. Kenne auf der Welt keine Scham – ein Tier!

Das lyrische Ich, dessen Gedankenstrom wir verfolgen, ist eine Prostituierte und als solche eine gesellschaftliche Un-Person. Noch stärker als heute war das 19. Jahrhundert von erheblichen Sittenvorbehalten geprägt und Prostitution eine zwar geduldete, aber im höchsten Maße verpönte und moralisch verdammte Angelegenheit. Unserem lyrischen Ich ist dieser Umstand nur allzu bewusst, wenn es sich selbst mit einem der schimpflichsten Begriffe benennt, die überhaupt möglich sind: *Bin ja, bin ja nur eine alte Hur* (Abs. 1). Beachte, dass der Autor selbst den abwertenden Begriff im Titel vermeidet und stattdessen den Euphemismus[33] *Freudenmädchen* verwendet. Er signalisiert damit, dass er die moralischen Abwertungen der Gesellschaft keineswegs teilt – und wir erfahren später im Gedicht auch, warum er das nicht tut.

---

[33] Als Euphemismus bezeichnen wir Begriffe, die einen negativen (oder doch negativ bewerteten) Inhalt hinter bewusst positiver Wortwahl verbergen (z. B. „Klimawandel", statt „Umweltkatastrophe").

Prostituierte wurden – und werden – zwar gemeinhin verachtet,
aber sie haben aufgrund ihrer sexuellen Attraktivität auch immer
eine mehr oder weniger große Anziehungskraft auf ihre zahlungs-
kräftige Kundschaft, was diesem Gewerbe über die Jahrhunderte
hinweg eine gewisse gesellschaftliche Duldung garantiert hat. Im
Grunde ist das eine ziemlich verlogene Einstellung, umso mehr,
als die Gesellschaft *keinerlei* Gnade mit „Freudenmädchen" kennt,
denen das Alter und die Lebensumstände die körperliche Attraktivität geraubt haben. Unsere *hässliche, alte Hur* (s. o.) ist damit nicht
nur moralisch ausgestoßen, sondern wohl auch wirtschaftlich am
Boden. Und so ist die Aussage *Kenne auf der Welt keine Scham* wohl
nicht nur eine allgemeine Selbstabwertung, sondern möglicherweise auch ein Erfordernis ihres sinkenden „Marktwertes", der sie
dazu zwingt, bei der Auswahl ihrer Freier nicht wählerisch und bei
der Erfüllung von sexuellen Wünschen nicht zimperlich zu sein.
In der Selbstbezeichnung *ein Tier*, die den ersten Absatz abschließt,
steckt daher auch eine gehörige Portion (Selbst-)Ekel. Wie könnte
man sein lyrisches Ich tiefer in den gesellschaftlichen Abgrund
stoßen als Henckell es tut?

Im zweiten Absatz des Gedichtes zeichnet uns der Autor einen
Kontrast zur bitteren Gegenwart des lyrischen Ichs. Die Prostituierte erinnert sich an die Unschuld ihrer eigenen Kindheit und Jugend.

> *War doch auch ein Kind, rein wie Ihr, las in dem Angebind, dem*
> *Samtbrevier: Herr Gott, dich loben wir.*

Ein *Brevier* ist das (katholische) Stundengebetbuch. Dieses hier ist
in Samt eingeschlagen, was seinen besonderen Wert heraushebt.
Die Erinnerungen an die eigene kindliche Gebetspraxis kennzeichnen den damals noch ungetrübten Einklang des lyrischen
Ichs mit der moralischen Institution Kirche, die offenbar die

Voraussetzung für ein positives Selbstbild ist, denn von hier aus schweifen die Gedanken weiter zum unbeschwerten Lebensgenuss der Jugendjahre:

> *Bin wie Ihr gesprungen zu Spiel und Tanz, habe so hell gesungen auf sonniger Heide: Wir winden dir den Jungfernkranz – Jungfernkranz! – mit veilchenblauer Seide...*

Der *Jungfernkranz [...] mit veilchenblauer Seide* ist ein Zitat, das im ausgehenden 19. Jahrhundert jeder – wirklich jeder! – kannte. Es entstammt dem *Chor der Brautjungfern* aus der romantischen Oper *Der Freischütz* von Carl Maria von Weber, die im 19. Jh. unerhört populär war.[34] Der *Chor der Brautjungfern* erreichte geradezu den Rang eines Volksliedes und wurde oft auf Hochzeiten bei der Abholung der Braut gesungen. Im Text des Original-Chores heißt es folgendermaßen:

> *Wir winden dir den Jungfernkranz*
> *Mit veilchenblauer Seide;*
> *Wir führen dich zu Spiel und Tanz,*
> *Zu Glück und Liebesfreude!*
> *Schöner grüner, schöner grüner Jungfernkranz!*
> *Veilchenblaue Seide! Veilchenblaue Seide!*

Der Moment, den das Chorlied besingt, darf mit Fug und Recht als ein Augenblick des höchsten persönlichen und gesellschaftlichen Ansehens für ein Mädchen des 19. Jh. bezeichnet werden: Die Braut steht unmittelbar vor ihrer Vermählung und erhält den *Jungfernkranz* als Zeichen ihrer moralischen Unbescholtenheit und gesellschaftlichen Anerkennung, bevor sie vor aller Augen in den

---

[34] Diese Berühmtheit erreichte Webers Oper nicht zuletzt deshalb, weil sie als „erste in jeder Beziehung rein deutsche Nationaloper" angesehen wurde (so eine Rezension von 1843).

heiligen Stand der Ehe eingeht. Der Gegensatz zur Situation der gealterten Prostituierten könnte folglich nicht größer sein.

Indem das lyrische Ich ausgerechnet Fragmente des *Jungfernkranzes* vor sich hinsingt, kontrastiert sie den romantischen Traum ihrer Jugend mit der harten Wirklichkeit ihrer Gegenwart. Was für eine unerhört bittere Abrechnung! Viel radikaler als der Realismus im letzten Kapitel negiert Henckell damit die idealistisch-romantische Tradition. Storm hatte in seiner „Stadt" eine Landschaft in bewusstem Kontrast zur romantischen Idylle entworfen, aber er hatte die Lieblichkeit von Maitag und Vogelsang doch letztlich voll anerkannt. Bei Henckell hingegen wirkt die Heiterkeit der Jungfern mit ihrer *veilchenblaue[n] Seide* nur noch wie ein Hohn auf die Wirklichkeit des lyrischen Ichs.

> *Schleiche auf dunklem Flur, hässliche, alte Hur, gehorsamer Diener!*
> *gehorsamer Diener! – Gott!! – – Mütterchen, was sagt der liebe Gott?*
> *»Beten, beten.«*

Die abschließenden Sätze und Satzfragmente bestehen aus Wiederholungen und leichten Variationen der aufgeführten Themen: zunächst die erneute Selbstbezichtigung als *hässliche, alte Hur*, anschließend wieder der Bezug auf Gott und das Gebet, das keinen Trost mehr spenden kann.

Bezeichnend für die Rolle der Kirche in der Gesellschaft des 19. Jahrhunderts ist, dass das Christentum vom lyrischen Ich nicht als Quelle des Trostes wahrgenommen wird, obwohl das Neue Testament ja eigentlich reich ist an Erbarmen für Prostituierte, Ehebrecherinnen und andere Sünder. Dennoch findet unser lyrisches Ich nichts als eine abstrakte Anleitung, wie man sich zu verhalten habe („*»Beten, beten.«*", Abs. 3). Nicht die Religion ist hier für die verzweifelte Sünderin da, sondern umgekehrt muss sich die Trostsuchende dem religiösen Verhaltenskodex unterwerfen.

Die letzten Zeilen des Gedichtes dokumentieren nicht nur die zunehmende gedankliche Konfusion des lyrischen Ichs, sondern liefern auch den eigentlichen Schlüssel für das Schicksal der Gestrandeten.

> *Heissa, heissa, hopsassa. La la la...hopsassa! Schöner, grüner,*
> *schöner grüner Jungfernkranz! – – – mir wird schlecht. – Hunger –*
> *Brot! Brot! Liebste fürn Lumpengeld, ist doch ne elende Welt! – O läg*
> *ich tot! ...*

Geradezu unerträglich wirkt die freudlose Ausgelassenheit der kindischen Lautmalereien *Heissa, heissa, hopsassa.* Hinter ihnen und den erneuten Jungfernkranz-Zitaten braut sich die Verzweiflung des lyrischen Ichs zur Todessehnsucht zusammen. In den Wortgruppen *Liebste fürn Lumpengeld* und *ist doch ne elende Welt!* wechselt das lyrische Ich nun auch grammatisch deutlich erkennbar in die Alltagssprache. Die eigentlich entscheidenden Worte des Absatzes aber sind *Hunger – Brot! Brot!*, denn sie geben die Ursache preis, warum der Weg des lyrischen Ichs weg von seinem Jugendtraum und hin in den sozialen Abstieg geführt hat: Die wirtschaftliche Situation – und damit ist in diesem Falle das nackte Überleben gemeint – zwingt das lyrische Ich und mit ihm Tausende und Abertausende Schicksalsgenossinnen zu einer Art von Leben, die es selbst als moralisch falsch erachtet, zu der ihm aber weder Staat noch Kirche eine Alternative lassen.

Tatsächlich haben sich die gesellschaftlichen Eliten im Europa des 19. Jahrhunderts oft als erstaunlich engstirnig und blind gegenüber den wirtschaftlichen Zwängen der unteren sozialen Schichten erwiesen. Dieser Umstand war bereits im Kapitel zum „Jungen Deutschland/Vormärz" (Kap. 9) angedeutet worden. Gebildete bürgerliche Kreise wussten in der neu entstehenden Arbeiterschaft oft nichts als „vaterlandslose Gesellen" zu erkennen. Denk

nur an den langjährigen Reichskanzler Otto von Bismarck, der in
der Außenpolitik so oft einen enorm feinen Spürsinn bewiesen
hatte, während er sich gegenüber der jungen Sozialdemokratie bemerkenswert borniert und unverständig zeigte. Es war also durchaus notwendig, die bürgerliche Gesellschaft der Zeit für die neuen
sozialen Themen zu sensibilisieren.

Henckells Gedicht nimmt sich dieser Aufgabe mit typisch naturalistischen Kunstmitteln an. Er verzichtet weitgehend auf eine ästhetische Überformung des Konfliktes, sondern entwickelt vielmehr die Illusion, selbst eine Betroffene sprechen zu lassen. Dafür
verwendet er eine harte, zerrissene, mitunter bewusst hässliche
Sprache, die vielleicht noch mehr als die Thematik den naturalistischen Charakter des Gedichtes ausmacht. Schon lange vor Hen-
kell hat es dichterische Auseinandersetzungen mit sozialen Problemen gegeben, doch waren diese oft betont rührend oder betont
aufrüttelnd, in jedem Fall aber bewusst emotional gestaltet worden. Erinnere dich an Goethes junge Sturm-und-Drang-Heldin
(Kap. 5) oder an den Zorn der schlesischen Weber bei Heine
(Kap. 9). Die naturalistische Herangehensweise wirkt dagegen betont kalt und analytisch. Das Problem soll betrachtbar – und das
heißt auch: *untersuchbar* gemacht werden, um eine systematische
Lösung zu ermöglichen.

Auch dieser analytische Blick war neu am Naturalismus und resul-
tierte daraus, dass die idealistischen Lösungsversuche letztlich alle
gescheitert waren: Goethe hatte für seine schwangere Heldin
nichts als einen genialischen Trotz gegenüber der Gesellschaft pa-
rat. Das ist wunderschön und tief berührend, aber es war eine idealistische Illusion, während in der Realität weiterhin uneheliche
Mütter geächtet und ins soziale Elend gestoßen wurden.[35] Heine

---

[35] Goethe sah sich mindestens einmal gezwungen, als Geheimrat selbst ein

hatte das Elend der schlesischen Weber sicherlich leidenschaftlich mitempfunden und in ein ergreifendes Dokument des politischen Aufbegehrens gegossen, aber zu einer sozialpolitischen Änderung war es nicht gekommen.

Auch naturalistische Künstler haben eine echte soziale Veränderung nicht erreicht und wahrscheinlich kann man das von der Kunst auch gar nicht verlangen. Aber sie haben unbarmherziger als vorherige Künstlergenerationen der Gesellschaft ihren eigenen Spiegel vorgehalten und dabei kein Verschweigen, kein Verzärteln und keine kurzfristige Rührseligkeit geduldet.

Es muss dem Naturalismus als Verdienst angerechnet werden, nicht nur die Kunst für wirtschafts- und sozialpolitische Probleme geöffnet, sondern dazu auch nach geeigneten gestalterischen Mitteln gesucht zu haben. Dass es für eine solche Öffnung erforderlich sein mochte, eine eigene, neue Ästhetik zu entwickeln und auch vor dem Hässlichen nicht zurückzuschrecken, erscheint verständlich. Es führte allerdings auch dazu, dass sich bald heftiger künstlerischer Widerstand und eine neue Sehnsucht nach Schönheit in der Kunst etablierte. Von dieser Entwicklung möchte ich dir im nächsten Kapitel erzählen.

Todesurteil für eine Kindsmörderin mitzutragen – wie bitter muss das für den Dichter der Gretchentragödie gewesen sein.

12. Jahrhundertwende

Stefan George
Komm in den totgesagten park und schau (1897)

Es wird Zeit, dass wir über den Backlash sprechen, denn auch der Backlash ist typisch für die Literaturgeschichte. Das Wort ist eigentlich kein literaturwissenschaftlicher Begriff, sondern kommt aus dem US-amerikanischen Politikjargon. Dort verwendete man es, um bewusste Gegenbewegungen zu politischen Strömungen zu kennzeichnen. Mittlerweile spricht man aber auch bei anderen Arten von Gegenströmungen und Rückschlägen von *Backlashes* und deshalb wollen auch wir das tun.[36]

Backlashes sind in der Kulturgeschichte ziemlich häufig – sogar in der Alltagskultur: Kaum ist der Schmuddel-Look in Mode, tauchen Leute auf, die sich bewusst chic und elegant kleiden. Und wenn sich dieser Stil gerade voll durchgesetzt hat, sieht man plötzlich wieder zerrissene T-Shirts auf den Laufstegen. Nach den Schlaghosen in den 70ern folgten die Karottenjeans in den 80ern und auf die Karottenjeans wieder die Schlaghosen in den 90ern – dreimal darfst du raten, was dann kam.

In der Literaturgeschichte ist das nicht wesentlich anders und wir haben schon einige Backlashes erlebt: Auf den düsteren Pessimismus des Barock folgte die optimistische Aufklärung. Auf die aufklärerische Sachlichkeit antwortete der ungestüme Sturm und

---

[36] Literaturwissenschaftlich korrekter wäre es vielleicht, von „Gegenströmungen" oder gar „Gegenepochen" zu sprechen, aber das vermittelt das Gefühl, als habe eine ganze Epoche nur aus Antihaltung zur Epoche davor bestanden und das ist nie der Fall. Außerdem ist das Wort „Backlash" ziemlich treffend und handlich – warum also nicht einen neuen Fachbegriff einführen?

Drang. Dem unpolitischen Biedermeier stand der hochpolitische Vormärz gegenüber und der nüchterne Realismus löste den enthusiastischen Idealismus ab. Immer wieder gab es Gegenbewegungen, die vorausgegangenen Strömungen zwar nicht vollständig ablehnten, aber zu bestimmten Aspekten ganz bewusst Gegenposition bezogen.

Die literarische Epoche, die wir als „Jahrhundertwende" bezeichnen, war eigentlich gar keine Epoche, denn sie zerfiel in sehr viele und sehr unterschiedliche Stile, die eigentlich nur eine wirkliche Gemeinsamkeit hatten: den Backlash zum Naturalismus! Und im Grunde ist das auch gar nicht verwunderlich, denn Naturalismus ist davon bedroht, in einer künstlerischen Sackgasse zu enden. Wenn man die Theorie von Arno Holz aus dem letzten Kapitel ernst nimmt (Kunst = Natur – X), dann läuft die Kunst Gefahr, sich selbst abzuschaffen.: Wo läge noch das Besondere der Kunst, wenn sie nur nach der möglichst exakten Darstellung der Wirklichkeit streben würde? Radikaler Naturalismus schien vielen Dichtern der Zeit um 1900 in der Tat das Ende der Kunst und darauf hatten sie keine Lust – wo doch schon das Jahrhundert zu Ende ging…

Die Künstler der Jahrhundertwende wussten also sehr genau, wovon sie *weg* wollten, aber nicht, wohin. Deshalb ist die Zeit von einer großen Suche nach neuen künstlerischen Themen und Ausdrucksformen geprägt. Und weil jeder Künstler an einer anderen Stelle suchte, entstand ein ganzes Bündel von unterschiedlichen Stilen und Richtungen, die sich in einer verwirrenden Namensvielfalt ausdrücken: *Ästhetizismus, Symbolismus, Impressionismus, Decadence, Fin de Siecle, Neuromantik, Neuklassik, Jugendstil* und noch einige weitere.

In all diesen Strömungen vertrat man unterschiedliche künstlerische Auffassungen und knüpfte an unterschiedliche Traditionen an, ohne dabei wirklich einen übergreifenden Trend schaffen zu können, der Kollegen und Publikum durchschlagend überzeugt hätte (das gelang erst dem Expressionismus, vgl. Kap. 13). Man spricht deshalb oft auch vom „Stilpluralismus der Jahrhundertwende".[37] Lass uns schauen, ob wir in diesem Wirrwarr von Begriffen Ordnung schaffen können, um zu verstehen, was es mit der Kunst der Jahrhundertwende auf sich hatte.

Die seltsame Orientierungslosigkeit der Kunst um 1900 war kein Zufall, sondern ein gesamteuropäisches Phänomen und Resultat des Zeitgeistes der Jahrhundertwende: Viele tonangebende Künstler und Intellektuelle glaubten, in einer Art *Endzeit* zu leben. In einer Zeit der Krankheit und des Verfalls. In einer Zeit des kulturellen Absterbens, während alles, was zukünftig noch folgen könnte, nur noch hässlich, roh und barbarisch werden würde. Der aus dem Französischen kommende Begriff „Fin de Siecle" (*Ende des Jahrhunderts*) wurde überall in Europa zum Leitwort für dieses Lebensgefühl und „Fin" umfasst dabei weit mehr als nur das Jahrhundert.

Endzeitstimmung machte sich sogar in Lebensbereichen breit, wo man es gar nicht vermuten würde, zum Beispiel in der Wissenschaft: Seit der Aufklärung war die Welt von unzähligen fleißigen Wissenschaftlern erforscht und beschrieben worden. Nun, um 1900, hielten viele Gebildete diesen Prozess für weitgehend

---

[37] Bei einigen dieser Begriffe könnte man argwöhnen, dass sie sich in der Literaturwissenschaft nur gehalten haben, weil sie zeitgleich in einer anderen Kunst hohe Bedeutung hatten – so z. B. der Impressionismus und der Jugendstil, die beide vor allem in den bildenden Künsten eine Rolle gespielt haben. Gleichwohl findet man durchaus auch in der Literatur Werke, welche die gleiche melancholische Leichtigkeit atmen wie ein impressionistisches Gemälde. Keine Kunstrichtung ist auf ein einziges Medium beschränkt.

abgeschlossen: Die Rätsel der Naturwissenschaften schienen gelöst, die Pflanzen und Tiere beschrieben, die Kontinente erobert
und die weißen Flecken auf den Landkarten beseitigt. Denk dir
nur: Wenige Jahre, bevor Albert Einstein die Physik revolutionie-
ren sollte, glaubten namhafte Physiker, es gäbe eigentlich nur noch
eine Handvoll ungelöste Problemchen, die man aber sicher auch
bald lösen würde, und dann könne man die Physik als Wissenschaft abschließen. Was für ein Irrtum! Aber auch was für eine
trübe Vorstellung für einen Wissenschaftler, wenn er nichts mehr
zu erforschen hat.

Diese Endzeitstimmung ist auch der Grund, warum viele Künstler
sich bewusst an früheren Kunstepochen orientierten, die sie für
unübertrefflich hielten und deshalb nachahmten. In der deutschen
Literatur kamen Neuklassik und Neuromantik auf (genau wie in
der Architektur *Neugotik*, *Neuromanik* und *Neuklassizismus*). Die alten Dichter des Idealismus – allen voran Goethe und Schiller –
wurden zu künstlerischen Titanen stilisiert und fanatischer verehrt
als selbst zu Lebzeiten.

Wie kann man als Künstler noch schöpferisch sein, wenn man der
Überzeugung ist, dass es im Grunde keine neuen künstlerischen
Mittel mehr zu erschaffen gibt? Ganz klar: Man verfeinert die alten, bereits existierenden. Und wenn man gleichzeitig der Meinung ist, in einer absterbenden, kranken Kultur zu leben, dann
*über*feinert und *über*künstelt man sein ästhetisches Empfinden ins
Grenzenlose. Ein Beispiel:

> *Wie der Schatten einer Rose in einem silbernen Spiegel*

Mit diesen Worten beschreibt Oscar Wilde in einer seiner Erzählungen das Rot auf den Wangen einer Schauspielerin: Es ist nicht
die Rose selbst, die zum Vergleich herangezogen wird, sondern
nur ihr Schatten. Und eigentlich noch nicht einmal der, sondern

nur das Spiegelbild des Schattens. Wie erlesen, aber auch wie über-
künstlich wirkt eine solche Beschreibung gegenüber den einfachen
„rosenroten Wangen", mit denen die romantischen Dichter die
Frauenschönheit besungen hatten!

Diese Art der Überfeinerung findet man in vielen Werken der
Jahrhundertwende und wir sprechen sie mit dem Begriff der Decadence (oder deutsch: Dekadenz[38]) an. Als dekadent bezeichnet
man eine Lebensweise, die für einen luxuriösen Genuss bereit ist,
unsinnige Dinge zu tun, z. B. einen unverhältnismäßigen Aufwand
zu betreiben oder unvernünftig viel Geld auszugeben. Wem nur
die erlesensten Speisen und die erstklassigsten Weine genügen,
wer nur die gediegenste Unterhaltung erträgt und nur die promi-
nenteste Gesellschaft für angemessen hält, der darf sich guten Gewissens als dekadent bezeichnen. Zur Jahrhundertwende war Decadence so angesagt, dass die Literatur sogar einen eigenen Typus
dafür entwickelte: den *Dandy*. So wie der Sturm und Drang das
Genie verehrt hatte (vgl. Kap. 5), so geistert durch die Literatur der
Jahrhundertwende ein Haufen von dekadenten Dandys, die in ihrer Genuss-Sucht Geld, Frauen und Drogen in atemberaubenden
Mengen verbrauchen.

Von der Decadence ist es nicht weit zum Ästhetizismus – und
damit zum Kernstück des Backlashes gegen den Naturalismus.
Ästhetizismus ist eine künstlerische Einstellung, in der Schönheit
und Ästhetik die oberste, ja eigentlich die absolute Priorität besit-
zen. Das klingt erst einmal recht nett und harmlos, hat es aber in
sich, denn konsequenter Ästhetizismus stellt die Schönheit auch
über Vernunft und Moral (man spricht auch vom „ästhetischen

---

[38] Ich werde die französische Schreibweise beibehalten, und zwar deshalb, weil
ganz wesentliche Einflüsse auf die deutsche Literatur dieser Zeit aus Frankreich
kamen und die Literaten der Zeit viel französisch lasen, sprachen und
übersetzten.

Amoralismus"). Mit dieser Einstellung könnte man einen blut-
rünstigen Mord damit rechtfertigen, dass die Leiche doch ein
höchst ästhetisches Bild abgegeben habe! Ein übertriebenes Beispiel, findest du? Solche und ähnlich makabre Szenen sind nicht
selten in den Erzählungen der Jahrhundertwende und man erkennt daran, dass der Gegensatz zwischen Ästhetizismus und Naturalismus kaum größer sein könnte.

Stefan George, der Dichter unseres Kapitelgedichts, hat den französischen Leitspruch des Ästhetizismus in Deutschland bekannt
gemacht: L'art pour l'art, zu Deutsch: *Die Kunst (nur) für die Kunst*
oder *Kunst um der Kunst willen*. Damit wollte er die Kunst von jedem
gesellschaftlichen Engagement befreien. Kunst sollte nichts *wollen*,
sie sollte nichts bezwecken und niemanden belehren. Sie sollte
einfach nur Kunst sein. Auch in dieser Auffassung zeigt sich eine
radikale Ablehnung des gesellschaftlich engagierten Naturalismus,
aber auch eine Distanz zur idealistischen Tradition von Aufklärung bis Romantik, die ja mit der Kunst durchaus etwas erreichen
wollten. Beachte, wie nahtlos sich diese selbstbezogene Kunstauffassung in die Endzeitstimmung der Jahrhundertwende einpasst:
Die Zeit der großen Ideale ist vorbei und man ist schon froh,
wenn etwas nicht so hässlich ist wie die moderne Großstadtwelt
da draußen, mit all diesen schmutzigen Fabriken und den uner-
freulichen Gestalten, die der Naturalismus so garstig porträtiert
hatte…

Stefan George muss eine charismatische Persönlichkeit gewesen
sein und hatte viele Dichterfreunde, die zunehmend zu Dichter-
jüngern wurden und ihm im Künstlerischen eine geradezu prophe-
tische Stellung einräumten. Er war damit wie geschaffen für den
Ästhetizismus, denn was wird aus der Kunst, wenn man sie von
jeder gesellschaftlichen Verpflichtung befreit? Sie wird ein in sich
geschlossener Kosmos, der sich nur noch auf sich selbst bezieht.

Und ein solcher Kosmos gewinnt fast unweigerlich religiöse Züge. Allein die Titel von Georges Gedichtsammlungen sprechen Bände: *Hymnen* (1890), *Pilgerfahrten* (1891), *Das Jahr der Seele* (1897), *Der siebte Ring* (1907), *Der Stern des Bundes* (1914), *Das neue Reich* (1928). Diese Art der sprachlichen Ästhetik nutzte nicht nur J.R.R. Tolkien eine Generation später für seinen „Herrn der Ringe", sie war (leider) auch der Acker, auf dem die Blut-und-Boden-Mentalität der Nationalsozialisten ästhetische Wurzeln schlagen sollte.

Was aus den Titeln von Georges Gedichtbänden spricht, nennen wir Symbolismus und meinen damit, dass die Gegenstände der Welt in der Literatur eine Art tiefere Bedeutung bekommen und zum *Symbol* werden. Lies die Titel von Georges Gedichtbänden noch einmal, du wirst verstehen, was ich meine:

> *Hymnen (1890),*
> *Pilgerfahrten (1891),*
> *Das Jahr der Seele (1897),*
> *Der siebte Ring (1907),*
> *Der Stern des Bundes (1914),*
> *Das neue Reich (1928)*

Was ist der Unterschied zwischen dem *siebte[n] Ring* und den sechs anderen? Was ist der Unterschied zwischen einer *Pilgerfahrt* und einer „normalen" Reise? Worin unterscheidet sich die *Hymne* von anderen Gesängen? Es ist die Kraft des Symbols, die wir, warum auch immer, dem *siebten Ring* zumessen, aber nicht den anderen. Allein die religiöse Weihe macht eine Reise zur Pilgerfahrt. Im Symbolismus stehen die Dinge nicht für sich selbst, sondern für einen tieferen, nur künstlerisch darstellbaren Sinn – aber nicht so, wie die Taube für den Frieden steht oder der Sensenmann für den Tod, sondern so, wie der siebte Ring für – – – *irgendwas* steht: für etwas, das nicht anders ausdrückbar ist, als eben mit dem *siebten Ring*. Wenn du dich davon an die Romantik (Kap. 7) erinnert fühlst, dann liegst du völlig richtig, denn diese Epoche stand bei symbolistischen Künstlern in hohen Ehren. Deshalb ist es auch kein Zufall, dass Stefan Georges Gedicht Anklänge an die romantische Naturlyrik mitbringt.

Stefan George
Komm in den totgesagten park (1897)

Komm in den totgesagten park und schau:
Die schimmer ferner lächelnder gestade.
Der reinen wolken unverhofftes blau
Erhellt die weiher und die bunten pfade.

5   Dort nimm das tiefe gelb. Das weiche grau
Von birken und von buchs. Der wind ist lau.
Die späten rosen welkten noch nicht ganz.
Erlese küsse sie und flicht den kranz.

Vergiss auch diese letzten astern nicht.
10   Den purpur um die ranken wilder reben.
Und auch was übrig blieb von grünem leben
Verwinde leicht im herbstlichen gesicht

Was das Gedicht beim ersten Lesen hinterlässt, ist ein ganzer Strauß von landschaftlichen Eindrücken, geschmückt mit Farben und Blumen. Neben diesen romantisch anmutenden Beschreibungen atmen die Verse aber auch einiges von der barocken Vergänglichkeitslyrik, wie wir sie in Kap. 2 erlebt haben. Es ist deshalb sicher kein Zufall, dass das Gedicht *fast* ein Sonett ist. Strophenaufbau und Reimschema sind ideal für ein Sonett angelegt[39]:

---

[39] Zum Aufbau des Sonetts vgl. Kap. 2.

- o die ersten vier Verse: *a-b-a-b* (das wäre das erste Quartett im Kreuzreim)
- o die zweiten vier Verse: *a-a-c-c* (der Reim des ersten Quartetts (a) wird im zweiten als Paarreim weitergeführt – ziemlich typisch für Sonette)
- o die nächsten drei Verse: *e-f-f* (das wäre das erste Terzett)
- o *e* – das zweite Terzett beginnt erwartungsgemäß mit einem Reim auf den Anfang des ersten Terzetts und nun würde man einen abschließenden Paarreim erwarten – aber der fehlt...

George kannte Sonette und er kannte ihre Struktur. Er wusste, dass er nur einen einzigen Paarreim am Ende anfügen müsste, um ein formvollendetes Sonett in fünfhebigen Jamben zu schaffen. Der perfekt durchkomponierte jambische Rhythmus[40] scheint das Sonett geradezu zu fordern. Selbst das Thema wäre geeignet! Aber statt die alte, ehrwürdige Form durch die Vollendung des letzten Terzetts zu füllen, bleibt der Autor bei einer dreistrophigen Gliederung. Warum eigentlich? Was bewegt den ausgemachten Ästhetizisten George, auf die Königin unter den lyrischen Formen zu verzichten?

Vielleicht wollte George seine Thematik noch nicht so eindeutig abschließen, wie ein Sonett es getan hätte.[41] Vielleicht hat er auch mit der Künstlichkeit des Barock nur *spielen* wollen, ohne sich der Tradition gänzlich zu unterwerfen. Vielleicht passt aber auch ein abgebrochenes Sonett, ein Sonett*fragment*, viel besser zur endzeitlichen Melancholie der Jahrhundertwende als ein vollendetes.

---

[40] Bis auf die Initiale *Komm*, die ausgerechnet den allerersten Takt zum Trochäus macht, während danach perfekte Jamben durchlaufen.

[41] Es gibt nämlich eine Art „Teil 2" des Gedichtes, die George in seinem Gedichtband halb angefügt, halb abgegrenzt hat.

Georges gebildete Künstlerfreunde haben die Anspielung an die alte Form sicherlich auch ohne das letzte Terzett verstanden.

> *Komm in den totgesagten park und schau:*
> *Die schimmer ferner lächelnder gestade.*
> *Der reinen wolken unverhofftes blau*
> *Erhellt die weiher und die bunten pfade.*

Mit dem Imperativ *Komm* erweist sich unser Gedicht gleich in der ersten Zeile als eine Einladung. Und zwar vom lyrischen Ich direkt an ein lyrisches Du. Da wir Georges Leser sind, dürfen wir uns damit wohl angesprochen fühlen. Das lyrische Ich lädt uns ein, in einen *totgesagten Park* (V. 1) zu kommen und dort zu schauen. Was schauen? Eine Landschaft. Warum? Weil sie schön ist. Nur deshalb?

Was wir zuerst wahrnehmen, wenn wir nur die Nomen betrachten, sind die typischen Attribute einer landschaftlichen Idylle, wie wir sie seit Walther von der Vogelweide (Kap. 1) kennen: die *wolken* (V. 3), *die weiher* und die *pfade* (V. 4), *birken und [...] buchs*, der *wind*, (V. 6), die *rosen* (V. 7) – das alles ist schön und prächtig, aber Wolken, Birken und Rosen haben schon unzählige Dichter besungen. Wo ist das Besondere?

Das Besondere bei George sind die Adjektive. Beachte etwa das folgende farbliche Paradoxon aus Vers 3:

> *Der reinen wolken unverhofftes blau*

Nicht etwa der Himmel, sondern die *reinen Wolken* sind es, die *unverhofft[...] blau* sind. Das ist kein natürlicher Anblick. Diese Landschaft ist abstrakt, die Wolken sind blau und die *pfade bunt[...]* (V. 4). In Vers 5 werden die Farben sogar zu Nomen und damit selbst zum Thema des Gedichts:

> *Dort nimm das tiefe gelb. Das weiche grau*

Was George uns hier präsentiert, gleicht weniger einer Landschaft, als vielmehr dem *Gemälde* einer Landschaft, in der die Farben sorgfältig ausgewählt sind. Nicht die Natur, sondern ein feinnervig aufbereitetes *Bild* der Natur haben wir hier vor uns. Auf diese Künstlichkeit des Anblicks hat George uns sogar schon in der ersten Zeile vorbereitet, als er uns in einen *park* einlud – nicht etwa in die freie Natur. Hier liegt der Unterschied zwischen Ästhetizismus und romantischer Naturidylle.

> *Die späten rosen welkten noch nicht ganz.*
> *Erlese küsse sie und flicht den kranz.*
>
> *Vergiss auch diese letzten astern nicht.*
> *Den purpur um die ranken wilder reben.*

Drei Adjektive und ein Verb genügen George, um die Schönheit dieses Parks in eine endzeitliche Schwermut zu hüllen: die *späten* Rosen, die *letzten* Astern, *Vergiss [...] nicht* – und natürlich das *purpur* auf den *ranken wilder reben*. Was wir hier betrachten, ist ein Herbstportrait. Ein Bild des kommenden Todes. Ein *memento mori*, wenn man so will.

Die melancholische Endzeitlichkeit der Stimmung ist unverkennbar, aber im Gegensatz zur Barockdichtung gewinnt George ihr eine ästhetisch-hoffnungsvolle Seite ab: Der Park ist nicht tot, er ist nur *totgesagt[...]* (V. 1) und sein Anblick *unverhofft[...]* schön (V. 3). Die *gestade* sind zwar *fern[...]*, aber sie *lächeln[...]* (V. 2). In diesen Worten steckt Abschied, aber ein Abschied, der unverhoffterweise noch aussteht. Es ist nicht der Winter, es ist (noch) der Herbst, und damit die Zeit der Fülle, der Reife und der Ernte — auf die dann freilich unweigerlich die bittere Zeit der Kargheit und Kälte folgen wird. Reiner kann man die Stimmung des *fin de siecle* wohl nicht in ein lyrisches Bild fassen.

Noch haben wir die Gründe nicht untersucht, weshalb das lyrische Ich uns in seinen *totgesagten park* einlädt, aber es scheint einen Zweck zu verfolgen, denn das *Komm* der ersten Zeile bleibt nicht der einzige Imperativ, den es an uns richtet: *nimm* (V. 5), *Erlese [,]⁴²küsse [...] flicht*, (V. 8), *Vergiss [...] nicht* (V. 9), *Verwinde* (V. 12). Besonders die Reihung in Vers 8 ist von Bedeutung: Wir sollen aus den Bestandteilen des herbstlichen Gemäldes sorgfältig auswählen (*Erlese*), sie emotional weihen (*küsse sie*) und daraus einen *kranz* flechten.

Der *kranz* (V. 8) macht die Naturidylle endgültig zum Symbol: Mit einem Kranz werden seit jeher die Auserwählten gekürt: Triumphatoren, Poeten, Jungfrauen. Erinnere dich an den „Jungfernkranz", der im letzten Kapitel so bitter negiert wurde – hier steht er noch in allen symbolistischen Ehren, obwohl er aus bereits welkenden Blumen geflochten ist (vgl. V. 7 und 9).

In den Schlussversen wendet George das Gedicht doch noch einmal ins Schmerzliche – aber nur ganz sanft:

> *Und auch was übrig blieb von grünem leben*
> *Verwinde leicht im herbstlichen gesicht*

Im Imperativ *Verwinde* des Abschlussverses steckt eine grazile Doppeldeutigkeit: Einerseits erinnert es uns an den Kranz, in den wir Astern, Reben und Leben einwinden (*verwinden*) sollen, andererseits heißt *verwinden* auch „Leid erdulden" und „sich mit Kummer abfinden". In diesem Kummer schlägt nun doch die

---

⁴² Dass das Komma zwischen „Erlese" und „küsse" fehlt, ist wahrscheinlich kein Zufall. Es wird dich sicher nicht wundern, dass ein Ästhetizist wie George sich auch intensiv mit Schriftformen und Schrifttypen beschäftigt hat. Er hat sich sogar eine eigene Schriftart entwickeln lassen, die auf seiner Handschrift basierte. Sicher hast du auch schon gemerkt, dass George die Nomen kleinschreibt – auch das aus ästhetischen Gründen. Er zeigt sich also durchaus gewillt, seine eigenen orthografischen Maßstäbe an den Text anzulegen.

Melancholie des Abschiedes durch – auch wenn er *leicht* (V. 12) zu verwinden sein soll. Vom *grüne[n] leben* (V. 11) sind und bleiben nun mal nur Reste *übrig* (ebd.), die wir zu einem letzten morbiden Kunstwerk (dem *kranz*, V. 8) verweben sollen.

Stefan George besingt mit seinem Gedicht die Schönheit einer Landschaft, die im industrialisierten Zeitalter schon längst kein alltäglicher Anblick mehr war. Dafür besingt er sie nur um so inniger und eindringlicher. Er macht keinen Hehl daraus, dass diese Landschaft künstlich und unwirklich ist, im Gegenteil. Aber er sagt uns, dass sie gleichwohl (noch) existiert – obwohl sie bereits *totgesagt* ist.

George hat das Gedicht als Auftakt seines Gedichtzyklus' *Das Jahr der Seele* gewählt und damit zu einer Art Vorwort gemacht. Mit diesem Vorwort verteidigt er die Schönheit der Kunst gegen alle, die sie bereits für tot erklärt haben, und wir wissen aus dem letzten Kapitel, wen er damit meint.

Mit diesem ästhetizistischen Backlash war George ausgesprochen erfolgreich – nicht nur bei Freunden und Jüngern, auch in der öffentlichen Kritik, die zeitgleich die naturalistischen Dramen verriss und höhnisch ausbuhte. Ist das verwunderlich? Wohl nicht sehr. Worüber liest man lieber: über die Verzweiflung einer alternden Hure oder über die melancholische Schönheit eines herbstlichen Parks? George wurde wie kein zweiter in Deutschland zum Mentor einer Dichtergeneration, die nach Orientierung suchte. In seinen eigenen Gedichten verband er die Naturidylle der romantischen Tradition mit barocker Künstlichkeit, Feinnervigkeit und Endzeitlichkeit. Einen neuen Anfang indes haben andere Dichter gefunden und von denen will ich dir im nächsten Kapitel erzählen.

13. Expressionismus

Georg Heym
Der Gott der Stadt (1910)

Wie fängt man an mit dem *Expressionismus*, einer künstlerischen Epoche, welche das gebildete Bürgertum um 1910 mit einem künstlerischen Paukenschlag weckte? Die meisten Lexika erklären zunächst den Begriff und betonen, dass „expremere" so viel wie „ausdrücken" bedeutet und dass Expressionismus folglich eine *Ausdrucks*kunst sei, bei der es den Künstlern darum gegangen ist, ihrem inneren Gefühlsleben einen besonderen Ausdruck zu geben. So weit, so gut, doch ist das nicht für die meisten Kunstrichtungen typisch – von Realismus und Naturalismus einmal abgesehen? Ist nicht Kunst immer mehr oder weniger der Versuch, sein Inneres auszudrücken?

Schon konkreter wird es, wenn ich dir sage, dass der literarische Expressionismus eine genuin *deutsche* Epoche war, die es so nicht in anderen Nationen gegeben hat. Das ist durchaus erwähnenswert, denn bisher hatten wir es beinahe immer mit mehr oder weniger gesamteuropäischen Entwicklungen zu tun und haben auch gelegentlich darauf hingewiesen. Beim Expressionismus ist das anders – nun, vielleicht nicht völlig, denn es gibt durchaus Ähnlichkeiten zwischen den deutschen Expressionisten und den französischen *Fauves* (den „*Wilden*" – ein Name, der auch dem Expressionismus Ehre gemacht hätte). Aber dennoch ist es bemerkenswert, wenn in Kulturen, die einander so eng verwandt sind wie die europäischen, ein Kunststil mehr oder weniger auf eine bestimmte Nation beschränkt bleibt.

Noch spannender wird es, wenn ich dir im Vorfeld verrate, dass es dem Expressionismus gelungen ist, Elemente von Naturalismus und Jahrhundertwende-Dichtung miteinander zu vereinen und daraus etwas ziemlich Neues zu schaffen. Wie du dich bestimmt erinnerst, hat die Literatur der Jahrhundertwende den Naturalismus entschieden abgelehnt und ein geradezu antinaturalistisches Kunstprogramm entwickelt. Kann man denn derartige Gegensätze vereinen? Ja. Und zwar, indem man die *Themen des Naturalismus* mit den *künstlerischen Mitteln der Jahrhundertwende* verknüpft. Den Inhalt vom einen, die Form vom anderen – wie Schneewittchen, als sie die sieben Zwerge bestiehlt...

Aus dieser Mischung erwuchs eine Stilrichtung, die man im Vergleich zu vorherigen Strömungen als ungeheuer erfolgreich bezeichnen kann. Das gilt zwar nicht unbedingt für die frühen expressionistischen Kunstwerke in Literatur und Malerei (alles, was stilistisch neu ist, wird von der breiten Masse erst einmal mit Argwohn, wenn nicht mit Hohn betrachtet), wohl aber für die längerfristige Wirkung. Noch tief bis in die sogenannten „Goldenen Zwanziger" hinein, als der Expressionismus längst seine innovative Kraft verloren hatte, lassen sich deutlich expressionistische Spuren in der alltäglichen Gebrauchskunst nachweisen, beispielsweise in Wahlplakaten der politischen Parteien, in der zeitgenössischen Unterhaltungsmusik oder in der Sprache der Zeitungen. Der Autor Alfred Döblin, selbst Mitbegründer des Expressionismus, spottete einmal: „*Das Vieh* [der Expressionismus] *ist erst zehn Jahre alt und hat schon Epigonen in zwanzigster Generation.*"

Lass uns kurz Revue passieren, auf welcher Grundlage der Expressionismus aufbaute: Da war einerseits der Naturalismus am Ende des 19. Jahrhunderts, der sich die moderne, industrialisierte Gesellschaft als künstlerische Aufgabe vorgeknöpft hatte, aber in seinen Mitteln die Kunst selbst in Frage zu stellen drohte, weil er betont unkünstlich wirken wollte. Da waren andererseits die hoch künstlerischen Strömungen der Jahrhundertwende, welche die Ästhetik in die Kunst zurückholten, aber dabei glaubten, die von ihnen verehrte Schönheit sei nur noch dadurch zu erreichen, dass man die moderne Welt mehr oder weniger aussperrte und sich in künstlich verfeinerte Fantasiewelten flüchtete. Auf Dauer konnte das nicht die Lösung sein, zumal draußen in der Realität die Städte weiterwuchsen und Welt sich immer rascher drehte.

Der Expressionismus nahm sich dieser modernen, industrialisierten und spannungsreichen Welt an. Aber er betrachtete sie nicht naturalistisch (im Gegenteil: der Expressionismus gilt ebenfalls als Gegenbewegung zum Naturalismus!), sondern er suchte nach einer neuen, andersartigen Ästhetik, die den aktuellen Entwicklungen gerecht werden konnte, ohne dabei den Anspruch auf künstlerische Gestaltung aufzugeben.

Aber wie sollte eine solche neue, moderne Ästhetik aussehen? Wie man die Schönheit der Natur besingt, das hatten ganze Dichtergenerationen von Goethe gelernt und der hatte sich auf antike, barocke und empfindsame Traditionen stützen können. Die Großstädte und die industrielle Welt hingegen waren neu. Wie gewinnt man ihnen eine neue Ästhetik ab? Wo findet man die Schönheit von Fabrikschloten und Arbeitersiedlungen, von Straßenlärm und Menschenmassen? Und falls man sie findet, wie drückt man sie aus? Die Antwort des Expressionismus war die Abstraktion. Abstrakt musste die neue Kunst sein, um der modernen Welt einen angemessenen Ausdruck zu verleihen. Und diese Abstraktion war durch die Kunst der Jahrhundertwende bereits vorgebahnt – leise, aber deutlich wahrnehmbar.

Erinnere dich: George hatte im Gedicht unseres letzten Kapitels bereits den ersten Schritt von der Naturbetrachtung weg getan und die Landschaft erkennbar zu einem Gemälde umgestaltet, das seinen künstlichen Charakter gar nicht verleugnete. Deshalb konnte er auch die Farben selbst zum Thema machen, die Wolken nach Belieben blau streichen und das Leben grün. An diese abstrahierende Tradition knüpfte der Expressionismus an. Aber viel – viel! – radikaler.

Georg Heym
Der Gott der Stadt (1910)

Auf einem Häuserblocke sitzt er breit.
Die Winde lagern schwarz um seine Stirn.
Er schaut voll Wut, wo fern in Einsamkeit
Die letzten Häuser in das Land verirrn.

5   Vom Abend glänzt der rote Bauch dem Baal,
die großen Städte knieen um ihn her.
Der Kirchenglocken ungeheure Zahl
wogt auf zu ihm aus schwarzer Türme Meer.

Wie Korybanten-Tanz dröhnt die Musik
10   der Millionen durch die Straßen laut.
Der Schlote Rauch, die Wolken der Fabrik
ziehn auf zu ihm, wie Duft von Weihrauch blaut.

Das Wetter schwelt in seinen Augenbrauen.
Der dunkle Abend wird in Nacht betäubt.
15   Die Stürme flattern, die wie Geier schauen
von seinem Haupthaar, das im Zorne sträubt.

Er streckt ins Dunkle seine Fleischerfaust.
Er schüttelt sie. Ein Meer von Feuer jagt
durch eine Straße. Und der Glutqualm braust
20   und frisst sie auf, bis spät der Morgen tagt.

Es ist schon erstaunlich, dass ein solch martialisches Gedicht in
formaler Hinsicht so brav sein kann: Nahezu perfekte fünfhebige
Jamben, Kreuzreime ohne das kleinste unsaubere Reimwort, ar-
tige vierversige Strophen – wie passt diese formale Sittsamkeit zur
gewaltigen Metaphorik des Inhalts? Tatsächlich ist es typisch für
den frühen Expressionismus (etwa bis zum Beginn des Ersten
Weltkriegs 1914), dass die Dichter in formaler Hinsicht stark an
die Tradition anschlossen – viele schrieben sogar Sonette! –, während erst im Laufe der weiteren Entwicklung auch die lyrische
Form erneuert wurde – oder sollte man besser sagen: zerschmet-
tert? Die Gedichte von August Stramm, die direkt aus den Schüt-
zengräben des Krieges erzählen, geben sich formal keinen Illusio-
nen mehr hin und zerfetzen die Sprache wie das Maschinenge-
wehr die Menschenleiber. Aber noch ist 1910 und Europa zwar
nervös, aber friedlich.

Georg Heym, damals gerade 23 und tief fasziniert vom rasanten
Großstadtleben, gibt diesem neuen Phänomen eine eigene religiöse Mystik, indem er ihm einen Gott erschafft. Und was für einen!
Mit dem „lieben Gott" des Christentums hat dieser *Gott der Stadt*
nichts zu tun – eher schon mit den vorzeitlichen Naturgottheiten,
die von unseren Ur-Ur-Urahnen um Schonung angefleht wurden.

Auf einem Häuserblocke sitzt er breit.
Die Winde lagern schwarz um seine Stirn.
Er schaut voll Wut, wo fern in Einsamkeit
die letzten Häuser in das Land verirrn.

Dass der Thron dieses modernen Gottes nicht der Olymp, sondern ein *Häuserblock[...]* (V. 1) ist, leuchtet bei einem *Gott der Stadt*
unmittelbar ein. Nicht gerade majestätisch sitzt er da inmitten seines Reiches, dafür aber umso gewaltiger: Selbst die Naturkräfte,
hier vertreten durch die *Winde* (V. 2), *lagern [...] um seine Stirn*
(ebd.). Heym lässt damit von Anfang an keinen Zweifel daran,
dass seine neue Gottheit mächtiger als die Naturgewalten ist. Und
er lässt auch keinen Zweifel an der dämonischen Feindseligkeit
dieses Wesens, indem er die erste Strophe mit negativ besetzten
Wörtern spickt: *breit* (V. 2), *schwarz* (V. 2), *Wut* (V. 3), während sich
die *letzten Häuser* (V. 4) *fern in Einsamkeit* (V. 3) *verirrn* (V. 4).

Offenbar sind diese Häuser die Ursache für den Zorn des Gottes:
Seine Majestät scheint nicht gerade erfreut darüber, dass es in der
Ferne noch einzelnstehende Häuser gibt, die nicht bereits von der
rasant wachsenden Stadt verschluckt worden sind. Beachte, dass
Georg Heym ohne erkennbare sprachliche Gewissensbisse das
Reflexivpronomen *sich* in Vers 4 weglässt und damit die deutsche
Grammatik untergräbt (*in das Land verirrn* kann man grammatisch
gesehen nun mal nur *sich*). Was der Dichter an der lyrischen Form
noch ungeschoren lässt – grammatisch ist der Wille zur Zerschla-
gung der Tradition bereits nachweisbar – zumal bei einem inhalts-
leeren Wort wie *sich*, das Heym deshalb in Strophe 4 gleich noch
einmal weglassen wird (s.u.).

> *Vom Abend glänzt der rote Bauch dem Baal,*

Baal ist der Inbegriff eines teuflischen, rachsüchtigen und men-
schenfressenden Dämons. Das Wort bedeutet in seinem ur-
sprünglichen Sinn zwar nichts als „Gott", wurde aber in der christlichen Tradition immer mehr zu einer Art Anti-Gottheit umgedeutet. Dass diesem Baal der *rote Bauch* glänzt, ist nicht nur ein
Widerschein des Abendrotes, sondern auch eine Anspielung auf

seine teuflische Gestalt und Gefräßigkeit. Bäuche glänzen nur, wenn sie prall gefüllt sind, und dieser urbane Baal hat sicherlich allen Grund für ein überirdisches Völlegefühl: Zur Entstehungszeit des Gedichtes verleibten sich die Großstädte in ganz Europa in rasantem Tempo ihre umliegenden Dörfer und Gemeinden ein, die durch neu errichtete Vorstädte und Industriegebiete zu immer größeren Ballungsräumen zusammenschmolzen.

Die folgenden drei Verse 5–7 deuten eine Art schwarzmagische Anbetungszeremonie an und liefern Paradebeispiele dafür, wie man enorme Größe und Menge sprachlich in Bilder fassen kann:

> *die großen Städte knieen um ihn her.*
> *Der Kirchenglocken ungeheure Zahl*
> *wogt auf zu ihm aus schwarzer Türme Meer.*

Die Großstädte treten als Personifikationen auf und *knieen um ihn her* (V. 6), was nicht nur ihre Unterwürfigkeit, sondern auch die dämonische Größe des Gottwesens verbildlicht. Die Kirchen, die auch in den neuen, industriellen Stadtvierteln nicht fehlten, werden aus ihrem christlichen Kontext herausgerissen, werden schwarz und zum *Meer* (V. 8), in dem das einzelne Bauwerk seine Konturen verliert und in der Masse untergeht. Der Klang der *ungeheure[n] Zahl* (V. 7) ihrer Glocken wogt nicht mehr zum Himmel, sondern *zu ihm*, dem neuen Gott. In der Metaphorik Heyms schrumpfen Dinge, die wir als groß, ja gigantisch bezeichnen würden (Glocken, Kirchen, ganze Städte), zu kaum mehr einzeln wahrnehmbaren Partikeln, die in der Masse untergehen. Einzelne Häuser sind in diesem *Meer* nicht mehr auszumachen – von einzelnen Menschen ganz zu schweigen. Zählbar und als Individuen auszumachen sind allenfalls noch die Städte selbst, die folgerichtig als die Jünger des Baal auftreten. Immerhin: In Strophe 3 werden

endlich auch die Stadtbewohner erwähnt – wenngleich nur als
Masse.

Wie Korybanten-Tanz dröhnt die Musik
der Millionen durch die Straßen laut.

Korybanten sind ursprünglich halb menschliche, halb dämonische
Wesen eines griechisch-antiken Fruchtbarkeitskultes, der mit wilden Ritualtänzen, Schaukämpfen und Trinkgelagen, bisweilen
auch mit orgienhaften Ausschweifungen begangen wurde. Später
wurden mit diesem Begriff die Priester der Muttergöttin Kybele
benannt und die Feste in gesittetere Bahnen gelenkt. Für Heym
dürfte die ursprüngliche Bedeutung attraktiver gewesen sein, da
das sprachliche Bild, in das er den Korybanten-Tanz einwebt, eine
orgiastische Besinnungslosigkeit ausstrahlt. Der großstädtische
Straßenlärm wird zur *Musik*, der *durch die Straßen dröhnt* (V. 9 f).
Wie zuvor die Gebäude zum Meer wurden, geht in dieser Strophe
der einzelne Mensch in der ungeheuren Vielheit der *Millionen*
(ebd.) unter. In dieser Charakterisierung steckt ein Phänomen, das
für die expressionistische Literatur typisch ist: Der Mensch wird
seiner Individualität beraubt, er wird zur Masse und tritt auch nur
noch als Masse auf. Oft tragen die Personen in expressionistischen
Dramen gar keine Namen mehr, sondern werden nur noch nach
ihren Funktionen benannt: *Mann, Tochter, Bürger, Kanonier.* Damit
werden sie austauschbar und zu Typen, deren Persönlichkeit keine
Rolle mehr spielt – ein durchaus folgerichtiger sprachlicher
Schachzug, um das Phänomen der großstädtischen Massen ästhetisch in den Griff zu bekommen.

Der Schlote Rauch, die Wolken der Fabrik
ziehn auf zu ihm, wie Duft von Weihrauch blaut.

Hatte Heym in der letzten Halbstrophe den Großstadtlärm zur
orgiastischen Musik umgedeutet, so darf es diesem neuen urbanen

Götterkult freilich auch nicht am passenden Wohlgeruch fehlen. Den liefern in der Hochphase der Industrialisierung natürlich *Der Schlote Rauch, die Wolken der Fabrik*. Konsequent bedient sich Heym auch hier tradierter kultisch-zeremonieller Versatzstücke wie dem *Duft von Weihrauch* (V. 12), um den sprachlichen Bildern einen dämonisch-religiösen Anstrich zu geben. Auch das ist nicht untypisch für den Expressionismus, der seine literarischen Gegenstände gern mit bedeutungsschwangerem Pathos behandelt: Das Menschengedränge wird zum Korybanten-Tanz, die Abgase werden zu Weihrauchduft, die Großstadt zur gottgleichen Naturgewalt.

Überhaupt ist „Pathos" einer der Schlüsselbegriffe, um die Epoche des Expressionismus zu beschreiben: Das Fremdwörterbuch gibt als Bedeutung dieses Begriffes zwei miteinander verbundene und hier gleichermaßen passende Bedeutungen an, nämlich erstens „leidenschaftlich-bewegter Ausdruck, feierliche Ergriffenheit" und zweitens „Gefühlsüberschwang, übertriebene Gefühlsäußerung". Das ist eine der wesentlichen Besonderheiten der „Ausdrucks-Epoche" Expressionismus im Gegensatz zu anderen künstlerischen Stilen: Der Expressionismus nimmt das Wort „Druck" im „Aus-Druck" besonders ernst und verleiht den Handlungen, Ereignissen und Erscheinungen seiner Werke oft eine hohe Schwerkraft und Leidenschaft, die sich nicht selten in große, manchmal übergroße sprachliche Gesten steigert.

Auch im Satzbau kann man diesen hohen Druck nachweisen, denn expressionistische Lyrik komprimiert ihre Sätze oft in einer Weise, die hart an die Grenzen der Grammatik geht und nicht selten darüber hinaus. Dass Georg Heym das Reflexivpronomen *sich* einfach weglässt, war schon erwähnt worden, aber in den gerade untersuchten beiden Versen finden sich weitere Beispiele dieser sprachlichen Verdichtung: So *blaut* etwa der *Duft von Weihrauch*, der

aus den Schornsteinen dringt (V. 12). Heym macht das Adjektiv
blau zum Verb *blauen* und erschafft damit ein neues Wort.[43] Im
Vers davor gelingt ihm die Kompression der Sprache allein durch
Umstellung der Wörter: Statt *der Rauch der Schlote* zieht er das Ge-
nitiv-Attribut nach vorn, schreibt also *Der Schlote Rauch* und spart
damit einen Artikel ein.[44]

Unser Gedicht wendet den Fokus in der nun folgenden Strophe
wieder auf den Gott selbst.

> *Das Wetter schwelt in seinen Augenbrauen.*
> *Der dunkle Abend wird in Nacht betäubt.*
> *Die Stürme flattern, die wie Geier schauen*
> *von seinem Haupthaar, das im Zorne sträubt.*

Im Vergleich zur ersten Strophe haben die Nomen und Verben
an Düsterkeit zugelegt: Statt von Winden (V. 2) ist jetzt von *Wetter*
(V. 13) und *Stürme[n]* (V. 15) die Rede. Der Abend aus Vers 5 geht
in *dunkle [...] Nacht* über und aus der *Wut* des Gottes (V. 3) ist
Zorn[...] (V. 16) geworden.

Lass dir etwas Zeit für die erstaunliche sprachschöpferische Kraft,
die Heym beim Einsatz der Verben an den Tag legt: Das *Wetter*
aus Vers 13, das ja allenfalls noch „schönes Wetter" sein könnte
(zumindest theoretisch), wird allein dadurch deutlich zum

---

[43] Genau genommen ist diese Darstellung nicht ganz richtig, denn das Wort
„blauen" ist gar keine echte Wortneuschöpfung, sondern schon aus dem Barock
belegt: Zum Beispiel „blaut die Nacht" schon in einer Arie von Händel aus dem
Jahre 1724. Ich habe mir dennoch erlaubt, dir das Phänomen der
Wortneuschöpfungen, das wirklich sehr typisch für den Expressionismus ist, an
diesem Beispiel zu zeigen. Sonderlich gebräuchlich war „blauen" jedenfalls weder
heute noch zu Georg Heyms Zeiten.
[44] Diese Umstellung des Genitivs vor sein Bezugsnomen findet sich immer
wieder in expressionistischen Werken und wurde in dieser Weise auch ganz
bewusst und programmatisch eingesetzt, z. B. in den Dramen von Carl
Sternheim.

Unwetter, indem es *schwelt* (ebd.), was Sonnenschein und Schäfchenwolken niemals könnten. Im Schwelen steckt die Glut des Feuers und die Drohung eines bevorstehenden Ausbruchs, der umso wahrscheinlicher erscheint, als die *Stürme*, die das Feuer entfachen könnten, bereits in unruhiger Wartestellung zu stehen scheinen: Hatten die Winde in Vers 2 noch um die Stirn des Dämons *gelagert* (vgl. ebd.), so *flattern* sie nun und nehmen in diesem Wort bereits den Vergleich mit den *Geier[n]* (ebd.) voraus. Das Wort *flattern* wirkt dabei eigentümlich schwächlich, wenn man es auf einen Sturm bezieht. Allerdings darf man dabei nicht vergessen, dass die Strophe bereits wieder aus dem Blickwinkel des Gottes erzählt, vor dem ganze Großstädte knien. Die verheerende Naturgewalt des Sturmes wird in dieser Perspektive zu einer tollpatschigen Fluggeste eines Vogels minimiert und unterstreicht erneut das ungeheure Machtgefälle zwischen dem naturgewaltigen Dämon und seinem ohnmächtigen Umfeld, das dem Zorn des Gottes *betäubt* (V. 14) ausgesetzt ist.

In der letzten Strophe schließlich entlädt sich der *Zorn[...]*, der in Vers 16 das *Haupthaar* des Gottes *[ge]sträubt* hatte, in einer Geste der mutwilligen und brutalen Zerstörung.

> *Er streckt ins Dunkle seine Fleischerfaust.*
> *Er schüttelt sie. Ein Meer von Feuer jagt*
> *durch eine Straße. Und der Glutqualm braust*
> *und frisst sie auf, bis spät der Morgen tagt.*

Das Wort *Fleischerfaust* ist eine wahrhaft meisterliche Wortschöpfung. Alle Rohheit, Gemeinheit und blutrünstige Gewalt des Dämons verdichten sich in dieser kurzen Komposition zu einem einzigen Begriff: Fleischerfaust! Die Häufung von Zischlauten strahlt noch bis in den Klang hinein Brutalität und Bosheit aus.

Die geschüttelte Faust bewirkt den Ausbruch der aufgestauten Zerstörungswut. Die Geste allein genügt und *[e]in Meer von Feuer jagt / durch eine Straße* (V. 18 f.), um nichts als *Glutqualm* (ebd.) übrig zu lassen. Beachte die Willkür, die dieser blinden Zerstörung anhaftet: Es gibt keinen Grund, keine Wahl und zuletzt auch keine Konsequenz aus diesem brutalen Machtausbruch. Willkürlich hat sich der Dämon einen seiner Untertanen zum Brandopfer gewählt und vernichtet – ganz so, wie es scheinbar zufällig in den eilig errichteten neuen Stadtvierteln immer wieder zu Unfällen und Brandkatastrophen kam (noch waren Gas- und Stromleitungen junge Techniken und viele Sicherungsmaßnahmen noch nicht erfunden). Und so wundert es auch nicht, dass das Ende des Gedichtes nur den spät anbrechenden Morgen eines neuen großstädtischen Tages zu zeigen hat, an dem sich dasselbe Spiel an anderem Ort wiederholen wird. Oder auch nicht. Oder noch schlimmer – all das liegt einzig in der besinnungslos dämonischen Macht des *Gott[es] der Stadt.*

Dass Heym dem deutlich empfundenen Wahnsinn der rasanten Verstädterung nichts als expressive Darstellung, aber keinen echten Lösungsansatz entgegenzustellen hat, ist recht typisch für die expressionistische Literatur. Viele Erzählungen und Dramen der Epoche enden zwar anders als dieses Gedicht mit einer Geste der Hoffnung, doch bleibt diese Hoffnung unbestimmt und vage. Oft etwa wird am Ende des Werkes ein Kind geboren, das dann zu einer Art Messias stilisiert wird und die Menschheit retten soll, aber wie das genau gelingen könnte, dafür hatten die expressionistischen Dichter auch keine konkreten Ideen. Aus der verfahrenen künstlerischen, gesellschaftlichen und politischen Situation des frühen 20. Jahrhunderts leiteten sie die Erkenntnis ab, dass es so, wie es augenblicklich war, nicht weitergehen könne. Deshalb ist der Expressionismus auch durchzogen von dem Motiv des

Sohnes, der gegen seinen Vater aufbegehrt und aus seinem beengten Leben ausbrechen will.

Aber wie die neue Welt und das neue Leben nach dem Ausbruch aussehen könnte, dieser Frage standen die jungen Dichter weitgehend ratlos gegenüber. Sie wurde schließlich von einem Österreicher namens Adolf Hitler beantwortet, der die Ausdruckskraft und impulsive Leidenschaft der expressionistischen Sprache benutzte, um den Menschen der Weimarer Republik seine Illusion vom neuen Deutschen Reich vorzubeten. Der geradezu religiös aufgeladene Bilderreichtum und die für heutige Verhältnisse grotesk gesteigerte Gestik in Hitlers Reden sind eines von vielen Zeugnissen dafür, wie sich das Pathos des Expressionismus in die Kultur der 20er Jahre übertrug. Zu dieser Zeit war Georg Heym längst im Wannsee ertrunken, andere expressionistische Dichter waren dem Wahnsinn oder der Drogensucht zum Opfer gefallen, viele starben auf den Schlachtfeldern des Ersten Weltkriegs.

Dennoch – und hier liegt die eigentliche Bedeutung dieser kurzen literarischen Epoche – war es dem Expressionismus gelungen, dem modernen großstädtischen Leben eine neue und eigene Ästhetik zu verleihen, in der sich schreckensstarre Ehrfurcht und fiebrige Faszination spannungsreich die Waage halten. Seine entscheidenden Leistungen liegen nicht in den literarischen Inhalten, sondern in der Erneuerung der sprachlichen Form, die für die Zeitgenossen nach kurzer Eingewöhnungszeit so überzeugend war, dass sich Politiker ebenso wie Journalisten oder Marketingexperten, ja sogar Wissenschaftler an ihr bedienten. Freilich rief eine so umfassende und pompöse sprachliche Neuerung auch schon bald den Geist des Widerspruchs wach, der in einen neuerlichen *Backlash* (vgl. Kap. 12) mündete. Von diesem Backlash handelt das nächste Kapitel.

14. Neue Sachlichkeit

Erich Kästner
Jahrgang 1899 (1928)

Keine literarische Strömung trägt ihr Kunstprogramm so deutlich bereits im Namen wie die Neue Sachlichkeit. Als bewusste Gegenbewegung zum Expressionismus wie zur Literatur der Jahrhundertwende wollte sie die Kunst wieder stärker objektivieren und von dem leidenschaftlichen Bilderreichtum und der Expressivität vorausgegangener Strömungen befreien. Die Neue Sachlichkeit stand damit zum Expressionismus in einem Verhältnis wie die Aufklärung zum Barock oder wie die Jahrhundertwende zum Naturalismus: in betonter Anti-Haltung. Schon wieder also ein Backlash.

Der Bruch der Neuen Sachlichkeit mit der etablierten Literatur ist aus heutiger Sicht vielleicht einfacher nachvollziehbar als aus der Sicht der Zeitgenossen, denn der Expressionismus mit seiner pathetischen Leidenschaft und seinen stets übergroßen sprachlichen Bildern wirkt auf heutige Leser zwar vielleicht beeindruckend, aber doch auch relativ rasch ermüdend. Wer einmal viele expressionistische Gedichte am Stück liest, erlebt schnell Erschöpfungsgefühle: Die seelische und emotionale Spannung, die jedes einzelne Werk fordert, ist auf Dauer nur schwer aufzubringen. Es ist wie ein Film, der ausschließlich aus Action-Szenen besteht: Er kann in seiner Dynamik und Wildheit noch so beeindruckend sein, aber irgendwann wühlen die großen, grellen Bilder einfach nicht mehr auf, sondern strengen nur noch an. So dürfte es vielen Künstlern der Neuen Sachlichkeit gegangen sein, wenn sie bewusst an die kühlen Analysen des Naturalismus anknüpften –

allerdings ohne dessen Glauben an die Wissenschaftlichkeit der Kunst zu teilen.

Gemeinsam mit dem Naturalismus war der Neuen Sachlichkeit jedoch der Glaube an den Gebrauchswert der Kunst. Das lässt sich besonders gut an der kunsthandwerklichen Schule des sog. *Bauhaus* zeigen, welches sich nicht zufällig parallel zur Neuen Sachlichkeit nach dem Ersten Weltkrieg etablierte und stilbildend für Architektur, Handwerk und Design in der ganzen westlichen Welt werden sollte. Und weil man an den Ideen des Bauhaus so gut begreifen kann, worum es den Künstlern der Neuen Sachlichkeit eigentlich ging, will ich dir ganz kurz davon erzählen.

Die Kunst des Bauhaus fällt durch ihre bewusste Geradlinigkeit und Funktionalität auf. Als Walter Gropius und Henry van der Velde 1919 in Weimar zu arbeiten begannen, war die Architektur noch geprägt von den stattlichen, reich mit Stuck verzierten Großstadthäusern des Kaiserreiches, die heutzutage als Altbauwohnungen wieder sehr beliebt sind, sofern Zeit und Krieg sie verschont haben. Für Gropius und van der Velde dürften die aufwändigen Verzierungen und schmückenden Ornamente an den Fassaden dieser Häuser eher ein Grauen gewesen sein, denn sie waren nicht nur teuer und funktionslos, sondern im Grunde auch längst nicht mehr zeitgemäß, taten sie doch so, als sei jedes Stadthaus ein kleines, individuelles Barock-Schlösschen, während die Schmuckelemente längst in großem Stil industriell gefertigt und am einzelnen Haus nur noch kombiniert wurden.

Die Bauhauskünstler hingegen wünschten sich ein Design, bei dem die Form konsequent der Funktion untergeordnet ist: Damit ein Haus guten Wohnraum bietet, braucht es keinen Stuck, sondern ein vernünftiges Konzept für Lichteinfall und Luftzirkulation, für gut geschnittenen Wohnraum und bezahlbare Mieten –

für ein modernes Leben eben, anstatt stilistisch so zu tun, als lebten wir noch im Barock. Man wünschte sich klare, gerade Formen, statt Schnörkel. Verwendung, statt Verzierung. Das moderne Gestaltungsprinzip *form follows function* ist im Grunde eine Erfindung des Bauhaus. Ohne seine prägende Kraft wäre das schlichte Design aktueller Smartphones ebenso undenkbar wie die klare Funktionalität moderner Hochhäuser.

Das Bauhaus war also im besten Sinne des Wortes „neu" und „sachlich" und damit das kunsthandwerkliche Pendant zur zeitgleichen Literatur. Wie das Bauhaus suchte die Neue Sachlichkeit vor allem nach einer neuen gesellschaftlichen Funktion der Literatur, welcher die Form zu dienen hatte – nicht umgekehrt. Bertolt Brecht prägte dazu den passenden Begriff: „Gebrauchslyrik". Auf ihn spielt auch der Name einer Gedichtsammlung von Erich Kästner an: „lyrische Hausapotheke": Gedichte zur inneren und äußeren Anwendung – wie Baldrian oder Salbeitee.

Eine am Gebrauchswert orientierte Sichtweise auf die Kunst ist in der Literaturgeschichte nicht neu. Sie ist uns z.B. schon in der Ästhetik der Aufklärung begegnet und das ist natürlich kein Zufall. Denn so wie die Aufklärung der erste Versuch des jungen, aufstrebenden Bürgertums war, sich von den künstlerischen Einflüssen des Barock zu befreien und eine neue Kultur der Vernunft zu etablieren, so war die Neue Sachlichkeit als literarische Epoche mehr oder weniger deckungsgleich mit der Zeit der Weimarer Republik, also mit der ersten Demokratie auf deutschem Boden. Gemeinsam mit dieser wurde sie 1918 geboren, mit ihr erlebte sie Krisen und Blütephasen und mit ihr ging sie schließlich 1933 unter den Stiefeln der Nationalsozialisten unter.

Aus dieser politischen Verbindung mit der Weimarer Demokratie erklärt sich ein weiterer Grund für die Ablehnung des Expressio-

nismus und der Jahrhundertwende: Die Befürworter der jungen
deutschen Republik suchten bewusst nach einer neuen Sprache
der Vernunft, während die pathetischen Elegien der Jahrhundertwende und die aufgeladenen Wortgewitter des Expressionismus
rasch von den rechten und linken Demokratiefeinden vereinnahmt wurden, um ihre weltverbesserischen Ideologien wortreich
zu verherrlichen. Denk nur an die aufbrausenden Reden Adolf
Hitlers, die dieser bald nach Beginn der Weimarer Republik in
München zu halten begann: Die Impulsivität seiner Worte und
Gesten wären ohne die Schule des Expressionismus nicht denkbar
gewesen. Die Literaten der Neuen Sachlichkeit setzten solchen
reißerisch vorgetragenen Zukunftsvisionen ihre betont nüchterne
Sprache der kritischen Vernunft entgegen.

Ästhetisch ähnelt die Neue Sachlichkeit also in vielen Punkten der
Aufklärung: Die künstlerische Form wurde der gesellschaftlichen
Funktion streng untergeordnet. Überbordende rhetorische Mittel
waren verpönt und sprachliche Streifzüge ins Mythisch-Abstrakte
kaum von Interesse. Allerdings teilte die Neue Sachlichkeit keineswegs den Bildungsoptimismus der Aufklärung – oder doch
höchstens zum Teil. Man war sich der Zerrissenheit und Problematik der modernen industriellen Gesellschaft durchaus bewusst
und glaubte nicht mehr an die aufklärerische Vorstellung, dass allein die Kraft der Vernunft die Menschen bessern könnte. Aber
nichts desto trotz wollte man Einfluss nehmen auf die Gesellschaft, wollte die öffentliche Debatte mitgestalten und den Feinden der Demokratie nicht kampflos das Feld überlassen. Das erklärt, warum sich die Neue Sachlichkeit ihre Themen gern und oft
in gesellschaftlichen und politischen Missständen suchte. Viele
Autoren traten auch als kritische Journalisten in Erscheinung, so
etwa Kurt Tucholsky oder der „rasende Reporter" Egon Erwin
Kisch, der den halben deutschsprachigen Raum bereiste und aus

seinen Erlebnissen glänzende, sprachlich geschliffene Reportagen
drechselte.

Bekanntermaßen stand es in der Geschichte der Weimarer Republik oft ziemlich schlecht um die Demokratie, denn ein Großteil
der deutschen Bevölkerung ließ sich lieber von den messianischen
Zukunftsvisionen der Republikgegner blenden, statt der Stimme
der Vernunft zu folgen. Aus diesem Grund hat die Literatur der
Neuen Sachlichkeit oft einen distanzierten und ironischen Unterton, der sich gerade am Ende der Epoche nicht selten zu einer
bitter-ätzenden Satire steigert, hinter welcher sich bereits die Resignation verbirgt.

Erich Kästner
Jahrgang 1899 (1928)

Wir haben die Frauen zu Bett gebracht,
als die Männer in Frankreich standen.
Wir hatten uns das viel schöner gedacht.
Wir waren nur Konfirmanden.

5 Dann holte man uns zum Militär,
bloß so als Kanonenfutter.
In der Schule wurden die Bänke leer,
zu Hause weinte die Mutter.

Dann gab es ein bisschen Revolution
10 und schneite Kartoffelflocken;
dann kamen die Frauen, wie früher schon,
und dann kamen die Gonokokken.

Inzwischen verlor der Alte sein Geld,
da wurden wir Nachtstudenten.
15   Bei Tag waren wir bureau-angestellt
und rechneten mit Prozenten.

Dann hätte sie fast ein Kind gehabt
ob von dir, ob von mir - was weiß ich!
Das hat ihr ein Freund von uns ausgeschabt,
20   Und nächstens werden wir Dreißig.

Wir haben sogar ein Examen gemacht
und das meiste schon wieder vergessen.
Jetzt sind wir allein bei Tag und bei Nacht
und haben nichts Rechtes zu fressen!

25   Wir haben der Welt in die Schnauze geguckt,
anstatt mit Puppen zu spielen.
Wir haben der Welt auf die Weste gespuckt,
soweit wir vor Ypern nicht fielen.

Man hat unsern Körper und hat unsern Geist
30   ein wenig zu wenig gekräftigt.
Man hat uns zu lange, zu früh und zumeist
in der Weltgeschichte beschäftigt!

Die Alten behaupten, es würde nun Zeit
für uns zum Säen und Ernten.
35   Noch einen Moment. Bald sind wir bereit.
Noch einen Moment. Bald ist es so weit!
Dann zeigen wir euch, was wir lernten!

Kästners Gedicht verrät schon in der lyrischen Form, dass hier der Inhalt im Vordergrund steht. Die Verse fügen sich zwar einer halbwegs durchgehaltenen Regelmäßigkeit in den Betonungen (Vers 1 und 3 jeder Strophe haben vier Hebungen, Vers 2 und 4 je drei), aber die willkürliche Setzung der unbetonten Silben lässt den Rhythmus mal zum Jambus, mal zum Daktylus werden, ohne dass dahinter ein bestimmtes Schema stünde. An vielen Stellen wäre diese rhythmische Unordnung schon durch kleine Abänderungen vermeidbar gewesen – z. B. in Vers 12, der sich ohne das anfängliche „und" viel glatter in den Rhythmus fügen würde. Aber offenbar liegt eine solche Glättung gar nicht in der Absicht Kästners. Kantig und prosaisch soll sich diese Sprache anfühlen, nicht weichgespült. Schließlich ist der Inhalt auch alles andere als harmonisch.

Das lyrische Ich erzählt uns eine Lebensgeschichte, hinter der wir sicherlich nicht zu Unrecht die Lebenserfahrungen Kästners selbst vermuten, denn auch dieser war *Jahrgang 1899* (s. Titel) und sollte folglich zur Entstehungszeit des Gedichtes *nächstens [...] Dreißig* werden (V. 20). Dennoch wäre es falsch, das Werk einfach autobiografisch zu lesen, denn Kästner verallgemeinert das lyrische Ich zum „lyrischen Wir" und erweitert damit den Blick auf seine gesamte Generation, deren Erfahrungen hier exemplarisch dargestellt werden.

Was ist das für eine Generation, die Kästner da beschreibt? Lass uns rechnen: Wer 1899 geboren wurde, war ca. 15, als der Erste Weltkrieg ausbrach, also erst einmal zu jung, um selbst eingezogen zu werden, aber doch alt genug, um den Vater an die Front zu verlieren und die Hungerwinter der letzten Kriegsjahre im vollen Bewusstsein zu erleben. 1918, also mit 19 Jahren dürften viele schließlich doch noch als letztes *Kanonenfutter* (V. 6) die Schlachten der Westfront miterlebt haben und damit die Alltäglichkeit von Krieg, Tod und Verstümmlung.

Wer 1899 geboren wurde, absolvierte außerdem seine Schulzeit noch ganz im Kaiserreich und stand mit 19, als diese Gesellschaft im Kriegsende und der Novemberrevolution zusammenbrach, wohl mehr oder weniger ohne Perspektive da, bevor die junge Weimarer Demokratie neue Strukturen schaffen konnte. Wer 1899 geboren wurde, erlebte mit 24 die Hyperinflation, mit 30 die Weltwirtschaftskrise und mit 34 die Machtergreifung der Nazis. Unter der Herrschaft Hitlers, der selbst nur 10 Jahre älter war, dürfte diese Generation gesellschaftlich weitgehend tonangebend geworden sein und die Nazi-Diktatur entweder mitgetragen oder aus dem Exil heraus bekämpft haben.

Die Generation, die Kästner hier beschreibt, ist also nicht nur diejenige, die uns noch in den nächsten beiden Kapiteln beschäftigen wird, sondern auch die zentrale Erwachsenengeneration des Zweiten Weltkriegs. Bertolt Brecht, der die Lyrik des Exils maßgeblich prägen sollte (vgl. Kap. 16), war nur ein Jahr älter als Kästner. Herbert Böhme, dessen Loblied auf den „Führer" wir in Kap. 15 behandeln werden, war nur wenige Jahre jünger.

Sich die Besonderheiten dieser Generation vor Augen zu führen, ist für das Verständnis des Gedichtes wie für das Verständnis der Neuen Sachlichkeit unerhört wichtig, denn beide atmen auf den ersten Blick eine Emotionslosigkeit und Kühle, die sich nur aus den vielen schwierigen und verstörenden historischen Erfahrungen der Generation erklären lassen und die vom lyrischen Ich auch genau so erklärt werden, wie wir gleich sehen. Der „Gebrauchswert" dieses Gedichtes liegt darin, uns die Weltsicht einer ganz bestimmten Generation nahe zu bringen. Und diese Weltsicht wird im Gedicht aus einer typisierten Biografie heraus entwickelt.

> *Wir haben die Frauen zu Bett gebracht,*
> *als die Männer in Frankreich standen.*

Die erste Strophe beschreibt den Zustand der frühen Kriegsjahre, *als die Männer in Frankreich standen* (V. 2). Die erotische Andeutung des ersten Verses, *die Frauen zu Bett gebracht* zu haben, ist nicht ganz untypisch für den Autor Kästner, der sich gern als besonderen Frauenschwarm stilisierte. Sexuelle Erfahrungen mit älteren Frauen, deren Männer an der Front stehen, dürften unter den 15-jährigen dieser Zeit dennoch kaum allzu verbreitet gewesen sein. Ihre Erwähnung im Gedicht hat eine andere Funktion:

> *Wir hatten uns das viel schöner gedacht.*
> *Wir waren nur Konfirmanden.*

Vers 3 verdeutlicht, dass die erotische Erfahrung weit hinter den Erwartungen zurückbleibt. Die jungen *Konfirmanden* (V. 4) haben sie sich *viel schöner gedacht* (V. 3). Das sexuelle Abenteuer trifft auf eine Generation, die noch viel zu kindlich ist und deshalb eher eine Enttäuschung als eine Erfüllung erlebt. Diese erste Erfahrung – die Erfahrung, zu jung mit etwas konfrontiert zu werden, was man noch nicht richtig erfassen kann – wird sich mehrfach und dramatisch wiederholen. Zum ersten Mal schon in der nächsten Strophe.

> *Dann holte man uns zum Militär,*
> *bloß so als Kanonenfutter.*
> *In der Schule wurden die Bänke leer,*
> *zu Hause weinte die Mutter.*

Die nüchterne Kälte, mit der das Fronterlebnis in dieser Strophe abgetan wird, darf nicht über seine immens prägende Wirkung hinwegtäuschen. Stärker als jeder andere Krieg zuvor hatte der Erste Weltkrieg nicht nur Abertausende von Menschenleben gefordert, sondern auch die Überlebenden nachhaltig traumatisiert,

sodass viele Kriegsheimkehrer noch Jahre und Jahrzehnte unter
Psychosen litten, während andere gar nicht mehr aus dem Solda-
tenleben herausfanden und sich stattdessen den paramilitärischen
Freikorps oder später der SA und SS anschlossen. Bei Kästner
bleiben die erschütternden Erlebnisse der Front hinter der lapida-
ren Metapher *Kanonenfutter* (V. 6) verborgen, während die einzige
emotionale Regung der *Mutter zu Hause* zugewiesen wird (V. 8).
Die bewusst unterkühlte Darstellung von Tod und Entsetzen soll
jedoch nicht die Schrecken des Krieges herunterspielen, sondern
die frühzeitige emotionale Abstumpfung illustrieren, die sich von
nun ab durch das gesamte weitere Gedicht ziehen wird.

> *Dann gab es ein bisschen Revolution*
> *und schneite Kartoffelflocken;*
> *dann kamen die Frauen, wie früher schon,*
> *und dann kamen die Gonokokken.*

Das *bisschen Revolution* (V. 9) ist die Novemberrevolution von 1918,
die den Ersten Weltkrieg beendete und zur Weimarer Republik
führte. Die *Kartoffelflocken* (V. 10) spielen wohl auf die prekäre Er-
nährungssituation der Zeit an, die sich erst langsam und nur durch
massive staatliche Unterstützung besserte. Mit den *Frauen* (V. 11)
sind offenbar erneute erotische Erlebnisse *wie früher schon* (ebd.)
angedeutet. *Gonokokken* (V. 12) schließlich sind die Erreger der
Geschlechtskrankheit Tripper, die in der freizügigen jungen Gesellschaft der Weimarer Republik nicht ganz selten war.

In einem Atemzug werden in dieser Strophe weltbewegende politische Ereignisse, private erotische Erfahrungen und Geschlechts-
krankheiten genannt. Nichts daran – weder das Gute, noch das
Schlechte – erzeugt irgendeine erkennbare emotionale Beteiligung
im lyrischen Ich: Die Revolution wird zu einem *bisschen* (V. 9) her-
untergespielt, die Ernährung wird zu einer Wettererscheinung und

obwohl die *Gonokokken* eindeutig eine sexuelle Beziehung zu den *Frauen* belegen, steckt keinerlei Lust, keine Liebe und auch kein Schmerz in diesen Versen – nicht einmal in der als äußerst schmerzhaft geltenden Tripper-Infektion. Die betont nüchterne Reihung der Erfahrungen ist charakteristisch für die Darstellungskunst der Neuen Sachlichkeit. Sie dient dem Zweck, uns, den Lesern, deutlich zu machen, wie diese spezielle Generation *tickt* und warum.

> *Inzwischen verlor der Alte sein Geld,*
> *da wurden wir Nachtstudenten.*
> *Bei Tag waren wir bureau-angestellt*
> *und rechneten mit Prozenten.*

Wir sind biografisch im Krisenjahr 1923 angekommen, denn wenn *der Alte sein Geld* verliert (V. 13), dann wird damit unzweideutig auf die Hyperinflation angespielt, durch die breite Bevölkerungsschichten in Deutschland all ihre Ersparnisse verloren, weil das Geld nicht mehr das Papier wert war, auf das es gedruckt wurde. Die Elterngeneration unseres nun ca. 24-jährigen lyrischen Ichs ist auf einen Schlag mittellos und kann die Ausbildung ihrer Kinder nicht mehr bezahlen. Anstatt sich also auf ein Studium konzentrieren zu können, muss das lyrische Ich seinen Lebensunterhalt als Büro-Angestellter verdienen (V. 15), während die Ausbildung auf die Nacht verlegt wird (vgl. V. 14). Erneut kommt eine Aufgabe im Grunde zu früh auf diese Generation zu.

Das Dasein als Büro-Angestellte(r) war übrigens eine recht typische Erscheinung der Zeit – und eine ziemlich neue dazu (nicht umsonst schreibt Kästner selbst noch die französische Form „*bureau*", statt „*Büro*", vgl. V. 15). Diese *bureau-angestellt[en]* taten in der Zeit der Weimarer Republik vor allem das, was heute jeder Taschenrechner schneller und effizienter kann: sie *rechneten mit*

Prozenten (V. 16), erledigten also Verwaltungsarbeiten, die in heutigen Büros weitgehend der Computer übernimmt. Der Punkt ist deshalb erwähnenswert, weil die Schicht der *Angestellten* von der Weltwirtschaftskrise 1929 besonders hart betroffen war, als massiv Stellen in der Verwaltung gekürzt wurden und viele Angestellte sich in der Arbeitslosigkeit wiederfanden, wo sie das brodelnde Potenzial der Unzufriedenen vermehrten, aus dem schließlich Hitler in den 30er Jahren seine wachsende Anhängerschaft gewinnen sollte.

Die Verse 17-20 bilden den Höhepunkt der stumpfen Abgeklärtheit des lyrischen Ichs:

> *Dann hätte sie fast ein Kind gehabt*
> *ob von dir, ob von mir - was weiß ich!*
> *Das hat ihr ein Freund von uns ausgeschabt,*
> *Und nächstens werden wir Dreißig.*

Schwangerschaft, ungeklärte Vaterschaft und Abtreibung werden als belanglose Ereignisse aneinandergereiht. Mit dem Wort *ausgeschabt* ist dabei ein Grad der Versachlichung erreicht, der geradezu körperlich weh tut: Das Wort klingt auf abstoßende Weise technisch – ganz abgesehen davon, dass der Eingriff – wenig vertrauenerweckend – von *ein[em] Freund von uns* durchgeführt wird. Bei der kalten Sachlichkeit dieser Darstellung dürfte dem erklärten Kinderfreund Erich Kästner in Wirklichkeit das Herz geblutet haben, doch verbietet er sich und uns einen sentimentalen Blick auf das Geschehen. Es wird lediglich als Episode in den Lebenslauf eingefügt, welcher nun mehr oder weniger in der Gegenwart des lyrischen Ichs, dem Jahr 1928, angekommen ist (V. 20).

Wir haben sogar ein Examen gemacht
und das meiste schon wieder vergessen.
Jetzt sind wir allein bei Tag und bei Nacht
und haben nichts Rechtes zu fressen!

Den Abschluss der Biografie unserer lyrischen Generation bildet
die wenig erbauliche Gegenwart. Das Examen ist offenbar ge-
glückt (vgl. V. 21), hat aber nichts Hilfreiches erbracht (vgl. V. 22).
Soziale Isolation (vgl. V. 23) und Armut (V. 24) deuten auf Arbeitslosigkeit hin, aber diese Schicksalsschläge werden wiederum
lediglich genannt, ohne irgendwie emotional aufgeladen zu werden. Es sind die Erfahrungen einer ganzen Generation, nicht die
eines Einzelnen, deshalb fällt auch jedes persönliche Mitleid weg.

Die folgenden Strophen bilden eine Art Zusammenfassung des
bis dahin geschilderten Schicksals:

Wir haben der Welt in die Schnauze geguckt,
anstatt mit Puppen zu spielen.
Wir haben der Welt auf die Weste gespuckt,
soweit wir vor Ypern nicht fielen.

Zur Sachlichkeit von Kästners Ausdruck gesellt sich nun Derbheit
und Umgangssprachlichkeit im Ausdruck (*in die Schnauze geguckt*
(V. 25), *auf die Weste gespuckt*, V. 27). Die geschilderte Lage erlaubt
keine höfliche Verbrämung: Wer als junger Heranwachsender die
Fronten des Ersten Weltkriege erleben musste, *anstatt mit Puppen
zu spielen* (V. 26), der entwickelt notwendig keine allzu idyllische
Weltsicht. Allein um die in Vers 28 erwähnte Stadt Ypern in Bel-
gien wurden im Laufe des Ersten Weltkrieges vier mehrwöchige
Schlachten geschlagen. Unsere lyrische Generation dürfte zwar
nur an der vierten davon – der von 1918 – teilgenommen haben,
aber allein in dieser wurden innerhalb von ca. 3 Wochen etwa
220.000 Menschen getötet.

Man hat unsern Körper und hat unsern Geist
ein wenig zu wenig gekräftigt.
Man hat uns zu lange, zu früh und zumeist
in der Weltgeschichte beschäftigt!

Strophe 8 fasst die Ursachen der Misere zusammen: Vor uns steht
eine Generation, die zur Unzeit mit Leid und Verantwortung und
Weltgeschichte (V. 30) konfrontiert wurde und keine Zeit hatte, hin-
reichend *gekräftigt* an *Körper und [...] Geist* zu sein (V. 29 f.). Ist
diese neue Generation folglich schwach und kränklich? Keineswegs, denn die abschließende Strophe 9 wächst sich zu einer regelrechten Drohung aus:

Die Alten behaupten, es würde nun Zeit
für uns zum Säen und Ernten.
Noch einen Moment. Bald sind wir bereit.
Noch einen Moment. Bald ist es so weit!
Dann zeigen wir euch, was wir lernten!

Die letzte Strophe beginnt mit einer gedankenschweren und tra-
ditionsreichen Metapher: Die Elterngeneration verspricht, *es würde*
nun Zeit / für uns zum Säen und Ernten (V. 33/34). Diese feierliche
Art des Ausdrucks ist ein Fremdkörper im Gedicht. Sie würde e-
her in ein Werk der Jahrhundertwende oder des Expressionismus
passen und wird daher wohl nicht umsonst der Elterngeneration
in den Mund gelegt. Sie steht exemplarisch für jene Art von bil-
derreicher Sprache, die von den Literaten der Neuen Sachlichkeit
vehement bekämpft wurde, weil sie im modernen Leben hohl geworden ist – so wie die Stuck-Ornamente der kaiserzeitlichen Architektur hohler Prunk geworden waren und von der Bauhaus-
Bewegung bekämpft wurden.

Die Antwort des lyrischen Ichs auf die Behauptung der *Alten* (V. 33) ist bis in den Rhythmus hinein erstaunlich: Kästner verdoppelt den dritten Vers der Strophe:

> *Noch einen Moment. Bald sind wir bereit.*

und wiederholt ihn in abgewandelter Art:

> *Noch einen Moment. Bald ist es so weit!*

Der Autor zögert damit den Moment des Abschlusses hinaus, an dem das lyrische Ich seine bitterböse Konsequenz zieht.

> *Dann zeigen wir euch, was wir lernten!*

Was kann es sein, was diese Generation zu zeigen hat? Was hat sie gelernt? Kästner hält es nicht für nötig, genauer zu werden, und wer sich die Biografie der lyrischen Generation noch einmal vor Augen hält, kommt auch selbst auf die entscheidenden Punkte: Sie hat früh marschieren und töten gelernt. Sie hat Härte gelernt und Durchsetzungswillen. Sie hat gelernt, Liebe und Mitgefühl zurück-zustellen. Und sie hat gelernt, dass es keine verlässliche Ordnung gibt in der Welt.

Dass diese Generation uns nun bald zeigen will, *was wir lernten* (V. 37), muss daher als unverhohlene Drohung gelesen werden. Es ist zugleich eine Zukunftsprognose Kästners, die seinen bemerkens-werten Weitblick belegt, denn zur Entstehungszeit des Gedichtes war die Welt in Deutschland eigentlich noch ganz in Ordnung: Die Weltwirtschaftskrise begann erst im folgenden Jahr und die *bureau-angestellt[en]* (V. 15) waren 1928 noch in Lohn und Brot. Auch der Aufstieg Hitlers war zu dieser Zeit noch keineswegs so bedrohlich abzusehen wie zwei Jahre später. Die Weimarer De-mokratie stand also eigentlich auf dem Höhepunkt ihrer Stabili-tätsphase. Dennoch erkennt Kästner bereits 1928, dass in dieser

Generation eine kalte Gefahr steckt, sobald sie sich entschließen sollte, das Ruder zu übernehmen.

Bezeichnenderweise legen die letzten drei Zeilen im Gegensatz zum restlichen Gedicht eine absolute rhythmische Regelmäßigkeit an den Tag:

*noch **ei**|nen **Mo**|**ment***	(- ^ - - ^)
*Bald **ist** es so **weit***	(- ^ - - ^)
*noch **ei**|nen **Mo**|**ment***	(- ^ - - ^)
*Bald **sind** wir be|**reit***	(- ^ - - ^)
*Dann **zei**|gen wir **euch** was wir **lern**|ten*	(- ^ - - ^ - - ^ -)

Die Regelmäßigkeit im Rhythmus scheint die straffe Ordnung vorwegzunehmen, nach der sich viele Entwurzelte der Generation Kästners sehnten, und die schließlich erschreckend viele in der Ideologie Hitlers zu finden glaubten. Im Abschlussvers von Kästners Gedicht ist diese Drohung noch vage und ungerichtet, atmet aber bereits die Aggressivität und Gewaltbereitschaft, die das Ende der Weimarer Republik prägen sollte.

Kästner, der selbst alles andere als ein Befürworter des Nationalsozialismus war, zieht hier im Voraus die Konsequenz, dass seine Generation zu Dingen fähig sein würde, die bis dahin nicht für möglich gehalten worden wären. Dass er damit schließlich richtig lag, beweisen die vielen willigen Vollstrecker von Hitlers Befehlen, die den Irrsinn von Rassengesetzen, Vernichtungskriegen und schließlich von Auschwitz erst möglich gemacht haben – ihre Biografie wird hier hellsichtig von Kästner im Voraus gezeichnet.

Die Neue Sachlichkeit ist keineswegs stets so düster wie in diesem Gedicht. Oft ist sie vielmehr von schalkhaftem Humor gekennzeichnet, manchmal sogar von berückender Zärtlichkeit. Ihr typischer Wesenszug ist aber die Kritik, mit der sie der Gesellschaft

den Spiegel vorhält. Bei Kästner bleibt diese Kritik relativ unbestimmt, weil die Ursachen für die Misere in der Geschichte liegen.
Umso deutlicher tritt dagegen seine Warnung am Ende hervor.

Typisch für die Neue Sachlichkeit ist ferner der betont nüchterne
Sprachgebrauch, der sich in einer bewusst ungekünstelten Form,
im weitgehenden Verzicht auf rhetorische Mittel und Stilfiguren
und auch sonst in einer bewussten Beschränkung auf das sprachlich Funktionale niederschlägt. Mit dieser Ästhetik ist die Neue
Sachlichkeit in der Tat wieder neu, denn den Stilen der Jahrhundertwende wie auch dem Expressionismus kann man vieles nachsagen, aber nicht, dass sie sonderlich nüchtern gewesen wären.

Dennoch gibt es auch eine Gemeinsamkeit der Neuen Sachlichkeit mit dem Expressionismus, und zwar in der Themenwahl:
Nach wie vor suchten sich die Dichter bevorzugt Inhalte und Mo-
tive aus dem Bereich der Stadt, während Natur- und Erlebnislyrik
eher selten waren. Doch merkt man gerade an der Art der The-
menbehandlung besonders gut den Kontrast zum Expressionismus: Während dieser noch mit staunender Ungläubigkeit vor dem
neuen und ungestümen Phänomen der modernen Großstadt steht
und diese nur als Moloch, als finstere Gottheit, als Naturgewalt
darstellen kann, ist für die Folgegeneration der Großstadtwahn-
sinn längst Normalität geworden und man geht daran, das moderne Leben in seinen Einzelheiten darzustellen, statt es zu einer
mythischen Gottheit zu stilisieren. Interessant ist nicht mehr das
Phänomen Stadt selbst, sondern ihre seltsamen Bewohner: ihr Alltag, ihre gesellschaftlichen Beziehungen zueinander, ihre Sorgen,
Wünsche und Hoffnungen – und nicht zuletzt ihre vielen Dumm-
heiten und Fehler. Aus diesem Interesse erwächst die Konkretheit
der neusachlichen Literatur.

Die Machtübernahme Hitlers 1933 setzte der Neuen Sachlichkeit ein abruptes Ende. Kästner erhielt wie viele andere kritische Autoren Schreibverbot und seine Schriften wurden verbrannt. Viele Künstler der Neuen Sachlichkeit flohen aus Deutschland, um der Verhaftung zu entgehen, oder gingen wie Kästner ins „innere Exil". Die Ästhetik des Nationalsozialismus hingegen knüpfte bewusst an die Traditionen *vor* der Neuen Sachlichkeit an: Dort wo Kritik nicht erwünscht ist, haben die Machthaber ihre Interessen schon immer gern hinter pompösen sprachlichen Bildern versteckt. Der Nationalsozialismus hat das auch getan, nur in besonders abgeschmackter Weise und ich werde dir im nächsten Kapitel ein Beispiel dafür zeigen.

15. Nationalsozialismus

Herbert Böhme
Der Führer (1934)

Es ist gefährlich, ein Gedicht zu interpretieren, das man nicht mag — erst recht, wenn man es gleichzeitig als typisch für eine ganze literarische Epoche herausstellen möchte und diese Zeit auch noch ausgerechnet der Nationalsozialismus ist. Liegt da nicht der Vorwurf nahe, ich hätte bewusst ein besonders schlechtes Werk herausgesucht? Oder ich würde versuchen, das Gedicht madig zu machen, obwohl es das gar nicht verdient hat?

Ich glaube, ich kann beide Vorwürfe zerstreuen, denn erstens war der Autor Herbert Böhme nicht irgendjemand, sondern eine Art Staatsdichter des Nationalsozialismus, der bei der NS-Regierung in hohen Ehren stand und beinahe jedes Jahr einen neuen Gedichtband herausbrachte. Zweitens kann man dem Gedicht objektive Fehler nachweisen. „Moment!", wirst du vielleicht einwenden, „In der Lyrik kann doch jeder Dichter tun, was er will. Es gibt keine objektiven Gesetze und folglich auch keine objektiven Fehler!" Mit diesem Einwand hättest du zwar recht, aber *eine* Ausnahme gibt es doch und ich habe dir in Kap. 1 davon erzählt: Das einzige Gesetz, das ein Künstler unbedingt einhalten muss, ist das Gesetz, das er sich selbst auferlegt hat. Wer seine Regeln einmal festgesetzt hat, der muss sich an sie halten, sonst leidet sein Werk. Dieser eine Grundsatz ist zwingend. Abweichungen davon sind zwar denkbar, wenn ein Dichter einen sehr guten Grund dafür hat, seine Regeln zu brechen, aber dann müssen wir als aufmerksame Leser das mitbekommen, sonst redet er an uns vorbei.

Der weitaus häufigere Grund, warum Dichter ihre eigenen Gesetze brechen, ist schlichtes Unvermögen. Dichten ist nicht leicht
und sich an die eigenen Regeln halten auch nicht. Wer dringend
ein Reimwort sucht oder einen bestimmten Begriff an einer bestimmten Stelle benötigt, der macht schon mal Abstriche – ob im
Rhythmus oder im Inhalt. Herbert Böhme macht viele Abstriche,
und davon sind die rhythmischen noch die erträglichsten.

Herbert Böhme
Der Führer (1934)

Eine Trommel geht in Deutschland um,
Und der sie schlägt, der führt,
Und die ihm folgen, folgen stumm,
Sie sind von ihm gekürt.

5   Sie schwören ihm den Fahnenschwur,
Gefolgschaft und Gericht,
Er wirbelt ihres Schicksals Spur
Mit ehernem Gesicht.

Er schreitet hart der Sonne zu
10   Mit angespannter Kraft.
Seine Trommel, Deutschland, das bist du!
Volk, werde Leidenschaft.

Formal könnte das Gedicht kaum näher am romantischen Volkslied sein:

o   drei vierversige Strophen,
o   durchgängig vierhebige Jamben,
o   durchgängiger Kreuzreim

Lediglich, dass sich männliche und weibliche Kadenzen nicht abwechseln, weicht von der typischen Volksliedstrophe ab (es sind stattdessen ausschließlich *männliche* Kadenzen – bezeichnend, oder?). Allerdings bricht Böhme ausgerechnet am Anfang des ersten Verses seinen sonst sehr brav durchgehaltenen Jambus:

> *Ei* | *ne* **Trom** | *mel* **geht** *in* **Deutsch** | *land* **um,**
> (- - ^ - ^ - ^ - ^)

Der erste Takt weist zwei unbetonte Silben hintereinander auf und verletzt damit den Rhythmus. Warum nimmt Böhme das in Kauf, wo er sich doch im ganzen restlichen Gedicht streng an den Jambus hält? Weil er um den Zweisilber „*eine*" nicht herumkommt, wenn er am Anfang die *Trommel* einführen will, auf die es ihm inhaltlich besonders ankommt. Alternativ hätte er schreiben können „*Die* Trommel geht in Deutschland um", dann hätte er das rhythmische Problem gelöst, aber als Gedichtanfang ist „*die*" unpassend, denn der bestimmte Artikel signalisiert, dass bereits klar ist, von welcher Trommel die Rede ist.

Tatsächlich hätte Böhme wohl problemlos „die" schreiben können, denn wer „*der Trommler*" in Deutschland war, das wusste im Jahre 1934 jeder in Europa: Von Freunden wie Feinden wurde Adolf Hitler immer wieder als „der Trommler" bezeichnet – von Brecht etwa, der zeitgleich seine ersten Exiljahre erlebte und den wir im nächsten Kapitel kennen lernen werden. Wenn also Böhme hier *eine Trommel* (V. 1) auftreten lässt, dann ist jedem innerhalb und außerhalb Deutschlands klar, wer der zugehörige Trommler ist.

> *Eine Trommel geht in Deutschland um,*
> *Und der sie schlägt, der führt,*
> *Und die ihm folgen, folgen stumm,*
> *Sie sind von ihm gekürt.*

Gleich der erste Vers konfrontiert uns mit einer Personifikation:
Nicht der Trommler, sondern das Instrument selbst *geht in Deutsch-*
land um (V. 1), während der dazugehörige Spieler lediglich *führt* (V.
2). Warum schreibt Böhme nicht „*Ein Trommler geht in Deutschland*
um"? Damit hätte er den Rhythmus gerettet und logischer wäre es
allemal. Aber Böhme möchte, dass die Trommel umgeht, denn
damit bereitet er uns auf den Abschluss seines Gedichtes vor, in
dem er die eingeführte Personifikation in überraschender Weise
aufzulösen gedenkt (V. 11):

> *Seine Trommel, Deutschland, das bist du!*

Böhmes gestalterische Grundidee ist es also, die Trommel und
Deutschland gleichzusetzen. Die Wirkungsabsicht, die er damit
erzielen möchte, liegt auf der Hand: Deutschland soll metapho-
risch zum Werkzeug des Führers werden, auf dem dieser seine
Kunst beweist – und mit dem er natürlich in eine glänzende Zukunft schreitet (vgl. V. 9).

Als sprachliches Bild ist diese Personifikation Deutschlands als
Trommel – verzeih mir den Ausdruck – denkbar bescheuert. Und
sie ist zusätzlich auch noch stümperhaft umgesetzt. Das weitaus
geringste Problem daran ist noch, dass die Gleichsetzung von
Trommel und Deutschland dazu führt, dass nun laut V. 1 eigentlich *Deutschland in Deutschland* umgeht.

Wesentlich schlimmer ist, dass die Trommel als Personifikation
einen hässlichen Unterton mitbringt: Wie auch immer man zum
Nationalsozialismus steht – man mag selbst keine Trommel sein.
Man mag nicht von jemandem geschlagen werden, selbst wenn es
der Führer ist. Genau das bringt das Bild der Trommel aber un-
umgänglich mit sich, denn es ist nun einmal ein Schlaginstrument.
Ganz anders – und durchaus ehrbarer – würde es sich anfühlen,
wenn Deutschland die *Fanfare* des Führers wäre. Oder die

Trompete. Damit ließe sich leben. Aber Hitler ist nun mal der Trommler und natürlich muss das Instrument auch einen militärisch-straffen Eindruck erwecken. Dafür sind Trommeln im Grunde auch ideale Instrumente: Sie ermöglichen einen heroischen Auftritt des Führers und strahlen die ganze Kraft und Standhaftigkeit aus, die der Nationalsozialismus so gern vorspielte. Einziges Problem: Man mag trotzdem selbst keine Trommel sein...

Böhme verwendet also eine Metapher, die zwar in vielerlei Hinsicht für seine Zwecke passt, die aber einen unangenehmen Beigeschmack mitbringt, den der Dichter für seine Wirkungsabsicht eigentlich nicht gebrauchen kann, wie wir noch genauer sehen werden. Er will aber auf Biegen und Brechen Deutschland zum volltönenden Werkzeug des Führers stilisieren und dabei auch den Spitznamen Hitlers einbeziehen, also nimmt er die Problematik des sprachlichen Bildes in Kauf.

Wirklich gute Gedichte haben keine solchen faulen Stellen. Aber selbst wenn sich einmal eine findet, kann sie der Leser normalerweise ganz gut wegstecken, sofern der Dichter es nicht übertreibt. Dummerweise ist gleich der folgende, dritte Vers geradezu eine Meisterleistung des sprachlichen Ungeschicks:

> *Und die ihm folgen, folgen stumm,*

Das Wort „*stumm*" ist an dieser Stelle derart ungünstig, dass man es wirklich als künstlerischen Fehler – oder eben schlich als „bescheuert" – bezeichnen muss, denn es spricht ausgerechnet die negativen Aspekte der eingeführten Trommel-Metapher an: Die Trommel ist ein blindes, passives und wehrloses Werkzeug. Und *stumm* bringt diesen negativen Eindruck nicht nur auf den Punkt, es verstärkt ihn sogar noch. Damit erweist Böhme nicht nur seinem Gedicht einen Bärendienst, sondern die Darstellung widerspricht im Grunde sogar der nationalsozialistischen Ideologie.

Um das zu verstehen, müssen wir uns kurz ansehen, wie sich der Nationalsozialismus die Beziehung zwischen Führer und Gefolgschaft vorgestellt hat: In „Mein Kampf" preist Adolf Hitler die altgermanische Stammesverfassung als politisches Ideal, das der westlichen Demokratie angeblich haushoch überlegen sei – und zwar deshalb, weil die Stammesführer der Germanen zwar weitgehend uneingeschränkte Macht, aber auch uneingeschränkte Verantwortung dem Stamm gegenüber hatten. Das bedeutete zum Beispiel auch – und das wurde von Hitler ausdrücklich gutgeheißen! –, dass der Stamm den Führer rasch mal lynchen konnte, falls dieser etwas falsch machte. Der Führer war nach dieser Idee für seine politischen Entscheidungen voll verantwortlich und haftete im Ernstfall mit seinem Leben. Eine Trommel hingegen kann ihren Trommler nicht zur Verantwortung ziehen und deshalb ist das Bild von Deutschland als Trommel des Führers nicht nur entwürdigend, sondern im Grunde noch nicht einmal passend für die nationalsozialistische Gefolgschaftsideologie.

Wo wir nun schon einmal bei „Mein Kampf" sind, soll nicht unerwähnt bleiben, dass Hitler sich die Beziehung zwischen Volk und Führer höchst emotional vorstellte: Echte Vaterlandsliebe sollte sich seiner Ansicht nach in „*fanatischer Nationalbegeisterung*" und „*höchster Leidenschaft*"[45] niederschlagen. Hitler war schlau genug, um zu erkennen, dass aus solchen extremen Gefühlslagen ungeheure menschliche Kräfte erwachsen können, die er für seine politischen Ziele einspannen wollte. Aus diesem Grund sind Hitlers Reden und Schriften voll mit Aufrufen zu „*heißer Leidenschaft*",

---

[45] Beide Zitate stammen aus „Mein Kampf", wo sich unzählige ähnliche Formulierungen finden.

„*rücksichtsloser Entschlossenheit*"[46] und ähnlich martialischen Ge-
fühlsausdrücken. Auch Herbert Böhme möchte solche gewaltigen
Gefühlsregungen an seine Leser weitergeben, denn im letzten
Vers fordert er:

Volk, werde Leidenschaft.

Allerdings müsste er, um diese Leidenschaft nicht nur zu fordern,
sondern durch sein Gedicht auch selbst *hervorzurufen*, sein Publikum wesentlich stärker emotional packen. Die Wortwahl *folgen
stumm* (V. 3) passt jedoch ganz und gar nicht zur *Leidenschaft*, die
Böhme erzeugen will. Die Gefolgschaft wirkt durch das Adjektiv
eher passiv und betrübt als von fanatischer Liebe zu Volk und
Führer durchglüht. Hier ist also ein zweiter Punkt, an dem Böhme
ein schlecht passendes Wort in Kauf nimmt: Er sucht ein Reimwort auf „*um*" aus Vers 1 und da gibt der deutsche Sprachschatz
nicht allzu viel her. Gleichzeitig will er die Gefolgschaft so stilisieren, dass sie unbedingten Gehorsam dem Führer gegenüber ausstrahlt. Aber für diesen Zweck passt „*stumm*" eben nur halb, denn
darin steckt zwar Gehorsam, aber keine Entschlossenheit. Stumm
ist der Sklave, nicht derjenige, der an die Sache glaubt. Es klingt
viel zu lethargisch, viel zu untätig, viel zu sehr nach Schafherde.

Aus diesem sprachlichen Fehler heraus entfaltet auch das Hoch-
wertwort *gekürt* in Vers 4 nicht so recht seine erhebende Wirkung.
Eine Kür sollte eigentlich ein Moment höchster Feierlichkeit und
Ehre sein. Wenn Fürsten und Könige gekürt werden, dann
schmettern Fanfaren und das Volk bricht in Jubel aus. Davon ist
hier aber bemerkenswert wenig zu spüren – wie auch bei einer
stumm folgenden Herde? Um die Wirkung dennoch zu steigern,
weicht Böhme auf einen künstlerischen Trick aus und deutet die
Kür um: Nicht die Gefolgschaft wählt sich einen Führer (so wie

---

[46] Sicher hast du längst erraten, woher diese beiden Zitate stammen...

es die germanische Stammestradition eigentlich vorsehen würde),
sondern der Führer hat sich die Gefolgschaft gewählt:

> *Sie sind von ihm gekürt.*

Diese Umkehr der Verhältnisse soll wohl unterstreichen, wie un-
eingeschränkt der Führer über sein Volk herrscht. Sie bezweckt
offenbar gleichzeitig eine besondere Ehre für die Gefolgschaft, da
diese vom Führer ausgesucht – gekürt – wurde. Aber damit eine
solche Kür das Gefühl von feierlicher Weihe hätte ausstrahlen
können, hätte Böhme eine stolze, erhabene Stimmung vorbereiten
müssen, von der sich in den davorliegenden Versen nichts findet.
Die Wortwahl aus V. 3 ist auch deshalb so furchtbar ungeschickt,
weil sie der Kür gänzlich die Wirkung raubt.

Dieses Darstellungsproblem setzt sich in Strophe 2 fort.

> *Sie schwören ihm den Fahnenschwur,*
> *Gefolgschaft und Gericht,*
> *Er wirbelt ihres Schicksals Spur*
> *Mit ehernem Gesicht.*

Die Strophe ist angefüllt mit der martialischen Treue- und Ehrbe-
grifflichkeit, die für die nationalsozialistische Sprache so typisch
ist: *schwören, Fahnenschwur* (V. 5), *Gefolgschaft und Gericht* (V. 6),
Schicksal[...] (V. 7), *ehern[...]* (V. 8). Böhme versucht nun, mit übergroßen Begriffen wettzumachen, was er an erhabener Wirkung
bisher nicht erreichen konnte.

Inhaltlich wird die Kür aus Strophe 1 fortgesetzt: Das Volk
schwört dem Führer nun Treue und Gefolgschaft, was in dieser
Form aus germanischen Stammesritualen durchaus überliefert ist.
Auch die Anspielung auf das *Gericht* (ebd.) ist passend, war aber,
wie bereits erwähnt, durchaus gegenseitig: Der gekürte Stammesführer war zwar oberster Richter, aber wenn er im Krieg

scheiterte, konnte auch ihm der Prozess gemacht werden. Von dieser gegenseitigen Verpflichtung ist bei Böhme nach wie vor nichts zu finden. Im Gegenteil wird eher die Einseitigkeit der Beziehung und die Passivität der Gefolgschaft vertieft, indem der Führer das Schicksal der Gefolgschaft nach Gutdünken manipuliert.

Er wirbelt ihres Schicksals Spur

Vers 7 verbindet sprachlich die Spannung des Trommelwirbels mit der uneingeschränkten Willkür des Führers über das Schicksal seiner Gefolgschaft. Es ist damit der einzige Vers im Gedicht, dem man ein gewisses sprachliches Geschick nachsagen kann: Das Verb „*wirbeln*" ermöglicht nicht nur eine in sich stimmige Zweideutigkeit, sondern strahlt durchaus auch Kraft und Dynamik aus, mit der die „Leidenschaft" des Schlussverses einigermaßen vorbereitet werden könnte.

Der Rest der Strophe schließt an diese Dynamik allerdings nicht an, sondern wirkt steif und statisch: Der Führer führt seinen Trommelwirbel *mit ehernem Gesicht* (V. 8) aus. Das Wort „*ehern*" bedeutet „*eisern*" oder „*erzen*" und ist ein Archaismus, also eine bewusst altertümliche Sprachverwendung. Böhme setzt sie ein, um die ehrwürdige Erhabenheit der Situation zu verstärken. Er erhöht damit den Ausdruck von Macht und Unerbittlichkeit, aber gleichzeitig auch die Wirkung von Starre und Bewegungslosigkeit, was durch den völlig regelmäßigen Rhythmus und die stumpfen männlichen Kadenzen eher noch verstärkt wird. Für seine angestrebte Wirkung (die Erzeugung von *Leidenschaft*) ist das im Grunde eine Katastrophe, die in den folgenden Versen nur noch weiter vertieft wird.

> *Er schreitet hart der Sonne zu*
> *Mit angespannter Kraft.*

Die ersten beiden Verse der dritten Strophe bleiben ganz in dem
angeschlagenen Ton: Der Weg des Trommlers *der Sonne zu* ist eines jener typischen Beispiele für die unscharfen, aber dafür umso
nachdrücklicher vorgetragenen Zukunftsvisionen radikaler politischer Ideologien. In jedem zweiten Arbeiterkampflied – ob von
links oder von rechts – zieht man *der Sonne entgegen*, was metapho-
risch für den Weg in eine bessere, hellere Welt steht. Die Größe
wie die Unbestimmtheit dieser Zukunftsvision ist dem Expressionismus abgeschaut, der hier erneut für etwas Pate stehen muss,
was sich viele expressionistische Dichter wohl nicht erträumt hätten.

Trotz des pathetischen Charakters dieses Weges kann das Gedicht
die Starre und Statik der letzten Verse nicht abschütteln, im Gegenteil: Der Trommler *schreitet hart* (V. 9) und mit *angespannter Kraft*
(V. 10). Das wirkt durchaus gewaltig, aber doch auch ziemlich angestrengt. Im Schreiten liegt Majestät und Würde, aber auch förm-
liche Steifheit – erst recht, wenn die Bewegung als *hart* und *ange-
spannt[...]* (ebd.) charakterisiert wird.

Nun könnte man freilich argumentieren, Böhme habe genau diese
Härte und Steifheit als Wirkung erzielen wollen. Vielleicht wollten
die Nazis sich ja als besonders unbeweglich und eisern darstellen?
In diesem Falle müsste das Gedicht freilich als durchgehend gelungen betrachtet werden, denn diese Stimmung wird durch alle
drei Strophen hindurch systematisch aufgebaut. Allerdings fordert
der letzte Vers, auf den Böhme nach der Auflösung seiner Trom-
mel-Personifikation (V. 11) zusteuert, eine gänzlich andere Gefühlslage:

> *Seine Trommel, Deutschland, das bist du!*
> *Volk, werde Leidenschaft.*

Die *Leidenschaft*, die das lyrische Ich dem Volk abverlangt, ist zwar durchaus mit Kraft und Härte und Willensstärke kompatibel, aber nicht mit der Steifheit und Bewegungslosigkeit, die Böhme durch seine martialischen Sprachbilder mit aufgebaut hat. Leidenschaft ist etwas hoch Dynamisches, etwas Impulsives und Mitreißendes, das Gefühls- und sicher auch Gewaltausbrüche zulässt – aber nicht *stumme Gefolgschaft*.

Vers 11 zeigt darüber hinaus noch einmal eine rhythmische Unsauberkeit: Genau wie Vers 1 beginnt er mit zwei unbetonten Silben und unterbricht damit den sonst regelmäßigen Jambus:

> *Sei | ne **Trom** | mel, **Deutsch** | land, das bist **du**!*
> (- - ^ - ^ - ^ - ^)

Augenscheinlich ist es Böhme so wichtig, das Possessivpronomen „*seine*" einzubinden und so die Besitzverhältnisse noch einmal augenfällig zu machen, dass er die rhythmische Verwerfung dafür in Kauf nimmt. Zur Dynamik trägt dieser rhythmische Bruch nicht bei, dazu steht er dem sonst so sauberen Jambus zu einsam gegenüber. Wie anders haben Goethe, Heine oder Storm solche rhythmischen Brüche eingesetzt, um ihren Versen zusätzlichen Schwung zu verleihen!

Fassen wir zusammen: Böhme möchte eine lyrische Idee umsetzen, in der er den Führer verherrlichen kann. Er nimmt deshalb Hitlers Spitznamen wörtlich und deutet ganz Deutschland zu dessen *Trommel* um. Diese gestalterische Grundidee geht vorn und hinten nicht auf, denn sie zwingt ihn, Deutschland in gleich drei unterschiedlichen Rollen auftreten zu lassen: Es ist einmal der Ort des Geschehens (V. 1), es ist daneben natürlich auch die Gefolgschaft (denn wer sonst sollte vom Führer *gekürt* sein (V. 4)?) und es ist zuletzt noch die Trommel. Deutschland geht also nicht nur in sich selbst um, sondern folgt sich auch noch stumm selbst – wenn das mal nicht schizophren ist!

Gleichzeitig ist die Metapher der Trommel auch höchstens halb geeignet, weil sie einen unangenehmen Beigeschmack von Passivität und Prügelknaben-Mentalität mitbringt und damit einen ersten, zunächst noch unterschwelligen Widerspruch zur Forderung nach *Leidenschaft* eröffnet. Böhme gelingt es nicht, seine sprachlichen Bilder so zu gestalten, dass diese neben Willenskraft und Macht auch die Dynamik und Energie eines von der großen Idee berauschten Volkes ausstrahlen. Deshalb wirkt der Aufruf zur Leidenschaft am Ende seltsam matt und kraftlos, obwohl Böhme sie mit kolossal aufgeblähten Begriffen von Kraft und Härte überschüttet. Auf Biegen und Brechen will er eine mitreißende Stimmung erzeugen und scheitert, weil er seine eigenen Gesetze verletzt: Entweder er will das sprachliche Bild verwenden, das ihm eingefallen ist – dann muss er sich eine andere Schlusspointe ausdenken. Oder er will auf Leidenschaft hinaus – dann muss er sich Bilder suchen, die dieses Gefühl erzeugen. Mit einem Schlachtschiff gewinnt man nun mal keine Segelregatta.

Möglicherweise ist die triste Stumpfheit des Gedichtes gar kein individueller Fehler des Dichters, sondern das unterbewusste Resultat einer weit verbreiteten Geisteshaltung. Böhme selbst gehörte mehr oder weniger derjenigen Generation an, die Erich Kästner in seinem Gedicht aus dem letzten Kapitel charakterisiert hat. Und das Hauptcharakteristikum dieser Generation war gerade nicht die Leidenschaft, sondern eher die stumpfe Abgeklärtheit von Menschen, die zu jung zu viel durchmachen mussten. Dieser Umstand erklärt vielleicht, warum es Böhme zwar durchaus gelingt, seinen Worten Härte und Gewalt zu verleihen, aber kaum etwas von der Glut echter Leidenschaft. Diese versucht er seinem

Gedicht aufzupfropfen, indem er tief in die Pathos-Kiste greift und die längst verbrauchten Symbole und Wortgewitter der Jahrhundertwende und des Expressionismus herausholt.

Diese symbolistische Leichenfledderei ist typisch für die Literatur des Nationalsozialismus, der sich gern mithilfe unscharfer, aber dafür umso pompöser aufgetragener sprachlicher Bilder den Anschein von Größe gab, aber dabei meist nur aufgeblasen wirkt. Man hätte über diese ungeschickte Sprachverwendung lachen mögen, wenn das im Nationalsozialismus nicht lebensbedrohlich gewesen wäre:

Praktisch unmittelbar nach Machtantritt begann die nationalsozialistische Führung mit ihrer kruden und rücksichtslosen Kulturpolitik: Journalisten, Künstler und Literaten mussten reichsweiten Verbänden beitreten, um weiter arbeiten zu dürfen. Sie mussten dort ihr Schaffen den Regeln des *Ministeriums für Volksaufklärung und Propaganda* unterwerfen. Unliebsamen Künstlern wurde Arbeitsverbot erteilt, ihre Werke wurden als „entartete Kunst" diffamiert und öffentlich verbrannt. Viele Schriftsteller, Maler und Musiker endeten in KZs, sofern sie nicht rechtzeitig Deutschland verließen.

In Zeiten, in der die Kunst unfrei und staatlich gelenkt ist, reift die Stunde der künstlerisch Angepassten, wie Böhme einer war. Wer bereit war, das völkische Blendwerk des Nationalsozialismus dichterisch mitzugestalten, konnte auch ohne sonderliches literarisches Talent mit Ehrungen und wirtschaftlicher Sicherheit rechnen.

Inhaltlich knüpfte die Literatur des Nationalsozialismus gern an Hoch- und Spätromantik an und natürlich ist auch das kein Zufall: Mit den Napoleonischen Kriegen um 1800 war ein leidenschaftliches Nationalgefühl in die deutsche Bevölkerung geschwappt, das

in der Romantik künstlerisch verarbeitet wurde. Schon damals be-
inhaltete dieses Nationalgefühl nicht nur das Interesse und die
Liebe zum eigenen Vaterland, sondern häufig auch eine antifran-
zösische Haltung und damit bereits den Samen des Hasses gegen
andere Völker.

Das romantische Interesse an deutschen Mythen, Märchen und
Liedern hatte eine künstlerische Beschäftigung mit mittelalterlichen und vorchristlichen Erzählungen wie der Nibelungensage,
mit Gottheiten wie Thor und Odin, mit dem Hildebrandslied und
dem Beowulf-Epos begonnen, die im Nationalsozialismus zur
völkischen Nationalkultur umgemünzt wurden. Es spricht Bände
über die Zeit, dass Heinrich Heines romantisches Gedicht „Loreley" für diese völkische Tradition vereinnahmt wurde, obwohl
der „Jude" Heine gleichzeitig als Unperson diffamiert und aus den
Bibliotheken getilgt wurde. Die „Loreley" druckte man mit dem
Vermerk „Autor unbekannt" oder „Volkslied" ab. Wer Macht
über die Kultur hat, hat Macht über die Geschichte.

Auch in dieser Hinsicht ist Böhmes Gedicht typisch für den Nationalsozialismus: Die Darstellung nutzt die Motivik eines germanischen Gefolgschaftsrituals und bläht es mit expressionistischen
Mitteln zu martialischer Größe auf: Analog zu Georg Heym, der
seinen *Gott der Stadt* über den ringsum knienden Städte thronen
lässt (Kap. 13), macht Böhme ein ganzes Volk zur *Trommel* des
Führers und steigert damit den metaphorischen Größenwahn
Heyms sogar noch einmal.

Differenzierte Sprache, fein beschriebene Gefühlslagen, grüblerische Zwischenstimmen – all das kann man in der Literatur des
Nationalsozialismus nicht erwarten. Die Künstler, die zu solchen
Leistungen fähig waren, wurden von den Nazis rasch und erfolgreich aus dem Land getrieben. Von ihrer Literatur, die künstlerisch

ohne Zweifel als ein unerhört schöpferisches Zeitalter bezeichnet werden kann, erzähle ich dir im nächsten Kapitel.

16. Exilliteratur

Bertolt Brecht
Schlechte Zeit für Lyrik (1939)

In den literarischen Strömungen, von denen ich dir bisher erzählt habe, hatten wir es immer mit freiwilligen Entwicklungen zu tun: Novalis *wollte* die Kunst erneuern. Heine *wollte* sie politisieren. Heym *wollte* sie abstrahieren. In der Exilliteratur ist das in gewisser Weise anders: Die Künstler, die aus Deutschland vertrieben wurden, wollten im Grunde nichts mit- und nichts voneinander. Sie kamen vielmehr aus gänzlich unterschiedlichen künstlerischen Traditionen: Einige hatten die fein-grüblerische Art der Jahrhundertwende weiter kultiviert, andere hatten expressionistische Ansätze mit realistischen Gestaltungsweisen verknüpft, wieder andere hatten mit neusachlichen Mitteln bewusst politische Literatur geschrieben. Wie hätte sich aus diesen unterschiedlichen Auffassungen eine gemeinsame Stilrichtung entwickelt sollen? Kann es da eigentlich *eine* Exilliteratur geben? Ist nicht die einzige Gemeinsamkeit die, dass die Autoren von den Nazis vertrieben worden waren und folglich zwischen 1933 und 1945 außerhalb Deutschlands schreiben mussten?

Tatsächlich ist die Literatur des Exils sehr vielseitig und es gibt weniger übergreifende Gemeinsamkeiten als in anderen Epochen. Aber mindestens ein entscheidender Punkt macht die deutliche und immer wieder aufblitzende Besonderheit der Exilliteratur aus: Und das ist die grüblerische Infragestellung des eigenen Lebens und der eigenen Sprache.

Mach dir die paradoxe Situation deutlich, die ein Dichter im Exil hat: Er ist in einem fremden Land und damit in einer Kultur, in der ihn niemand kennt (nur wenige deutsche Autoren des Exils genossen in den 30er Jahren schon Weltruf). Er ist als Ausländer in seiner neuen „Heimat" oft wenig willkommen, sondern allenfalls geduldet. Er muss sowohl mit Abschiebung durch die lokalen Behörden als auch mit Entdeckung und Verschleppung durch den deutschen Geheimdienst rechnen. Er ist im ungünstigen, aber typischen Fall darauf angewiesen, durch Schreiben sein Geld zu verdienen. Aber die Sprache, in der er schreibt, wird nur an einem Ort der Welt gesprochen, wo seine Schriften nicht die geringste Chance haben, an die Öffentlichkeit zu gelangen. Im Exil kann er zwar frei seine Kunst betreiben, aber niemand interessiert sich dafür – und niemand bezahlt ihn. Er kann dichten, was er will, aber er ist unüberwindlich fern von seinem deutschen Publikum.

Hinzu kommt der Schock, dass in dem Land, in dem die Familie, die Freunde, die Bekannten leben, plötzlich ein brutaler und wahnwitziger Volksgeist ausgebrochen zu sein scheint, der einen selbst zum Feind und Landesverräter erklärt.

Und dann die Isolation. Die Abgeschnittenheit von allen, die man in der Heimat kennt. Nach Deutschland zurückzureisen war lebensbedrohlich, Briefkontakt zwar zum Teil möglich, aber unsicher und konnte sogar zur Gefahr für den angeschriebenen Freund werden.

Und schließlich natürlich die eigene Unsicherheit: Wenn so viele Millionen Deutsche dem Nationalsozialismus folgten und die deutsche Presse ab 1933 so voller Erfolgs- und Aufschwungsmeldungen war – lag man dann nicht vielleicht *doch* falsch mit den eigenen politischen Auffassungen? Wie anders konnten denn ehemalige Freunde, Bekannte und Nachbarn in Deutschland plötzlich alle auf die schwülstige Rhetorik Hitlers hereinfallen, ohne deren augenfällige Hohlheit zu erkennen?

Wer sich eine solche Situation vor Augen führt, versteht, dass sie beinahe zwingend dazu führt, sich selbst, die eigenen Auffassungen und Werte und auch die eigene Sprache – die ja auch die Sprache der Nazis war – zu hinterfragen. Das ist einer der Gründe, warum viele Schriftsteller des Exils in ihren Werken über die eigene Situation und die eigenen künstlerischen Mittel nachdachten. Das Exil war für sie eine Zeit der erzwungenen Selbstreflexion und Neubesinnung. Und die Resultate dieses grüblerischen Seelenzustandes haben einige der größten literarischen Werke des 20. Jahrhunderts hervorgebracht und die künstlerische Entwicklung weit über 1945 hinaus entscheidend geprägt.

Bezeichnenderweise gibt sich die Exilliteratur meist wenig experimentierfreudig in der Entwicklung neuer künstlerischer Mittel. Viel eher werden bereits existierende Stilrichtungen weitergeführt und lediglich auf neue Weise gemischt. Aber gerade in dieser *Nicht*-Neuheit der künstlerischen Mittel steckt eine Entwicklung der Kunst, die bis in unsere Tage typisch werden sollte. Man nennt sie die Postmoderne und ich will dir kurz erklären, was es mit diesem Begriff auf sich hat.

Die vielen stilistischen Experimente zwischen Naturalismus und Neuer Sachlichkeit bezeichnet man gern als *klassische Moderne* und meint damit, dass es eine Zeit war, in der mit immer wieder neuen künstlerischen Mitteln experimentiert wurde – ob in Malerei, Musik oder Dichtkunst. Diese Lust am Experimentieren hat im Grunde nie aufgehört und wir können sie noch bis in die Gegenwart hinein nachweisen. Aber in der Exilzeit kündigt sich gleichzeitig an, dass den Künstlern die Neuheit der künstlerischen Mittel nicht mehr das Wichtigste war. Sie begannen eher, die bestehenden Mittel und Formen zu überdenken – sie zu *reflektieren* – und sie bewusst zu mischen. Wir nennen diese Entwicklung deshalb *Postmoderne* (zu Deutsch: *Nach-Moderne*). Genauer behandeln wir

sie erst im letzten Kapitel zur Gegenwart (Kap. 20), denn die Postmoderne umgibt uns aktuell stärker als jede andere künstlerische
Strömung (selbst wenn einige Kunsthistoriker schon von der *Post-
Postmoderne* sprechen). Für Deutschland wurden die Wurzeln
der postmodernen Literatur in der Exilzeit entscheidend vorge-
prägt.

Die typische literarische Gattung der Exilliteratur ist nicht das Gedicht, sondern der Roman. Das ist wenig verwunderlich, denn
wenn die Autoren etwas im Überfluss hatten, dann Zeit – leider.
Außerdem lassen Romane sich noch am besten von allen literarischen Gattungen in andere Sprachen übersetzen, sodass sich die
Autoren im Exil ein neues Publikum schaffen konnten. Lyrik hingegen ist meist so intensiv an die ursprüngliche Sprache gebunden,
dass man sie kaum übersetzen kann – nicht nur wegen der Reimwörter, die in der Fremdsprache nicht mehr funktionieren, sondern auch, weil die Wörter jeder Sprache einen eigenen und individuellen Geschmack mitbringen, der in der Übersetzung häufig
verloren geht.[47]

Aus diesem Grund gibt es nicht besonders viel Exillyrik. Eine bezeichnende Ausnahme bildet das Werk Bertolt Brechts, der im
Exil nicht nur bemerkenswerte Gedichte verfasste, sondern sich
auch theoretisch mit der Lyrik auseinandergesetzt und neue künstlerische Mittel entwickelt hat, die stark auf spätere Dichtergenerationen wirken sollten. In diesem Sinne ist Brechts Schaffen noch

---

[47] Denk nur an ein so einfaches Wort wie „Himmel" im Deutschen. Wenn man
es ins Englische übersetzt, muss man sich entweder für „sky" oder für
„heaven" entscheiden, also entweder für die astronomische oder für die religiöse
Bedeutung des Wortes „Himmel". Was aber, wenn ein Dichter bewusst mit der
Doppeldeutigkeit des deutschen Wortes gespielt hat? Sie wäre in der englischen
Übersetzung in jedem Fall verloren. Auch im Roman kann so etwas zum Problem
werden, aber in der Lyrik, die mit nur wenigen Worten so viel sagen will, ist es
besonders fatal.

deutlich modern – und nicht (schon) postmodern. Aber es ist inhaltlich (schon) postmodern, weil es das lyrische Schaffen selbst reflektiert:

Bertolt Brecht
Schlechte Zeit für Lyrik (1939)

Ich weiß doch: nur der Glückliche
Ist beliebt. Seine Stimme
Hört man gern. Sein Gesicht ist schön.

Der verkrüppelte Baum im Hof
5   Zeigt auf den schlechten Boden, aber
Die Vorübergehenden schimpfen ihn einen Krüppel
Doch mit Recht.

Die grünen Boote und die lustigen Segel des Sundes
Sehe ich nicht. Von allem

10   Sehe ich nur der Fischer rissiges Garnnetz.
Warum rede ich nur davon
Daß die vierzigjährige Häuslerin gekrümmt geht?
Die Brüste der Mädchen
Sind warm wie ehedem.

15   In meinem Lied ein Reim
Käme mir fast vor wie Übermut.

In mir streiten sich
Die Begeisterung über den blühenden Apfelbaum
Und das Entsetzen über die Reden des Anstreichers.
20   Aber nur das zweite
Drängt mich zum Schreibtisch.

Ohne Kenntnis der Situation deutscher Autoren im Exil könnte
man über Titel und Thematik des Gedichtes stutzen: *Schlechte Zeit
für Lyrik?* Hat Brecht in den letzten Vorkriegsmonaten 1939 nichts
anderes zu tun, als darüber nachzudenken, dass die Zeit ungeeignet für Lyrik ist? Wo bleibt der flammende Aufruf gegen Hitler
und den herannahenden Krieg? Warum scheint das Gedicht auf
den ersten Blick so unpolitisch?

Flammende Aufrufe gegen Hitler hat Brecht zur Genüge geschrieben, aber zur Entstehungszeit des Gedichts ist er seit gut sechs
Jahren im Exil und weiß, dass der Nationalsozialismus nicht durch
feurige Gedichte zu besiegen ist. Typischer für die Exilzeit sind
daher die nachdenklicheren Gedichte, so wie dieses, das zunächst
einmal so gar nicht lyrisch wirkt, es aber in hohem Maße ist. Sieh
dir nur die seltsame Form der ersten Strophe an:

> *Ich weiß doch: nur der Glückliche*
> *Ist beliebt. Seine Stimme*
> *Hört man gern. Sein Gesicht ist schön.*

Was soll das für ein Rhythmus sein? Ist das überhaupt Rhythmus?
Oder sind das eigentlich nur seltsam angeordnete Prosa-Sätze?
Prüfen wir die Silbenzahlen und Betonungen:

> *Ich* **weiß** *doch:* **nur** *der* **Glück** | *li* | *che*
> (8 Silben, 3 Hebungen: - ^ - ^ - ^ - -)
> **Ist** *be* | **liebt.** **Sei** | *ne* **Stim** | *me*
> (7 Silben, 4 Hebungen: ^ - ^ ^ - ^ -)
> **Hört** *man* **gern.** **Sein** *Ge* | **sicht** *ist* **schön.**
> (9 Silben, 5 Hebungen: ^ - ^ ^ - ^ - ^)

Vers 1 beginnt mit Jamben, aber die Verse 2 und 3 scheinen eher
aus Trochäen zu bestehen. Sie zeigen außerdem beide etwas, das
man in der Lyrik eine *harte Fügung* nennt: Zwei betonte Silben direkt hintereinander. Solche Betonungsfolgen werden normaler-

weise vermieden, weil sie eine flüssige Aussprache verhindern: Zwischen zwei betonten Silben muss man beim Aussprechen kurz innehalten, um zur zweiten Betonung anzusetzen, sodass es zu einer kurzen Stockung des Redeflusses kommt (Probiers ruhig mal aus: Lies dir die Zeilen laut vor, du wirst den Bruch in der Aussprache unweigerlich bemerken). Dichter nutzen die harte Fügung gern, um damit auch eine inhaltliche Stockung oder einen gedanklichen Bruch zu erzeugen.

Neben den harten Fügungen sind die Verse außerdem durch *Enjambements* verbunden. Beim Enjambement geht ein Satz über das Versende hinaus und endet erst im folgenden Vers. Enjambements haben dadurch meist die Wirkung, dass die Verse enger aneinanderrücken und die Pausen kürzer werden. So hat zum Beispiel Schiller in seinem „Handschuh" mit Enjambements die Spannung verdichtet, als es zum Tierkampf kommt, und hat so die Dramaturgie der Darstellung erhöht.

Aber Brecht setzt sowohl die harte Fügung als auch das Enjambement mehr als seltsam ein, denn beide hätte er leicht vermeiden können: Da er sich ja ohnehin an keinen bestimmten Rhythmus hält, hätte er doch einfach so schreiben können:

> *Ich weiß doch:
> *Nur der Glückliche ist beliebt.
> *Seine Stimme hört man gern.
> *Sein Gesicht ist schön.

In dieser Anordnung klingt die Strophe gemessen rhythmisch und leicht sprechbar. Außerdem ist gut zu erkennen, dass sie im Grunde nur aus vier einfachen Aussagesätzen besteht. Warum also ordnet Brecht sie so an, dass jede Aussage am Ende des Verses unterbrochen wird, aber dann nur bis zur Hälfte des neuen

Verses reicht, um dort mit einer harten Fügung gegen die nächste
Aussage zu prallen?

> *Ich weiß doch: nur der Glückliche*
> *Ist beliebt. Seine Stimme*
> *Hört man gern. Sein Gesicht ist schön.*

Was wir hier an Strophe 1 rhythmisch zu sehen bekommen, ist
Brechts Lyriktheorie in Anwendung: In einer später viel beachte-
ten Schrift „Über reimlose Lyrik mit unregelmäßigen Rhythmen"
setzt er sich systematisch mit der Frage auseinander, wie sich die
lyrische Wirkung durch Einsatz von Rhythmus und Rhythmus-
brechungen, von Zeilenumbrüchen und Umordnung der Wörter
ändern lässt.

Für uns sind die Einzelheiten von Brechts ziemlich komplexer
Theorie nicht so wichtig, denn wir brauchen uns nur auf die Wirkung der Enjambements und harten Fügungen zu konzentrieren,
um am eigenen Leib zu spüren, was Brecht theoretisch hergeleitet
hat: Wenn du die erste Strophe noch einmal in der vereinfachten
Form liest (die mit den Sternchen, s. o.) und danach Brechts Ori-
ginal, dann spürst du das Stocken und Innehalten in der Sprache
heraus, die dadurch so wirkt, als habe das lyrische Ich seine Gedanken noch nicht zu Ende gedacht und müsse um den richtigen
Ausdruck ringen.

> *Ich weiß doch: nur der Glückliche*
> *Ist beliebt. Seine Stimme*
> *Hört man gern. Sein Gesicht ist schön.*

Dieser Effekt kommt von den Enjambements, die bei Brecht eher
den Sprachfluss verzögern, als ihn zu beschleunigen: *nur der Glückliche – – – ist beliebt* (V. 1/2). Dann aber scheint es wieder übereilig
weiterzugehen, denn an die gerade beendete Aussage schließt sofort eine neue Betonung und eine neue Aussage an: *Ist beliebt →*

Seine Stimme... – das kommt von den harten Fügungen. Das Ge-
samtresultat wirkt stockend, zerbrochen und grüblerisch und
passt damit viel besser in die Stimmung, die Brecht in den folgenden Strophen weiter aufbauen wird, als wenn er die Aussagen ge-
fälliger und weicher angeordnet hätte.

Inhaltlich ist Strophe 1 eigentlich recht heiter. Es wird von der
Beliebtheit und der Schönheit des Glücklichen gesprochen. Nur
das in Frage stellende *Ich weiß doch* gleich zu Anfang lässt bereits
daran zweifeln, dass das lyrische Ich sich selbst zu diesen Glücklichen, Beliebten und Schönen zählt. In Strophe 2 wird dem Bild
des Glückes und der Schönheit daher folgerichtig ein bedrückender Kontrast entgegengestellt, der uns die Zerrissenheit der Exilliteratur einprägsam aufzeigt:

> *Der verkrüppelte Baum im Hof*
> *Zeigt auf den schlechten Boden, aber*
> *Die Vorübergehenden schimpfen ihn einen Krüppel*
> *Doch mit Recht.*

Das *Zeigt* in V. 5 hat eine doppelte Bedeutung: Einerseits kann
man es als echte „Geste" des Baumes lesen, dessen dürre Zweige
wie Finger *auf den schlechten Boden* (ebd.) zeigen. Andererseits ist das
verkrüppelte Wachstum aber auch ein *Hinweis* für den schlechten
Boden, dessen mindere Qualität der Baum damit *[an]zeigt*.

Das Motiv des Baums taucht als Metapher erstaunlich häufig in
der Literatur des Exils auf. Erstaunlich ist das deshalb, weil ein
Baum ja gerade *nicht* seinen Lebensraum verlassen kann: Er ist mit
seinem Boden verwurzelt und stirbt ab, wenn man ihn umpflan-
zen will. Genau in dieser Weise setzt z.B. Erich Kästner (Kap. 14)
das Baummotiv ein. Er hatte sich entschieden, in Deutschland zu
bleiben und ins „innere Exil" zu gehen:

(Erich Kästner:)
Ich bin ein Deutscher aus Dresden in Sachsen.
Mich lässt die Heimat nicht fort.
Ich bin wie ein Baum, der – in Deutschland gewachsen –
wenn's sein muss, in Deutschland verdorrt.

Kästner schreibt von einem Baum, der aufgrund seiner schlechten Umgebungsverhältnisse *verdorrt*. Innerhalb Deutschlands hatte er Schreibverbot und musste daher im wahrsten Sinne des Wortes eine künstlerische Durststrecke durchleben.

Auch bei Brecht ist der schlechte Boden schuld am Misswuchs des Baumes – aber bei ihm ist es der *Boden* des Exils, der aus anderen Gründen *schlecht[…]* ist (V. 5).

Der verkrüppelte Baum im Hof
Zeigt auf den schlechten Boden, aber

Ob innerhalb oder außerhalb Deutschlands: Kästner wie Brecht versprachlichen ihre Lebenslage mit der Metapher des Baumes in schlechter Umgebung. Allerdings betont Kästners Metapher folgerichtig zum inneren Exil eher die *Verwurzelung* in der *Heimat* (s.o.), während Brecht seine Baummetapher im Laufe des Gedichtes stärker in die Richtung der *Entwurzelung* treiben wird: Nicht umsonst setzt er dem Argument, der *verkrüppelte Baum* deute ja nur *auf den schlechten Boden hin*, noch im selben Vers ein *aber* (V. 5) entgegen, dem in V. 6 die entscheidende Konsequenz angehängt wird:

Der verkrüppelte Baum im Hof
Zeigt auf den schlechten Boden, aber
Die Vorübergehenden schimpfen ihn einen Krüppel

Obwohl der *verkrüppelte Baum im Hof* natürlich nichts für sein Schicksal kann, *schimpfen ihn [die Vorübergehenden] einen Krüppel* (V.

6). Mit dem Hinweis auf diese an sich ungerechte Einschätzung der Passanten schlägt Brecht die Brücke zur ersten Strophe: Nur *der Glückliche* (V. 1) *ist beliebt* (V. 2), *schön* (V. 3) und gern gesehen, während der Unglückliche (der *verkrüppelte Baum im Hof*, V. 4) nichts als Unmut und Missfallen hervorruft, selbst wenn er im Grunde nichts für sein Schicksal kann. Die Metapher des verkrüppelten Baumes gibt uns also einen ersten Hinweis darauf, warum Brecht seine Situation als *schlechte Zeit für Lyrik* hält: Entwurzelt wie er ist, gelingt es ihm nicht, die Schönheit zu erzeugen, die er für ein gutes und beliebtes dichterisches Werk benötigen würde.

Wer aber nun glaubt, Brecht nutze seine Metapher als eine billige Entschuldigung, um seine eigene künstlerische Schaffenskrise zu rechtfertigen, der kennt den Autor schlecht. Es macht viel von der literarischen Größe Brechts aus, dass er immer wieder aus alltäglichen Erkenntnissen überraschende Schlussfolgerungen gezogen hat. Deshalb schließt er die Strophe nicht mit der Aussage *Die Vorübergehenden schimpfen ihn einen Krüppel* (V. 6) ab, sondern mit dem wertenden Kommentar *Doch mit Recht* (V. 7). Brecht erlaubt es sich als Dichter nicht, sich hinter der ungünstigen Situation des Exils *zu verstecken* und sich gegen die Kritik der *Vorübereilenden* (V. 6) zu verwahren. Im Gegenteil, er räumt seinem Publikum alles Recht ein, sein *verkrüppelte[s]* Werk (V. 4) zu beschimpfen.

Aus dieser künstlerischen Haltung heraus hat Brecht seine neuen Formen des lyrischen Ausdrucks entwickelt und Verse geschaffen, die gerade *nicht* schön und harmonisch sind wie die Stimme des Glücklichen aus Strophe 1, sondern eckig und ungefällig wie die verkrüppelten Äste eines kranken Baumes. Dafür sind sie aber der angespannten Zeit kurz vor Ausbruch des Zweiten Weltkrieges viel angemessener, als wenn er die Nervosität und Unsicherheit des Augenblicks mit gefälligen Reimen übertüncht hätte. Form und Inhalt des Gedichtes drücken damit gleichermaßen den

düster-zerrissenen Seelenzustand aus, um den es Brecht bei der
Charakterisierung der Exil-Situation ging.

Das ist der Grund, warum Brechts „reimlose Lyrik mit unregelmäßigen Rhythmen" (s. o.) die adäquate Ausdrucksform für die
Exilzeit werden sollte: Die Brüche in den Versen führen beim Lesen dazu, dass man kurz innehält und unwillkürlich selbst nachdenkt, was es denn mit dem *verkrüppelten Baum* auf sich haben
könnte (V. 4) oder welches „aber" gegen die Aussage spricht (V.
5). Damit verhindert Brecht, dass der Leser das Gedicht quasi am
Stück herunterliest, ohne sich selbst Gedanken zu machen. Die
rhythmischen Brüche sind als Momente auch der inhaltlichen Unterbrechung und gedanklichen Pausensetzung durchaus gewollt.
Brecht führt sie als neues künstlerisches Mittel in die Lyrik ein und
sie sollten bis in die Gegenwart Schule machen. Seine Methode
der Unterbrechung von Aussagen durch das Ende des Verses ist
aus dem aktuellen lyrischen Schaffen nicht wegzudenken.

Die folgenden Verse des Gedichtes sind eigentlich nur noch Er-
läuterungen und Vertiefungen der ersten beiden Strophen, aber es
lohnt sich, sie zu untersuchen, denn sie fügen dem eröffneten Bild
einige bezeichnende Details hinzu.

> *Die grünen Boote und die lustigen Segel des Sundes*
> *Sehe ich nicht. Von allem*

Vers 8 setzt das positive Bild der ersten Strophe fort. Passend zum
skandinavischen Exil legt Brecht seinem lyrischen Ich Bilder einer
betont fröhlichen Ostseelandschaft in den Mund, die bis in die
Farbgebung der Boote hinein Hoffnung und Lebenslust ausstrahlt, nur um im folgenden Vers 9 schroff negiert zu werden.
Das *Sehe ich nicht* (ebd.) darf dabei nicht völlig wörtlich genommen
werden, denn natürlich *sieht* das lyrische Ich die *grünen Boote und die*

lustigen Segel des Sundes – sonst könnte es uns ja nicht davon berichten.

Das, worunter unser lyrisches Ich (und damit wohl auch der Autor selbst) leidet, ist nicht seine optische, sondern seine emotionale Blindheit: Er sieht die Idylle der fischerdörflichen Szene, er weiß auch, dass der Anblick ihn früher mit Freude erfüllt hätte (sonst könnten er die Segel wohl kaum *lustig[...]* nennen), aber das Bild vermag ihm nicht wie früher das Herz zu wärmen. Ins Bewusstsein dringen nur die betrüblichen Bilder, die in der folgenden Strophe thematisiert und durch das abschließende *Von allem* (V. 9) bereits ankündigt werden.

> *[...] Von allem*
>
> *Sehe ich nur der Fischer rissiges Garnnetz.*

Das *rissige[...] Garnnetz* der Fischer (V. 10) steht exemplarisch für die negative Wahrnehmung des lyrischen Ichs, das in all der Schönheit des Anblickes nur die Schattenseiten erlebt. Beachte, dass Brecht das Enjambement hier nicht nur über das Vers-Ende, sondern sogar über die Strophengrenze hinauszieht. Die Aussage *Von allem* gewinnt damit eine noch größere Eigenständigkeit: Das lyrische Ich spricht nicht nur vom aktuellen Anblick, sondern buchstäblich *Von allem*, wie die folgenden Verse beweisen.

> *Warum rede ich nur davon*
> *Daß die vierzigjährige Häuslerin gekrümmt geht?*
>
> *Die Brüste der Mädchen*
> *Sind warm wie ehedem.*

Erotische Lust und Frauenschönheit sind seit Anbeginn der Literatur Paradethemen der Lyrik. Schon in Kapitel 1 haben wir ein Beispiel für ein Liebesgedicht von zarter, erotischer Sinnlichkeit

behandelt und Walther von der Vogelweide war in diesem Genre
keineswegs der erste gewesen. Wenn *[d]ie Brüste der Mädchen* (V. 13)
das lyrische Ich nicht mehr in Entzücken versetzen können, obwohl sie *warm [sind] wie ehedem* (V. 14), und wenn das lyrische Ich
stattdessen *nur davon [redet] / Daß die vierzigjährige Häuslerin gekrümmt
geht*, dann ist damit wirklich – auch literaturgeschichtlich – der
Gipfelpunkt der antilyrischen Stimmung erreicht. Wovon soll sich
ein Dichter noch bezaubern lassen, wenn es selbst die ureigensten
erotischen Triebe nicht mehr vermögen? Und noch dazu bei einem Schwerenöter wie Brecht, der in seinem Leben wahrlich
mehr als eine Frau begehrt hat! Die folgenden beiden Verse ziehen
deshalb diejenige Konsequenz, die Brecht ein Jahr zuvor auch in
seiner theoretischen Schrift (s. o.) gezogen hatte:

> *In meinem Lied ein Reim*
> *Käme mir fast vor wie Übermut.*

Die literaturtheoretische Aussage, die in diesen beiden Versen
steckt, ist für die gesamte weitere Entwicklung der deutschen Lyrik prägend geworden und wir werden immer wieder auf sie zu-
rückkommen müssen. Um ihr volles Ausmaß einschätzen zu können und zu verstehen, warum so große Teile der Nachkriegslyrik
Brechts Vorstellungen „Über reimlose Lyrik mit unregelmäßigen
Rhythmen" gefolgt sind, müssen wir uns überlegen, was Dichter
eigentlich tun, wenn sie reimen:

Der Philosoph Friedrich Nietzsche hat das Dichten einmal „*in Ketten tanzen*" genannt und meinte damit, dass Lyrik sich selbst Regeln
auferlegt (die „*Ketten*"), um dann innerhalb dieser Regeln Schönheit zu erzeugen (zu „*tanzen*"): „*[E]s sich schwer machen und dann die
Täuschung der Leichtigkeit darüber breiten, – das ist das Kunststück.*"[48]

---

[48] So Friedrich Nietzsche in *Menschliches, Allzumenschliches*.

Lyrik ist damit stets ein Spiel, dessen Ergebnis eine besondere
Form des harmonischen Einklanges ist: die Regelmäßigkeit des
Taktes, der wiederkehrende Rhythmus der Verse, der Gleichklang
der Reimwörter: All das erzeugt Harmonie – akustische Symmet-
rie sozusagen. Und genau diese Art des schönen Spiels mit der
Sprache empfindet Brecht angesichts der heraufziehenden Katastrophe des Zweiten Weltkrieges nicht mehr als angemessen. Wie
kann ein Dichter die Illusion von Schönheit und Leichtigkeit erzeugen wollen, wenn vor seinen Augen die Welt in Terror und
Gewalt versinkt?

Brecht war nicht der erste, der diese Konsequenz gezogen hat.
Schon in Kap. 11 haben wir ein Beispiel für ein gänzlich unrhyth-
misches und (fast) reimloses Gedicht behandelt – und das war
kein Zufall, denn Karl Henckell hatte sich in seinem Werk alles
andere als eine schöne, sondern tief sozialkritische Thematik vorgenommen. Tatsächlich können wir die Faustregel aufstellen, dass
ein Gedicht seiner Form nach umso unregelmäßiger gebaut ist, je
unharmonisch sein Inhalt ist.[49] Das liegt daran, dass Regelmäßigkeit immer Harmonie erzeugt, die zu unharmonischen Themen
einfach nicht passen will.

Mit Brechts Lyriktheorie wird Reimlosigkeit und formale Unregel-
mäßigkeit von der Ausnahme zur Regel, wie wir in den folgenden
Kapiteln immer wieder sehen werden. Grund dafür ist nicht, dass
moderne Dichter kein Interesse mehr an Harmonie gehabt hätten.
Aber die Art der lyrischen Umsetzung von Einklang und

---

[49] Beachte, dass der umgekehrte Fall nicht zwingend gilt: Nicht jedes
unregelmäßige Gedicht ist deshalb automatisch unharmonisch, denn es gibt sehr
unterschiedliche Möglichkeiten, Harmonie zu erzeugen. So hatte beispielsweise
Eduard Mörike in Kap. 8 aus eher freien Versen ein Werk von immenser
Schönheit und zarter Harmonie gezaubert und gerade Schiller, der sein Publikum
ästhetisch erziehen wollte, nutzte dafür in seinem „Handschuh" den sehr freien
Knittelvers.

Harmonie – sprich: die Art der „Ketten" – werden in der postmodernen Literatur weniger im Rhythmus oder im Reim als vielmehr in inhaltlichen Zusammenklängen und Kontrasten gesucht (vgl. Kap. 18-20).

Brecht befindet sich literaturgeschichtlich betrachtet genau am Scheideweg und sein Gedicht drückt dies abschließend auch aus:

> *In mir streiten sich*
> *Die Begeisterung über den blühenden Apfelbaum*
> *Und das Entsetzen über die Reden des Anstreichers.*
> *Aber nur das zweite*
> *Drängt mich zum Schreibtisch.*

Der *Anstreicher* (V. 19) ist eine Bezeichnung für Hitler, die Brecht immer wieder verwendet hat (z. B. in seinem gleichnamigen Gedicht „Das Lied vom Anstreicher Hitler"). Die Ursache für diesen merkwürdigen Schimpfnamen ist einerseits in der politischen Tradition der Weimarer Republik zu suchen, wo „Anstreicher" eine gängige Bezeichnung für oberflächliche Politiker war.[50] Andererseits spielt die Bezeichnung auch auf Hitlers Selbstverständnis als Künstler an. Vor seiner politischen Karriere hatte er sich in Wien als Kunstmaler etablieren wollen, war aber von der Kunstakademie abgelehnt worden. Im „Anstreicher" steckt also auch der Spott gegen den untalentierten Maler.

In der Abschluss-Strophe versprachlicht Brecht den entscheidenden Kontrast seines Gedichtes noch einmal in einem Vergleich: Die *Begeisterung über den blühenden Apfelbaum* (V. 18) könnte unschuldiger nicht sein, das *Entsetzen über die Reden des Anstreichers* (V. 19) dazu nicht gegensätzlicher. Dass im Streit dieser beiden

---

[50] Ein Zitat von Erich Kästner bringt den Grund dafür auf den Punkt: *„Immer wieder kommen Staatsmänner mit großen Farbtöpfen des Weges und erklären, sie seien die neuen Baumeister. Und immer wieder sind es nur Anstreicher."*

widersprüchlichen Gefühle *nur das zweite* (V. 20) den Dichter *zum Schreibtisch* drängt (V. 21), ist nicht nur ein abschließender Beweis, dass es tatsächlich eine *Schlechte Zeit für Lyrik* ist, sondern bringt auch auf den Punkt, was es eigentlich hieß (und für erschreckend viele Künstler auf dieser Welt heute noch heißt), im Exil zu sein:

Exil bedeutet nicht einfach nur an einem anderen Ort zu leben. Exil bedeutet nicht einfach nur, sich in Sicherheit zu bringen und dann weiter seinen künstlerischen Ideen nachzugehen. Es ist auch nicht nur eine Weiterführung des politischen Kampfes von außen. Exil, wie Brecht es beschreibt, ist ein tiefgreifendes seelisches Trauma, das sich auf jede Lebensminute auswirkt, weil es die Wahrnehmung verändert: Alles Schöne, Fröhliche, Unschuldige verliert seinen Glanz und seinen Wert, weil es durch den trüben-den Filter des *Entsetzen[s]* (V. 19) und das lähmende Gefühl der Machtlosigkeit fällt. Exil lässt nicht los. Es vergällt die Lebens-freude, selbst wenn man sich objektiv in Sicherheit und in beque-mer Lebenslage befindet. Schon Heine hatte dieses verzweifelte Lebensgefühl ein gutes Jahrhundert zuvor im französischen Exil erlebt: *Denk ich an Deutschland in der Nacht / Dann bin ich um den Schlaf gebracht.* Heute sind es vor allem Literaten und Künstler aus dem Nahen Osten, die in Europa zwar physische Sicherheit ge-nießen, aber dasselbe Trauma des Exils durchleben.[51]

In der Zeit des Nationalsozialismus und der systematischen Ver-treibung praktisch der gesamten deutschen Künstler-Elite wurde dieses Gefühl zur übergreifenden und bestimmenden Empfin-dung. Hierin liegt der Grund, warum *Exilliteratur* zwischen 1933

---

[51] So zitiert etwa der Deutschlandfunk die im Berliner Exil lebende syrische Schriftstellerin Rasha Abbas: "*Ich habe das Gefühl, dass dir in dieser Stadt die Originalität verloren geht, ich glaube, mir persönlich ist sie in dem Moment verloren, als ich Syrien verlassen habe. Es fehlt etwas, aber ich weiß nicht, ob es wiederkommen wird.*" Sind die Parallelen im Lebensgefühl nicht verblüffend?

und 1945 eine überindividuelle Strömung – eine kleine Epoche – werden konnte, auch wenn die Exil-Künstler miteinander oft nur losen Kontakt hatten weder die ersten noch die letzten waren, die ihre Heimat verlassen mussten.

Als die Alliierten 1945 Hitlerdeutschland endlich und endgültig niedergerungen hatten, war das auch für viele Literaten ein wesentlicher biografischer Einschnitt – und keineswegs immer ein triumphaler. Viele Künstler zeigten zunächst wenig Neigung, nach Deutschland zurückzukehren, einige blieben in ihrem Exilland, einige siedelten sich in der Schweiz an. Zudem dominierten zwischen den Alliierten bald ideologische Konflikte, sodass sich die Zurückkehrenden entweder für den amerikanisch geprägten Westen oder den sowjetisch beherrschten Osten entscheiden mussten.

Brecht, der als überzeugter Kommunist aus Deutschland geflohen war, zögerte lange, in die sowjetische Besatzungszone überzusiedeln. Das lag nicht zuletzt daran, dass er nicht blind war gegenüber den diktatorischen Tendenzen der stalinistischen Sowjetunion. Erst als es in den USA zur Verfolgung und Inhaftierung von Kommunisten kam und auch Brecht sich vor dem *Ausschuss zur Untersuchung unamerikanischer Umtriebe* verantworten musste, übersiedelte er in die DDR, wo er zunächst mit höchsten Ehren empfangen wurde. Recht bald musste er aber feststellen, dass auch dieser Staat alles andere war als die Verwirklichung der großen Idee von Gerechtigkeit und Völkerverständigung (vgl. Kap. 19). Und so wurde die DDR der vierte und letzte Staat, mit dem sich der Querdenker Brecht überwarf.

Er starb allerdings, bevor der Ostblock seinen diktatorischen und kritikfeindlichen Impetus voll entfalten konnte. Wer weiß, wie der Antifaschist Brecht, der seine Hoffnung und seine Schaffenskraft ein Leben lang in die Vision eines gerechten und wirklich vom

Volk regierten Staates gesetzt hat – wer weiß, wie er den Schock des Mauerbaus verkraftet hätte.

17. Nachkriegsliteratur

Paul Celan
Todesfuge (1945/48)

Zwischen dem Ende des Zweiten Weltkrieges 1945 und der Gründung der beiden deutschen Staaten 1949 liegt eine kurze Zwischenperiode, die in vielerlei Hinsicht ihre eigenen ästhetischen Gesetze hatte. Das lag zum Großteil an der seltsamen politischen Situation: Das nationalsozialistische Deutschland war nicht mehr, aber der Kalte Krieg, in dem die gemeinsamen Sieger über Hitler zu erbitterten Feinden werden sollten, hatte noch nicht begonnen – jedenfalls nicht in vollem Ausmaß.

Hitlerdeutschland war im Mai 1945 so vollständig und umfassend besiegt worden, dass man von diesem Zeitpunkt auch gern als von der „Stunde Null" spricht. Man meint damit, dass es praktisch keine Fortsetzung von bestehenden Traditionen aus der Zeit davor gegeben hätte und stattdessen ein vollständiger Neuanfang geschehen sei. Das ist natürlich Unsinn, denn nichts entsteht ohne Wurzeln in der Geschichte. Aber der Begriff der „Stunde Null" ist dennoch in gewisser Weise stimmig, weil er gut auf den Punkt bringt, wie die Zeitgenossen diesen historischen Moment *erlebt* haben: Ein Gefühl, wie vor dem Nichts zu stehen. Aber vor einem Nichts, das ein Anfang ist, während gleichzeitig etwas Schauderhaftes zu Ende war, über das man am liebsten gar nicht nachdachte.

Auch zu den Künstlern der Nachkriegsliteratur passt der Begriff der „Stunde Null" recht gut, denn es waren eher *nicht* die Autoren des Exils, die für diese Zeit prägend werden sollten. Diese begaben sich nämlich oft nur zögerlich nach Deutschland zurück (vgl.

Kap. 16) und zeigten ein eher gebrochenes Verhältnis zur neuen
Nachkriegswirklichkeit: Feuchtwanger blieb dauerhaft in den
USA, Erich Kästner verlegte sich auf Kinderliteratur, Brecht auf
die Theaterarbeit, Thomas Mann wurde von tiefen Schaffenskri-
sen geschüttelt und sein Sohn Klaus beging sogar Selbstmord.

Dem gegenüber war das, was man im engeren Sinne unter dem
Begriff „Nachkriegsliteratur" versteht, von einer jungen Künstler-
generation geprägt, die vor und während der Nazizeit kaum oder
gar nicht in Erscheinung getreten war und nun die Gunst der
Stunde Null nutzte, um sich in der neu entstehenden Nachkriegswelt künstlerisch zu etablieren. Nicht selten waren es junge Männer, die in den letzten Kriegsjahren noch in die Wehrmacht eingezogen worden waren und ihre ersten literarischen Gehversuche in
britischen oder amerikanischen Kriegsgefangenenlagern machten.

Für die Besonderheiten der Nachkriegsliteratur spielte auch die
spezifische wirtschaftliche Situation der Zeit eine nicht unwesentliche Rolle: Praktisch alle Güter des täglichen Bedarfs waren Man-
gelware – so beispielsweise auch Papier für den Druck neuer Bücher. Hier lag einer der Gründe, warum die *Kurzgeschichte* ein typisches Genre der Nachkriegsliteratur werden sollte (ein anderer
Grund liegt im Einfluss der amerikanischen *short story*). Noch be-
deutsamer aber wurde das *Hörspiel*, denn es war vergleichsweise
leicht zu produzieren und Radios waren aus der Zeit des Nationalsozialismus noch in großer Masse vorhanden (über die sogenannten *Volksempfänger* hatte die NS-Führung gern und oft ihre
Propaganda unter die Leute gebracht). Gleichzeitig war die deutsche Bevölkerung trotz Hunger und wirtschaftlichem Mangel
durchaus auch auf kulturelle Veranstaltungen und Unterhaltung
aus. Was also lag näher, als die gegebene Infrastruktur zu nutzen,
um die neue Literatur rasch und breitenwirksam unter die Leute
zu bringen? Nicht umsonst wurde der „Hörspielpreis der

Kriegsblinden" noch für Jahrzehnte zu einem der renommiertesten Literaturpreise Deutschlands.

Ästhetisch spricht man die Literatur der Nachkriegszeit gern als „Trümmerliteratur" oder „Literatur des Kahlschlags" an. Das liegt nicht nur an der Erfahrung der zerbombten Städte und zerstörten Landschaften, die in vielen Kurzgeschichten und Hörspielen den szenischen Hintergrund bildeten. Mehr noch hat es mit der ästhetischen Haltung und der Sprachverwendung der jungen Autoren zu tun, denn man versuchte sich bewusst von der ideologisch aufgeladenen Sprache der Nazis zu distanzieren und stattdessen einen neuen, kargen Sprachstil zu entwickeln: Während die nationalsozialistische Sprache betont martialisch, aufwühlend und voller Superlative gewesen war, wollten die Nachkriegsautoren die Sprache wieder objektivieren, sie gewissermaßen abkühlen und von der Nazi-Ideologie befreien – das meint Kahlschlag. Die dafür verwendete sprachliche Methode war die möglichst direkte und unverzierte Nennung, ja oft regelrechte Aufzählung, der verschiedenen und widersprüchlichen Sinneseindrücke und Alltäglichkeiten der Nachkriegswelt, die nicht selten schroff und unverbunden gegeneinandergestellt wurden – das meint *Trümmerliteratur*. In gewissem Sinne wiederholten die Nachkriegsautoren damit diejenige Haltung, welche die Neue Sachlichkeit dem Expressionismus gegenüber eingenommen hatte – wenngleich in anderer historischer Situation und aus anderen Motiven heraus (vgl. Kap. 14).

Diese Orientierung an den konkreten Eindrücken und Problemen der Nachkriegsgegenwart hinderte die Autoren aber nicht daran, ein Stilmittel zu verwenden, das man *magischen Realismus* nennt. Dieser Begriff bezeichnet eine künstlerische Methode, die ebenfalls schon während der 20er Jahre (also auch während der Neuen Sachlichkeit!) in der Literatur Eingang gefunden hatte. Dabei werden realistische Darstellungen mit bewusst unrealistischen, oft

traumartigen oder halluzinogenen Zuständen verschmolzen –
aber nicht (wie etwa in der Romantik), um zu neuen geistigen Erkenntnissen und Bewusstseinszuständen zu kommen, sondern
eher um die ganz realen Probleme der Welt besser in Worte fassen
zu können – das Magische betrifft weniger den Inhalt, sondern es
ist eine Form, um den Inhalt zu *verdeutlichen.*

Ein Beispiel: In seinem sehr bekannten Hörspiel „Draußen vor
der Tür" schildert Wolfgang Borchert die Sorgen und Nöte eines
jungen deutschen Kriegsheimkehrers. Als dieser sich das Leben
nehmen will und in die Elbe springt, kommt es plötzlich zu einem
Gespräch zwischen dem Fluss und dem Selbstmörder, das darin
endet, dass die Elbe sich weigert, den jungen Helden ertrinken zu
lassen, und ihn wieder ausspuckt. Wollte Borchert damit die Elbe
in romantischer Manier zu einer Art „Individuum" machen? Nein.
Aber durch das Gespräch zwischen Fluss und Held weiß der Zu-
hörer nun mehr von den Erlebnissen und Ängsten des Kriegsheimkehrers und hat durch diesen „magischen" Kunstgriff ein gutes Stück echte Nachkriegsrealität kennen gelernt. So funktioniert
magischer Realismus und wir werden eine eigene Art davon im
Kapitelgedicht wiederfinden.

In puncto Lyrik zeigt sich die Nachkriegsliteratur nicht gerade
reich und das ist natürlich kein Zufall. Hatte Brecht schon das Exil
als „Schlechte Zeit für Lyrik" bezeichnet (Kap. 16), so galt diese
Einschätzung nun im zerbombten Deutschland, in dem langsam
das ganze Ausmaß der Nazi-Verbrechen ans Tageslicht kam, nur
umso mehr. Der Philosoph Theodor Adorno brachte es mit einem berühmt gewordenen Zitat auf den Punkt: *„Nach Auschwitz
ein Gedicht zu schreiben, ist barbarisch."*

Mit diesem Urteil geht Adorno weit über Brecht hinaus. Dieser
hatte geschrieben: *„In meinem Lied ein Reim / Käme mir fast vor wie*

Übermut." (vgl. Kap. 16) und hatte damit zum Ausdruck gebracht, wie unpassend die Leichtigkeit schöner Verse für die düstere Gegenwart sei. Aber für Adorno wäre der Reim noch mehr gewesen, nämlich geradezu *Ignoranz*! Die systematische Ermordung der europäischen Juden, für die das Vernichtungslager Auschwitz zum Symbol geworden ist, hatte gezeigt, zu welchen ungeheuren Gräueltaten Menschen in der Lage waren. Adorno war klug genug, in diesem Verbrechen nicht (nur) die Entgleisung eines bestimmten Volkes zu sehen, sondern einen Wesenszug des Menschen selbst, der unter bestimmten Umständen offenbar in der Lage war, die entsetzlichsten Taten zu begehen.[52] Wie sollte es möglich sein, sich nach einer solchen Erfahrung noch im leichten Spiel der schönen Worte zu ergehen, wo sich doch herausgestellt hatte, was für eine Bestie der Mensch sein konnte? Wer jetzt noch Verse dichtete, konnte doch nur entweder blind oder ignorant sein!

Für Adorno war mit Auschwitz außerdem die Grundidee des Idealismus gescheitert. Erinnere dich an die literarische Entwicklung des 18. und frühen 19. Jahrhunderts: Hatte nicht Schiller in seinen Schriften „Über die ästhetische Erziehung des Menschen" die These vertreten, dass die Schönheit der Kunst das Menschengeschlecht verbessern und veredeln könne (vgl. Kap. 6)? Schillers Schriften hatten auch im nationalsozialistischen Deutschland in höchsten Ehren gestanden. Aber hatte seine „ästhetische Erziehung" irgendeine Bluttat verhindern können? Auschwitz war auf diese Frage die unerbittliche und pessimistische Antwort.[53]

---

[52] Wie recht er damit hatte, diese Fähigkeit zu Gräueltaten nicht auf eine bestimmte Volkszugehörigkeit zu schieben, sondern in der menschlichen Natur zu verorten, haben spätere Massaker von Ruanda bis Srebrenica gezeigt – wenn schon nicht in derselben Größenordnung, so doch in derselben irrsinnigen Grundmotivation.

[53] Tatsächlich gäbe es zu Adornos berühmtem Zitat noch eine ganze Menge mehr zu sagen, denn als eingefleischter Dialektiker betrachtet er das Problem aus

Wer sich diese Situation vor Augen führt, der versteht, warum *Trümmerliteratur* im Grunde der einzig mögliche literarische Ausdruck der Nachkriegsgeneration sein konnte. Er versteht aber vielleicht auch, warum die typischen Themen der jungen Autoren oft gerade *nicht* in der Aufarbeitung dieser Verbrechen bestanden, sondern stattdessen eher in Schilderungen der schweren Situation von Kriegsheimkehrern und Überlebenden: Zu groß, zu nah und zu unfassbar schien das, was das eigene Volk (sprich: das eigene Publikum!) da angerichtet hatte – oder doch zumindest hatte geschehen lassen. Tatsächlich sollte es bis in die 60er Jahre dauern, bevor wiederum eine junge Generation das heikle Thema der Nazi-Vergangenheit umfassend und systematisch in die gesellschaftliche Diskussion einbrachte.

Eine große Ausnahme vom allgemeinen Schweigen über Auschwitz bildet Paul Celans *Todesfuge*, die als eine der ersten künstlerischen Auseinandersetzungen mit dem Völkermord an den europäischen Juden eine so enorme Bedeutung gewonnen hat, dass es hier exemplarisch für die Nachkriegsliteratur stehen soll, selbst wenn es mit dieser Thematik gerade *nicht* besonders typisch für diese Zeit ist.

Auch stilistisch hätte es weitaus typischere Gedichte gegeben (beispielsweise Günter Eichs *Inventur*). Allerdings nimmt Celans *Todesfuge* eine so zentrale Stellung auch für den Fortgang der deutschen Literaturgeschichte ein, dass man nicht umhinkommt, sich mit diesem Werk auseinanderzusetzen. Und was *Trümmerliteratur* und *magischer Realismus* bedeuten, kann man auch an der Todesfuge studieren – wenngleich in ganz eigener künstlerischer Umsetzung.

---

sehr vielen verschiedenen Blickwinkeln. Deshalb habe ich dir im Grunde weniger Adornos Auffassung vorgestellt als vielmehr die Art, wie sie in der literarischen Debatte üblicherweise – und verkürzt – verstanden wurde.

Dass Paul Celan als einer der wenigen Nachkriegsautoren das Thema Holocaust so früh schon aufgriff, ist übrigens kein Zufall, hatte er doch selbst neben deutschen und rumänischen auch jüdische Wurzeln, und seine beiden Eltern waren in deutschen Konzentrationslagern umgekommen. Er selbst hatte als einer der wenigen aus seinem jüdischen Umfeld den Holocaust überlebt und das sollte ihn in tiefe Selbstzweifel und Schuldgefühle stürzen, die ihn schließlich 1970 in den Selbstmord trieben.

Paul Celan
Todesfuge (1945, deutsch 1948)

Schwarze Milch der Frühe wir trinken sie abends
wir trinken sie mittags und morgens wir trinken sie nachts
wir trinken und trinken
wir schaufeln ein Grab in den Lüften da liegt man nicht eng
5   Ein Mann wohnt im Haus der spielt mit den Schlangen der schreibt
der schreibt wenn es dunkelt nach Deutschland dein goldenes Haar
      Margarete
er schreibt es und tritt vor das Haus und es blitzen die Sterne er pfeift
      seine Rüden herbei
er pfeift seine Juden hervor lässt schaufeln ein Grab in der Erde
er befiehlt uns spielt auf nun zum Tanz

10   Schwarze Milch der Frühe wir trinken dich nachts
wir trinken dich morgens und mittags wir trinken dich abends
wir trinken und trinken
Ein Mann wohnt im Haus der spielt mit den Schlangen der schreibt
der schreibt wenn es dunkelt nach Deutschland dein goldenes Haar
      Margarete
15   Dein aschenes Haar Sulamith wir schaufeln ein Grab in den Lüften
      da liegt man nicht eng

Er ruft stecht tiefer ins Erdreich ihr einen ihr andern singet und spielt
er greift nach dem Eisen im Gurt er schwingts seine Augen sind blau
stecht tiefer die Spaten ihr einen ihr andern spielt weiter zum Tanz
    auf

Schwarze Milch der Frühe wir trinken dich nachts
20   wir trinken dich mittags und morgens wir trinken dich abends
wir trinken und trinken
ein Mann wohnt im Haus dein goldenes Haar Margarete
dein aschenes Haar Sulamith er spielt mit den Schlangen

Er ruft spielt süßer den Tod der Tod ist ein Meister aus Deutschland
25   er ruft streicht dunkler die Geigen dann steigt ihr als Rauch in die
    Luft
dann habt ihr ein Grab in den Wolken da liegt man nicht eng

Schwarze Milch der Frühe wir trinken dich nachts
wir trinken dich mittags der Tod ist ein Meister aus Deutschland
wir trinken dich abends und morgens wir trinken und trinken
30   der Tod ist ein Meister aus Deutschland sein Auge ist blau

er trifft dich mit bleierner Kugel er trifft dich genau
ein Mann wohnt im Haus dein goldenes Haar Margarete
er hetzt seine Rüden auf uns er schenkt uns ein Grab in der Luft
er spielt mit den Schlangen und träumet der Tod ist ein Meister aus
    Deutschland

35   dein goldenes Haar Margarete
dein aschenes Haar Sulamith

Viele, die die Todesfuge zum ersten Mal lesen, reagieren ratlos, ja
manchmal frustriert oder ablehnend: Was haben diese eintönig

wiederholten Satzfragmente mit dem Holocaust zu tun? Warum schildert Celan nicht das Leiden der Opfer und die Verbrechen der Täter? Nun gut, es finden sich einige Andeutungen, die man auf das Thema beziehen kann (*Grab*, Z. 4, *Juden*, Z. 8, *aschenes Haar*, Z. 15, *Tod*, Z. 24, *bleierne[…] Kugel*, Z. 31 etc.), aber der Großteil erscheint doch sehr abstrakt und symbolisch. Muss das denn so sein?

Ja, das muss leider so sein und der Grund ist der folgende: Es gibt einige Gedichte, die anders vorgehen und die Massenvernichtung in den Konzentrationslagern als Balladen gestalten, in denen das Leid der Opfer und die Unmenschlichkeit der Täter einander harsch gegenübergestellt werden. Sie sind oft so gestaltet, dass sie zu Tränen rühren oder glühenden Zorn über die beschriebenen Verbrechen auslösen (so bspw. Johannes R. Bechers Gedicht *Kinderschuhe aus Lublin,* das du leicht im Internet findest). Aber je länger man sich mit solchen Gedichten beschäftigt, umso stärker empfindet man an ihnen, was Adorno mit „barbarisch" gemeint hat: Weinen kann man um einzelne Menschen, trauern kann man bei einem tragischen Schicksal, Zorn empfinden kann man vor den Untaten einzelner skrupelloser Verbrecher – aber das alles ist *nicht* das Wesen des Holocaust!

Die systematisch durchgeführte physische Vernichtung von sechs Millionen Menschen aufgrund einer irrsinnigen rassischen Zuordnung ist eine derartige Ungeheuerlichkeit, dass Trauer oder Zorn dem Ausmaß dieser Tat einfach nicht mehr gerecht werden, denn der Holocaust stellt die Menschlichkeit an sich infrage: Ohne Zweifel war Hitler ein entsetzlicher Verbrecher und seine Befehlsempfänger auch. Und deren Befehlsempfänger ebenso. Aber wie viele „entsetzliche Verbrecher" lassen sich noch mit einem halbwegs positiven Menschenbild in Einklang bringen, bevor man sich gezwungen sieht, an der Menschheit selbst zu zweifeln?

Tausende? Zehntausende? Hunderttausende? Wie viele waren mittelbar oder unmittelbar am Holocaust beteiligt gewesen? Wie viele hatten davon gewusst und geschwiegen? Wie viele – auch unter den Alliierten, die durchaus von Auschwitz wussten – hatten *nicht* gehandelt?

Diese Überlegungen sind es, die deutlich machen, warum eine adäquate Verarbeitung des Holocaust mehr sein muss, als emotional aufwühlend. Wer eine emotionale Darstellung über das Schicksal einzelner Opfer schreiben möchte, der soll das gern tun und wenn er künstlerisch begabt ist, mag dabei ehrenwerte Literatur entstehen. Aber das sind dann Werke über einzelne Menschen, nicht über den Holocaust an sich. Denn um *den* darzustellen, bedarf es anderer künstlerischer Mittel und Celan war einer der ersten, die das erkannt hatten.

Formal gesehen wirkt die Todesfuge zunächst strukturlos: Kein einheitlicher Rhythmus, kein Versmaß, keine Reime (bis auf eine Ausnahme, die bezeichnend ist, aber dazu später), ja nicht einmal Satzzeichen sind gesetzt. Das Strukturelement, das dem Gedicht dennoch Form gibt, sind stattdessen die seltsamen und immer wieder in leichter Variation wiederholten sprachlichen Bilder, die eine monotone, aber gleichzeitig eigenartig hymnische Grundstimmung verbreiten. Celan nennt sein Werk Todes-*Fuge* und spielt damit auf eine barocke Kompositionstechnik an, über die ich dir schon in Kap. 2 berichtet habe. Kurz wiederholt: In der barocken Fuge wird ein und dieselbe Melodie zeitlich versetzt immer wieder erneut und von einem anderen Instrument gespielt, während die früheren Stimmen einfach weiterspielen, sodass es zu spannungsreichen und einander durchwirkenden Klangverbindungen kommt. In dieser Art sind auch die Sprachbilder Celans arrangiert: Während sich das eine Bild sprachlich entfaltet und seine Einzelheiten preisgibt, beginnt es plötzlich von vorn und scheint sich damit ständig selbst zu unterbrechen und zu stören. Dabei kommt es zu inneren Widersprüchen und Vermischungen, durch welche die ohnehin schon rätselhaften Bilder nur noch dunkler und zwielichtiger werden. Und kaum glaubt man, sich wieder einigermaßen im Text zurechtzufinden, erfolgt der nächste schroffe Bruch und alles scheint von vorn zu beginnen, um erneut auf widersprüchliche Weise durchmischt zu werden. Mit dieser sich selbst unterbrechenden Sprachtechnik hat Celan eine ganz eigene Interpretation des Begriffs *Trümmerliteratur* gefunden, die in dieser Weise einzigartig geblieben ist.

Inhaltlich empfängt die Todesfuge uns mit einem *Oxymoron*, das geradezu sprichwörtlich geworden ist und in kaum einer Darstellung rhetorischer Mittel fehlt:

Schwarze Milch der Frühe wir trinken sie abends

Als Oxymoron bezeichnet man eine Verbindung von Begriffen, die einander gegenseitig ausschließen: ein hohes Tief, eine kalte Hitze – ein Widerspruch in sich. Oxymora werden in der Regel verwendet, um inhaltliche Widersprüchlichkeiten sprachlich fassbar zu machen. Es ist daher kein Wunder, dass die Todesfuge gleich mit einem doppelten Oxymoron beginnt, die *schwarze Milch der Frühe* (V. 1) wird *abends* (ebd.) getrunken.

Es ist viel gerätselt worden, was es mit dieser *schwarzen Milch* auf sich hat. Man hat Bezüge von der Muttermilch bis zum Alten Testament gespannt, hat einen Haufen ähnlicher Metaphern in der Literaturgeschichte herausgesucht und hat schließlich Aussagen von Celan selbst herangezogen, welcher seinerseits auf die Berichte eines SS-Kommandeurs verwiesen hat.[54] Wer sich fragt,

---

[54] In einem Verhörprotokoll hatte der SS-Kommandeur geäußert: „meine Milch war schwarz" und hatte damit wohl andeuten wollen, dass er die Milch für das Lager schwarz bezogen hatte. Celan hat sich diese Textstelle angestrichen.

welche dieser Deutungen denn nun die richtige sei, der hat noch nicht das Wesen des Oxymorons verstanden. Denn das Wesen des Oxymorons besteht nun mal genau darin, nicht richtig sein zu *können*.

Sicher gibt es kaum etwas Grundlegenderes, Unschuldigeres und Reineres als Milch. Das ist auch der Grund, warum Milch seit jeher als Symbol für genau diese Eigenschaften verwendet wurde, und zwar auch schon im Alten Testament. Indem Celan diesem uralten Symbol die Todesfarbe Schwarz zufügt, gibt er der Milch einen Anstrich von Verkehrtheit, von Fragwürdigkeit und Misstrauen, die notwendig die Gegenteile von Unschuld, Reinheit und Leben wachrufen. Dass die *schwarze Milch* darüber hinaus auch noch zur verkehrten Zeit getrunken wird, steigert die Widersprüchlichkeit und lässt sie zum eigentlichen Zentrum der Aussage werden: Es geht hier nicht darum, die Metapher zu verstehen, sondern es geht darum, das *Nicht*-Verstehen sprachlich fassbar zu machen. Hier liegt auch der Grund, warum das Oxymoron zum zentralen Stilmittel des gesamten Gedichtes werden wird.

> *wir trinken sie mittags und morgens wir trinken sie nachts*
> *wir trinken und trinken*

Mit V. 2 und 3 wird deutlich, dass der zentrale Widerspruch des ersten Verses keine einmalige Episode bleibt, sondern täglich und mehrfach und scheinbar endlos wiederholt wird. Das Unverständliche wird damit zur Normalität, zum Alltag, zur Erfahrung, die den Tagesablauf begleitet und bestimmt.

Celan tauscht für seine Fuge das lyrische Ich durch ein „lyrisches Wir" aus, in welchem man im Laufe des Gedichtes zunehmend die Opfer des Holocaust erkennt.

> *wir schaufeln ein Grab in den Lüften da liegt man nicht eng*

Auch das *Grab in den Lüften* (V. 4) beinhaltet Anklänge an das Oxymoron (*Grab* vs. *Luft*), auch wenn Celan selbst es durchaus wortwörtlich verstanden wissen wollte: Die Leichen der zu Hunderttausenden in den Gaskammern ermordeten Menschen wurden, um die Spuren der Untat zu verwischen, in großen Krematorien verbrannt, sodass die Opfer des Holocaust buchstäblich nichts als ein *Grab in den Lüften* bekamen.

Obwohl damit eine wortwörtliche Deutung des Bildes möglich ist, führt der Vers dennoch die eigentümliche Widersprüchlichkeit der Anfangsverse fort, indem er den eigentlich entsetzlichen Inhalt in ein sprachliches Bild kleidet, das mit den *Lüften*, in denen *man nicht eng [liegt]* (ebd.) unverkennbar auch positive, ja fast tröstliche Züge bekommt. Celan wandelt hier den rein inhaltlichen Widerspruch des Oxymorons in einen Widerspruch zwischen Inhalt und sprachlicher Umsetzung um, der im weiteren Fortgang immer deutlicher als Zynismus, nämlich als die mitleidlose und menschenverachtende Haltung desjenigen sichtbar wird, der in den folgenden Versen seinen ersten Auftritt hat:

Ein Mann wohnt im Haus der spielt mit den Schlangen der schreibt
der schreibt wenn es dunkelt nach Deutschland dein goldenes Haar
> *Margarete*
er schreibt es und tritt vor das Haus und es blitzen die Sterne er pfeift seine
> *Rüden herbei*
er pfeift seine Juden hervor lässt schaufeln ein Grab in der Erde
er befiehlt uns spielt auf nun zum Tanz

Von Anfang an wird der in V. 5 eingeführte *Mann* als eine Art Kontrapunkt zum lyrischen Wir eingeführt, dem er schon durch seine Singularität konträr gegenübersteht: Als einziger *wohnt [er] im Haus* und *spielt mit den Schlangen* (ebd.). In diesem sprachlichen Bild führt Celan nicht nur einen weiteren Gegensatz ein (*spielen* vs. *Schlangen*), sondern fasst auch meisterhaft den unbekümmert-

dämonischen Charakter des Mannes in Sprache: In Parodierung
der Redewendung „Spiel mit dem Feuer", mit der man den leicht-
fertigen Umgang mit Gefahren kennzeichnet, ersetzt Celan das
„Feuer" durch „Schlangen" und tauscht damit eine blinde Naturgewalt gegen eine höchst lebendige aus, die seit jeher das Symbol
für unberechenbare Bosheit und listige Menschenfeindlichkeit ist
und in praktisch keiner Mythologie der Welt fehlt. Indem der
Mann mit dieser dämonischen Gewalt *spielt*, zeigt er sich im sorg-
los-leichtfertigen Einklang mit dem Bösen.

Darüber hinaus ist der Mann aus Vers 5 mit verschiedenen Attri-
buten der Macht ausgestattet: er *pfeift seine Rüden herbei* und *seine
Juden hervor* (V. 7 f), er *befiehlt* (V. 9) und *lässt schaufeln* (V. 8), was
ihm unweigerlich die Rolle des Aufsehers und Täters zuschreibt.
Die unbedingte Herrschaft, die er über den Chor der Opfer aus-
übt, drückt sich ferner in der zynischen Parallelisierung *seine Rüden*
und *seine Juden* aus, die in einem Atemzug genannt und mit denselben Pfiffen kommandiert werden.

Der Befehl, *zum Tanz* aufzuspielen (V. 9), ist im Übrigen mehr als
eine Fortsetzung dieser zynischen Haltung, denn er weist einen
realen Bezug auf die alltägliche Lebenswirklichkeit der Konzent-
rations- und Vernichtungslager auf. Viele dieser Lager, z.B. auch
Auschwitz 1 unterhielten ein Lagerorchester, das zu vorgegebenen
Anlässen spielen musste, so beim Ein- und Auszug der Häftlinge,
aber beispielsweise auch bei Hinrichtungen.

Zwischen all diesen Gesten der unbedingten Herrschaft findet
sich mit V. 6 eine Charakterisierung unseres „Täters", die nicht ins
Bild passen will:

> *der schreibt wenn es dunkelt nach Deutschland dein goldenes Haar*
> *Margarete*

Die feierliche Art, mit welcher der Mann, der gerade noch mit dem Bösen schlechthin gespielt hat, hier einem Brief nach Deutschland schreibt und die Schönheit einer Frau preist, scheint eher in ein romantisches Gedicht zu passen als in eines über den Holocaust. Das *goldene[...] Haar* lässt unweigerlich an die vielen schönen Töchter in *Grimms Märchen* oder an Heines *Loreley* denken. Der Name „Margarete" erinnert zudem an *Hänsel und Gretel* oder an Margarete in Goethes *Faust*.

Auch rhythmisch erlangt der Vers eine eigentümliche Harmonie, die durch einen exakt symmetrischen und wiegend-daktylischen Aufbau der beiden Halbverse zustande kommt:

> *der* **schreibt** *wenn es* **dun** | *kelt nach* **Deutsch** | *land*
> (- ^ - - ^ - - ^ -)
> *dein* **gol** | *de* | *nes* **Haar** *Mar* | *ga* | **re** | *te*
> (- ^ - - ^ - - ^ -)

Mit diesem inhaltlich wie rhythmisch harmonischen Vers verleiht Celan dem Aufseher Charakterzüge eines romantischen Schwärmers, die man als Leser in diesem Kontext wohl kaum erwartet, die aber einen wesentlichen, vielleicht den entscheidenden Beitrag für die Bedeutung des Gedichtes liefern, denn sie geben dem dämonischen Machthaber eigentümlich menschliche Züge, die unsere Sympathie erregen könnten, stünden sie nicht im so augenfälligen Kontrast zu seiner sonstigen Darstellung.

Warum Celan diese widersprüchliche Charakterisierung vornimmt, wird erst im weiteren Verlauf des Gedichtes deutlich. Fest steht aber schon hier, dass der Autor nicht gewillt ist, den Aufseher eindimensional als Bestie zu verteufeln, wie man es in einem Gedicht über den Holocaust möglicherweise erwarten könnte. Die Anspielungen an die Romantik, die Vers 6 durchziehen (*schreiben, dunkel, goldenes Haar*), stellen darüber hinaus eine Beziehung

zur Geisteshaltung des Nationalsozialismus her, der bekanntlich
in vielerlei Hinsicht aus der romantischen Tradition schöpfte, beispielsweise in seiner Vorliebe für Irrationalität sowie in seiner enthusiastischen Verehrung von Volk und Blut und Treue (vgl. Kap.
7 und 15).

Mit Vers 10 kommt es zur ersten Wiederholung, die sich zunächst
nur durch sehr kleine Variationen von den ersten Versen unterscheidet. Beispielsweise wird die *Schwarze Milch der Frühe*, von der
in Vers 1 noch in der 3. Person die Rede war, nun direkt und in
der 2. Person angesprochen.

> *Schwarze Milch der Frühe wir trinken dich nachts*
> *wir trinken dich morgens und mittags wir trinken dich abends*
> *wir trinken und trinken*
> *Ein Mann wohnt im Haus der spielt mit den Schlangen der schreibt*
> *der schreibt wenn es dunkelt nach Deutschland dein goldenes Haar*
> > *Margarete*
> *Dein aschenes Haar Sulamith wir schaufeln ein Grab in den Lüften da liegt*
> > *man nicht eng*

Die einzige sonst nennenswerte Ergänzung dieser Zeilen, ist, dass
die enthusiastische Anrede *dein goldenes Haar Margarete* (V. 14)
durch die weit weniger begeisternde Anrede *Dein aschenes Haar Sulamith* (V. 15) ergänzt wird.

„*Sulamith*" ist ein jüdischer Frauenname, der eine buchstäblich
jahrtausendealte kunsthistorische Tradition mitbringt. Der Name
wird im Hohelied des Alten Testaments erwähnt. Das Hohelied
ist eine Sammlung von Liebesliedern, die angeblich von König Salomon persönlich verfasst wurden und teils sehr deutliche erotische Anspielungen beinhalten. In Kap. 7 des Hoheliedes wird die
Schönheit eines Mädchens namens Sulamith buchstäblich von

Kopf bis Fuß beschrieben und es bleibt kein Zweifel, welche Art von Verlangen ihr Körper bei Salomon auslöst.[55]

Die jüdische und später auch die christliche Religionslehre konnte mit dieser sehr irdischen Art der Liebe zwischen Salomon und Sulamith wenig anfangen und deutete sie kurzerhand um als die Liebe zwischen Gott und seinem Volk (bzw. zwischen Christus und seiner Kirche). Sulamith wurde damit zum Sinnbild der Kirche als der „Braut Christi". Andererseits trat sie dadurch aber auch in Konkurrenz zu Maria, der Mutter Gottes und Lieblingsjungfrau der katholischen Kirche.

Die Folge davon ist eine ziemlich verwirrende Tradition, in welcher Maria und Sulamith manchmal geistige Schwestern sind, manchmal aber auch als Rivalinnen auftreten, wobei Maria als Repräsentantin des Neuen Testaments und damit des Christentums über Sulamith triumphiert, die als die Vertreterin des Alten Testaments und des Judentums das Feld räumen muss. An welche Sulamith hat wohl Celan gedacht, als er die Zeilen einfügte? An die erotische Verführerin Salomons? An die „Braut Christi"? Oder an die Unterlegene Marias?

Fest steht, dass Celan Sulamith zwar nicht mit Maria, aber doch mit *Margarete* als einer Gallionsfigur deutscher Weiblichkeit parallelisiert. Fest steht auch, dass er mit der Erwähnung ihres Haares direkt auf das Hohelied anspielt (dort heißt es über Sulamith: „*Das Haar auf deinem Haupt ist wie der Purpur des Königs, in Falten gebunden.*, Hohelied 7.6). Allerdings ist Sulamiths Haar nicht mehr purpurn, sondern aschfarben, was eine Verbindung zum *Grab in den Lüften* und den Verbrennungsöfen von Auschwitz zieht.

---

[55] Lies es einmal nach. Es ist im Internet leicht zu finden und es sind wunderbare und uralte Preisungen der schönen Frauengestalt.

Was aber hat es nun genau mit Margarete und Sulamith auf sich? Lass uns diese Frage zurückstellen, denn es wird sich zeigen, dass in dieser Parallelisierung von Margarete und Sulamith die zentrale Aussage des gesamten Gedichtes liegt. Nicht umsonst wird mit diesen beiden die Todesfuge beendet. Lass uns zuvor noch den Rest des Gedichtes betrachten.

> *Er ruft stecht tiefer ins Erdreich ihr einen ihr andern singet und spielt*
> *er greift nach dem Eisen im Gurt er schwingts seine Augen sind blau*
> *stecht tiefer die Spaten ihr einen ihr andern spielt weiter zum Tanz auf*

Die Verse 16-18 knüpfen an die hervorgepfiffenen Juden an und bilden eine Art Fortgang der Handlung, wenngleich diese nur darin besteht, dass der Aufseher die Juden auffordert, mit den begonnenen Tätigkeiten (Grab schaufeln bzw. zum Tanz aufspielen) fortzufahren. Die Handlungen gewinnen damit eine gewisse Dauerhaftigkeit, eine Normalität und Alltäglichkeit.

Hinzu kommen ferner einige Charakterisierungen des Mannes, die das Bild ebenfalls ergänzen, aber im Grunde nichts überraschend Neues bringen: Das *Eisen im Gurt* (V. 17) ist rasch als eine Art von Waffe identifiziert, die offenbar auch eingesetzt wird (*er schwingts*, ebd.). Außerdem bestätigt uns die blaue Augenfarbe (ebd.), dass der Aufseher zu jenem Menschentypus gehört, den die Nazis gern als „Herrenrasse" bezeichneten und über andere Menschen erhoben. All das leuchtet ein und passt ins Bild, aber es scheint im Grunde entbehrlich, denn es bringt wenig Neues. Und auch die folgenden Verse ändern wenig an diesem Befund:

> *Schwarze Milch der Frühe wir trinken dich nachts*
> *wir trinken dich mittags und morgens wir trinken dich abends*
> *wir trinken und trinken*
> *ein Mann wohnt im Haus dein goldenes Haar Margarete*
> *dein aschenes Haar Sulamith er spielt mit den Schlangen*

Beim oberflächlichen Lesen könnte man auch diese Verse als schlichte Wiederholung abtun. Beim genaueren Hinsehen findet sich allerdings eine kleine Auffälligkeit, die uns sogar bereits aufgefallen ist, die nun aber an Kraft gewonnen hat und in den folgenden Versen auch noch stärker hervortreten wird: eine zunehmende Verwirrung in den sprachlichen Bildern! In der letzten Wiederholung waren beispielsweise die Tageszeiten noch sinnvoll geordnet: *morgens, mittags, abends* (vgl. V. 11), nun aber wird diese natürliche Reihenfolge durchbrochen: *mittags, morgens, abends*. Auch der Vers des Mannes, der nach wie vor *im Haus* (V. 13) wohnt, wird nicht, wie oben, mit dem Schlangenspiel fortgesetzt, sondern durch die Nennung der beiden Frauen unterbrochen (ebd.), sodass auch der natürliche Satzbau zerstört wird und nur noch Fragmente übrigbleiben – Trümmer eben.

Man kann in dieser Durchmischung eine Art Anspielung auf die musikalische Fuge sehen, in der sich die Stimmen ja ebenfalls mischen und der Hörer mal diese, mal jene genauer wahrnimmt. Aber darüber hinaus hat die Verwirrung der Bilder, die sich gleich noch weiter steigern wird, eine andere, noch tiefere Bedeutung. Doch lass uns auch die bis zum Ende zurückstellen.

Er ruft spielt süßer den Tod der Tod ist ein Meister aus Deutschland
er ruft streicht dunkler die Geigen dann steigt ihr als Rauch in die Luft
dann habt ihr ein Grab in den Wolken da liegt man nicht eng

Die Verse 24-26 vermischen und verdichten die bereits bekannten Bilder weiter: Der zynische Befehl, den Tod *süßer* zu spielen (V. 24), spitzt den Widerspruch zu, der darin besteht, die Musik zur eigenen Ermordung spielen zu müssen. In V. 25 wird dieses Musizieren auch erstmals direkt auf die Grablegung *in den Wolken* (V. 26) bezogen, die dem Chor der Opfer als einziger Ausweg bleibt.

Neben all diesen bereits mehr oder weniger bekannten Bildern
tritt als neue Aussage der Halbvers *der Tod ist ein Meister aus Deutsch-*
land (V. 24) hervor, der als Zitat weit über die Todesfuge hinaus
berühmt geworden ist, weil er eine perfide Wahrheit über den Holocaust meisterhaft in Worte fasst: Die gleichzeitig erschreckende
wie bitter faszinierende Rationalität, mit der die Deutschen den
Völkermord an den Juden organisiert und durchgeführt haben.
Die geradezu industrielle Methodik aus Erfassung, Zulieferung,
physischer Ausbeutung, schließlich Ermordung und Verbrennung
– all das schien wie ein gut geöltes Uhrwerk abgelaufen zu sein.[56]
Deutschland galt im 20. Jh. wie heute als ein Land der Ingenieurskunst, der meisterlichen Technik und präzisen Organisation.
Mit dem Holocaust schienen die Deutschen diesem Ruf auf per-
verse Art alle Ehre gemacht zu haben. Diese Mischung aus Entsetzen über die Tat und unwillkürlichen Faszination über die perfide Rationalität der Vorgehensweise, all das steckt in den Worten
der Tod ist ein Meister aus Deutschland (ebd.). Sie beinhalten ebenso
viel Schrecken (*Tod*) wie handwerkliche Anerkennung (*Meister*).

Ein letztes Mal vor den Abschlussversen kommt es zu einer großen Wiederholung und nun ist die Verwirrung der sprachlichen
Bilder nicht mehr zu übersehen:

Schwarze Milch der Frühe wir trinken dich nachts
wir trinken dich mittags der Tod ist ein Meister aus Deutschland
wir trinken dich abends und morgens wir trinken und trinken
der Tod ist ein Meister aus Deutschland sein Auge ist blau

---

[56] … was historisch übrigens gar nicht der Fall war: Je mehr man über den
Nationalsozialismus herausfindet, umso mehr erlebt man, wie wirr und letztlich
unorganisiert dieser Staat war. Vielleicht hat er wirklich nur wegen der
angeblichen Ordnungsliebe und Pflichtschuldigkeit der Deutschen halbwegs
funktioniert.

er trifft dich mit bleierner Kugel er trifft dich genau
ein Mann wohnt im Haus dein goldenes Haar Margarete
er hetzt seine Rüden auf uns er schenkt uns ein Grab in der Luft
er spielt mit den Schlangen und träumet der Tod ist ein Meister aus
  Deutschland

Keines der Bilder ist uns mehr neu, nur ihre Anordnung ist merk-
lich konfuser und unterbrochener geworden. Der *Tod*, dieser *Meis-*
ter aus Deutschland, der in V. 24 eingeführt wurde, übernimmt die
Führung und scheint nun mit dem Mann im Haus gleichgesetzt,
denn er ist es nun, dessen Auge *blau* ist (V. 30). Gleichzeitig weist
einiges darauf hin, dass Celan in V. 30/31 auch einen Teil seines
persönlichen Schicksals, nämlich die Ermordung seiner Mutter,
verarbeitet hat. Dafür spricht, dass die beiden Verse als einzige
gereimt sind und einen exakt parallelen Rhythmus aufweisen.

der **Tod** *ist ein* **Meis** | *ter aus* **Deutsch** | *land sein* **Au** | *ge ist* **blau**
  (- ^ - - ^ - - ^ - - ^ - - ^)
er **trifft** *dich mit* **blei** | *er* | *ner* **Ku** | *gel er* **trifft** *dich ge* | *nau*
  (- ^ - - ^ - - ^ - - ^ - - ^)

Wenn man die anfangs geäußerte These ernst nimmt, dass das
harmonische Spiel mit Rhythmus und Reim für eine Ungeheuerlichkeit wie den Holocaust keine angemessene Darstellungsform
mehr ist, dann kann man auch umgekehrt schließen, dass Reime
immerhin dort noch möglich sind, wo es um individuelle und sub-
jektive Erfahrungen geht, also um den Einzelnen. Das ist der
Grund, warum der Reim und der regelmäßige Rhythmus der beiden Verse einen Hinweis darauf geben, dass Celan hier ein Stück
individuelles Schicksal verarbeitet hat.

Celans Mutter wurde im KZ Michailowka durch einen SS-Mann
per Genickschuss getötet. Dieses Ereignis fügt Celan hier ein, indem er die Perspektive auf ein lyrisches Du, also eine

Einzelperson verengt, die *mit bleierner Kuge*l und *genau* (V. 31) ge-
troffen wird. Selbst das zugekniffene Auge des Todesschützen
verarbeitet er, indem aus dem früheren Plural *seine Augen sind blau*
(V. 17) nun der Singular wird: *sein Auge ist blau* (V. 30).

Ob diese biografische Interpretation der beiden Verse tatsächlich
zutrifft, mag man glauben oder auch nicht. Fest steht, dass in diesen letzten Versen nichts gelöst ist, nichts zu Ende geführt wird,
kein Fazit gezogen und keine Erklärung geliefert wird. Übrig bleiben nur die schon zu Anfang dargestellten Bilder, die wieder und
wieder genannt, betrachtet und variiert werden, mit denen aber
letztlich nichts erreicht und nichts abgeschlossen wird. Leicht
könnte man sich vorstellen, dass Celan das alles noch einmal
durchmischt und so eine weitere Strophe anhängen könnte. Oder
noch zwei. Oder drei oder vier.

Genau in dieser *Nicht*-Lösung, in dieser Nicht-Verarbeitung, in
diesem Nicht-Vorwärtskommen liegt die entscheidende Aussage
der Todesfuge: Der Widerspruch, der sich buchstäblich vom ersten Wort an im Oxymoron der *schwarzen Milch* aufgetan hat und
der in all den sprachlichen Bildern immer wieder zum Vorschein
kommt – dieser Widerspruch ist darstellbar, aber er ist nicht lös-
bar! Er ruft Assoziationen wach, vom *Spiel mit den Schlangen* bis
zum *Grab in den Lüften*, vom *Eisen im Gurt* bis zum *Meister aus
Deutschland*, aber er findet und findet und *findet* kein Ende. Und so
kann das lyrische Ich seine sprachlichen Bilder immer nur wieder
und wieder durchgrübeln, bis sie sich verwirren und die gedankliche Konfusion widerspiegeln, in die ein Mensch verfällt, der auf
eine entscheidende Frage auch bei intensivster Anstrengung keine
Antwort findet.

Und welche Frage ist das, die hier so ergebnislos zergrübelt wird? Es ist die, die durch den Schluss des Gedichtes ein letztes Mal symbolisiert wird:

dein goldenes Haar Margarete
dein aschenes Haar Sulamith

In den Abschlussversen 35/36 steht der eine und entsetzliche Widerspruch der Todesfuge, der viel konkreter und viel wirkungsmächtiger ist, als die *schwarze Milch*, mit der das Gedicht begonnen hat. Und er besteht darin, dass der bestialische Täter, der Henker und Massenmörder gerade *keine* Bestie ist, sondern ein Mensch, der sich, genau wie die Generationen vor ihm, schwärmerisch für die Schönheit des Frauenhaars seiner Geliebten begeistert.

Und so lautet die Frage, die die beiden Abschlussverse ausdrücken: Wie kann es sein, dass jemand nachts enthusiastisch die schöne *Margarete* verehrt und morgens aufsteht und die schöne *Sulamith* vergast und verbrennt? Wie kann es sein, dass eine rassische Ideologie so mächtig werden kann, dass sie das erotische Entzücken des Hoheliedes übertönt?

Celan hat die Antwort auf diese Frage nicht gefunden und die Todesfuge ist das Resultat dieses Nicht-Findens. Denn was bleibt einem, wenn man keine Antwort findet, als die Frage wieder und wieder im Geiste umzuwenden, sie umzuformulieren und anders zu fassen. Genau in diesen Prozess nimmt uns Celan in seinem Gedicht mit, indem er seine Gedanken in magisch-realistische Sprachbilder überführt, die uns den Widerspruch und die Unverständlichkeit des Geschehenen deutlich machen, die aber eine Auflösung schroff verweigern und bis in die Form des Gedichtes hinein deutlich machen, dass nichts übrigbleibt, als eine wirre und endlose Wiederholung der Frage.

Celan ist für die Todesfuge zunächst von (fast) allen Seiten kritisiert worden. Diejenigen, die Adornos Überzeugung teilten, nach Auschwitz könne man keine Gedichte mehr schreiben, warfen Celan vor, er habe das Grauen des Holocaust ästhetisiert. Manche Autoren der Nachkriegsliteratur, die in ihren eigenen Werken den nüchternen Sprachstil des „Kahlschlags" pflegten, lehnten die sprachlichen Bilder als zu schwülstig und zu symbolistisch ab. Recht hatten sie wahrscheinlich beide nicht, denn letztlich behandelt Celan gar nicht (nur) den Holocaust, sondern vielmehr einen viel allgemeineren Wesenszug des Menschen, der aber zum Holocaust führen konnte (und leider danach auch zu Srebrenica, Ruanda und Syrien). Dafür verwendet er sprachliche Bilder, die sich mit der Technik des magischen Realismus in Einklang bringen lassen: nämlich dunkle, symbolträchtige Assoziationen und Andeutungen, wie sie etwa für Träume typisch sind und wie sie sich in Träumen auch verwirren und vermengen, ohne rechten Sinn zu ergeben.

Besonders ist im Grunde nur die Größe des Themas, das sich Celan vorgenommen hat, und das die gewählten sprachlichen Mittel erforderlich machte, weil eine realistische Darstellung als Verknappung und Verflachung des Problems gelten müsste. In diesem Sinne ist die Todesfuge richtungweisender für die weitere literarische Entwicklung geworden als andere, typischere Werke der Nachkriegsliteratur.

18. Literatur der Bundesrepublik

Rose Ausländer
Blinder Sommer (1965)

Je stärker man sich in der Literaturgeschichte der Gegenwart nähert, umso schwerer fällt es, die charakteristischsten Merkmale jeder Epoche herauszuarbeiten und einen „typischen Vertreter" für die Zeit zu finden. Das liegt nicht allein daran, dass die Welt schneller und komplexer geworden ist und sich immer rascher verändert. Es liegt auch nicht allein an der zunehmenden Vernetzung der Weltkulturen, durch welche die Einflüsse aus den unterschiedlichsten Weltgegenden in die Kunst des 20. Jahrhunderts gelangt sind. Mehr noch liegt es daran, dass die Geschichte noch zu jung ist, um so recht zu zeigen, was wirklich typisch war. Fakt ist nämlich, dass Zeitgenossen ihre eigene Epoche meist nicht besonders gut charakterisieren können, weil sie eher zu viel als zu wenig über sie wissen. Im Gewirr der Einzelheiten verlieren wir den Überblick für das Große und Gemeinsame.

Stell dir das vor wie einen jungen Wald voller kleiner Bäumchen, die alle dem Licht entgegenwachsen. Welchen davon gelingt es, alt und riesig zu werden und die anderen zu überragen oder sogar zu verdrängen? Das Barock oder die Romantik sind Beispiele für solche „alten Bäume", welche die Jahrhunderte überdauert und unendliche Mengen an Samen und Früchten verbreitet haben. Dafür wissen wir nur noch wenig über die vielen jungen Bäumchen, die einmal neben Barock und Romantik gegrünt haben.[57]

---

[57] Genau genommen muss ich zugeben, dass wir gar nicht so wenig darüber wissen. Ich habe dir nur recht wenig darüber erzählt, weil sonst aus der „Kleinen Literaturgeschichte" schnell eine „Große Literaturgeschichte" geworden wäre.

Wenn wir voraussehen wollen, was die Literaturwissenschaftler in 100 Jahren über die Zeit der Bundesrepublik sagen werden, dann können wir nur überlegen, welche der vielen Entwicklungen das Potenzial für eine längere Tradition haben und welche nur Episode bleiben werden. Und natürlich können wir uns die äußere Situation der Literatur ansehen, denn künstlerische Entwicklungen sind nie unabhängig von der umgebenden Gesellschaft.

Für die äußere Situation in der Literatur nach 1949 war zweifellos der Kalte Krieg ein maßgeblicher Faktor. Er war die Ursache für die Spaltung der Welt in zwei ideologisch unvereinbare Lager, deren Frontlinie direkt durch Deutschland verlief und sehr unterschiedliche künstlerische Bedingungen in der Bundesrepublik und der DDR schuf.

Der Kalte Krieg war auch deshalb so prägend, weil seine Bedrohung so allumfassend und absolut war: Seit dem Abwurf der Atombomben auf Hiroshima und Nagasaki wusste die ganze Welt, dass die Menschheit einen „heißen Krieg" wahrscheinlich nicht überleben würde – egal auf welcher Seite. Die Anzahl der atomaren Sprengköpfe in Ost und West war so aberwitzig hoch, dass man damit weit mehr als einen Planeten hätte entvölkern können.[58] Diese unausgesprochene Drohung ist aus der Kunst der Zeit nicht wegzudenken. Sie bildet den stetigen schweigenden Hintergrund vieler literarischer Werke – wie ein Schmerz, der nie ganz verschwindet.

Man hat die literarische Entwicklung in der Bundesrepublik gern grob in Zehn-Jahres-Blöcke eingeteilt und jedem Jahrzehnt bestimmte künstlerische Eigenheiten nachgesagt. Auch wenn diese Einordnung nur näherungsweise passt und eigentlich nur aussagt,

---

[58] Im Übrigen hat sich daran bis heute nichts Wesentliches geändert.

dass mal das eine, mal das andere „Bäumchen" stärker gewachsen ist, möchte ich sie dir doch kurz vorstellen und ihre Gründe erläutern.

Aus dem letzten Kapitel weißt du, dass die unmittelbare *Nachkriegszeit* von Armut, Trümmern und Mangel geprägt war. Mit dem Beginn der Bundesrepublik und der amerikanischen Wirtschaftshilfe kam es in Westdeutschland zu einem nie gekannten wirtschaftlichen Aufschwung, dem *Wirtschaftswunder*, mit dem sich in der Bundesrepublik ein Wohlstand ausbreitete, der für damalige Verhältnisse immens war.

Ein Großteil der Bevölkerung der *50er Jahre* richtete sich in diesem neuen Wohlstand bequem ein und wollte von der Vergangenheit möglichst nichts mehr wissen – erst recht nicht, wenn man irgendwie selbst mehr oder weniger tief in den Nationalsozialismus verstrickt gewesen war. Gegen diese neue unpolitische Bequemlichkeit schrieben viele Autoren der 50er Jahre an und versuchten, eine kritische Auseinandersetzung mit der NS-Vergangenheit und dem Holocaust anzuregen. Bezeichnenderweise kamen die ersten Impulse dafür aus der Schweiz. Das erklärt sich wohl daraus, dass die Schweiz das einzige deutschsprachige Gebiet war, das nicht direkt in den Zweiten Weltkrieg verwickelt war. Kritik ist immer leichter als Selbstkritik.

In den *60er Jahren* wurde dieser Trend stärker und die Kunst konkret politisch – und jung. Fast wie im „Jungen Deutschland" 130 Jahre zuvor, als politisch engagierte Autoren gegen das Biedermeier angeschrieben hatten (vgl. Kap. 8 und 9), erhob hier wieder einmal eine junge Generation die Stimme und schrieb gegen Bequemlichkeit und Duckmäusertum an. In der Literatur schlug sich dieses neue politische Interesse in Texten nieder, die bewusst gesellschaftlich zu wirken versuchten und dazu oft authentische

Dokumente in die Literatur einflochten – auch hier gibt es also eine Parallele zum Jungen Deutschland/Vormärz (Kap. 9).

Die Politisierung der 60er war keine allein deutsche, sondern eine weltweite Entwicklung. Sie mündete am Ausgang des Jahrzehnts in die Hippie-Bewegung und die großen Studentenrevolten von 1968. Die Gründe dafür lagen nicht zuletzt darin, dass der Kalte Krieg in dieser Zeit mehrfach kurz davor war, in einen heißen Krieg überzugehen (1961: *Mauerbau*, 1962: *Kubakrise*, ab 1963: USA in *Vietnam*, 1968: Niederschlagung des *Prager Frühlings*…). Man hatte also allen Grund, die politischen Geschehnisse in der Welt mit Misstrauen und mit öffentlichen Debatten zu verfolgen.

Träger dieser Debatten war eine junge Generation, die den Weltkrieg kaum mehr erlebt hatte, sich aber fragte, was wohl ihre Eltern und Großeltern in dieser Zeit getan hatten. Diese Frage war natürlich in Deutschland besonders brisant.

Die Studentenrevolten der späten 68er scheiterten und die Friedensbewegung der Hippies hielt weder den Vietnamkrieg auf noch die Fortführung des Wettrüstens zwischen USA und Sowjetunion. Die *Literatur der 70er* Jahre ist daher oft resignierter und von einer „Neuen Innerlichkeit" geprägt. In vielen Werken entdecken wir eine Abkehr von den Fragen des Weltgeschehens und stattdessen ein erhöhtes Interesse an subjektiven Seelenzuständen. Unerhört schöne Liebesgedichte sind in dieser Zeit entstanden! Wenn ich die Zeit hätte, dir die 70er in einem eigenen Kapitel vorzustellen, dann würde ich sie ohne zu zögern an Erich Frieds Gedicht „Was es ist" darstellen, selbst wenn es in den frühen 80ern entstanden ist. Kein anderes Werk verdeutlicht in so naiv-schöner Weise, was die „Neue Innerlichkeit" der 70er war.[59] Und dass es

---

[59] Lies es einmal nach, du findest es leicht im Internet und wirst keine Schwierigkeiten mit seinem Verständnis haben!

erst 1983 verfasst wurde, zeigt letztlich nur, dass eine literarische Strömung nun mal nicht zu Silvester 1979 endet, sondern dass sie ein „Bäumchen" ist.

Für die Literatur der 80er hat man keine passende künstlerische Gemeinsamkeit finden können, deshalb hebt man in der Regel den zunehmenden Austausch zwischen den Literaten der BRD und der DDR hervor. Seit den „Ostverträgen" der Regierung Brandt hatten sich die Kommunikationsmöglichkeiten zwischen Ost und West vereinfacht und das führte zunächst langsam, aber immer deutlicher zu künstlerischen Kontakten und Austausch über die Grenze hinweg. Außerdem kam eine ganze Reihe namhafter ostdeutscher Künstler dauerhaft in die Bundesrepublik, sei es, weil sie auswanderten oder flohen oder ausgebürgert wurden.

Mit dem Mauerfall und dem Ende des Kalten Krieges nimmt man für gewöhnlich eine neue Epoche an, weil mit der Wiedervereinigung auch künstlerisch neue Themen aufs Tableau traten. Wir werden diesen Trend im letzten Kapitel 20 genauer betrachten.

Für welchen Teil der bundesdeutschen Literaturentwicklung soll ich dir nun ein Beispiel vorstellen? Für die Gesellschaftskritik der 50er? Für die politische Lyrik der 60er? Für die Innerlichkeit der 70er? Für den deutsch-deutschen Literaturaustausch der 80er? Lass mich dir ein Gedicht zeigen, das alle diese Themen ein bisschen beinhaltet (nun gut, die 60er kommen etwas kurz) und das dabei gleichzeitig eine wichtige künstlerische Technik der Gegenwartslyrik verständlich macht:

Rose Ausländer
Blinder Sommer (1965)

Die Rosen schmecken ranzig-rot
es ist ein saurer Sommer in der Welt

Die Beeren füllen sich mit Tinte
und auf der Lammhaut rauht das Pergament

5   Das Himbeerfeuer ist erloschen
es ist ein Aschensommer in der Welt

Die Menschen gehen mit gesenkten Lidern
am rostigen Rosenufer auf und ab

Sie warten auf die Post der weißen Taube
10   aus einem fremden Sommer in der Welt

Die Brücke aus pedantischen Metallen
darf nur betreten wer den Marsch-Schritt hat

Die Schwalbe findet nicht nach Süden
es ist ein blinder Sommer in der Welt.

Was wir hier in Rose Ausländers Gedicht vor uns haben, ist ein
Stück *hermetische Lyrik* und damit hat es folgende Bewandtnis:

Erinnere dich an das letzte Kapitel, in dem wir Paul Celans
Schwarze Milch der Frühe analysiert haben. Sind wir uns einig gewor-
den, was dieses Sprachbild nun eigentlich genau zu bedeuten hat?
Eigentlich nicht. Wir haben uns zwar überlegt, was die Worte mit
uns machen („Milch" = etwas Gutes, Reines, Weißes; „Schwarz"
= Todesfarbe, Gegensatz, Beflecktheit usw.), aber haben wir

danach genau gewusst, was Celan nun eigentlich genau sagen wollte? Kaum.

Was wir stattdessen hatten, war etwas anderes, viel Wichtigeres, nämlich eine *Stimmung*, ein Seelenzustand. Ein bestimmtes Gefühl, das von der *Schwarzen Milch der Frühe* in uns geweckt wird. Und wenn Celan Künstler war und nicht Literaturwissenschaftler, dann war ihm wahrscheinlich diese Stimmung wichtiger als eine aalglatt interpretierbare Metapher. Lyrik ist kein Rätselraten. Lyrik will im Leser etwas zum Klingen bringen. Und dafür ist es manchmal nötig, in Worten zu sprechen, für die es keine fertige und abschließende Erklärung gibt.

Das ist das Wesen der *hermetischen Lyrik*: Sie entwirft sprachliche Bilder, die bewusst uneindeutig sind und sich der Interpretation entziehen wollen. Bilder, die nicht *etwas Bestimmtes* bedeuten wollen, sondern eher etwas *Un*bestimmtes. Ein Dichter hermetischer Lyrik wüsste selbst nicht zu sagen, was seine Metaphern zu bedeuten haben, er wüsste wohl nur, dass das, was ihm auf der Seele lag, diese und keine anderen Worte gefunden hat. Du magst sie mit ihm teilen oder es lassen.

Man hat die Metaphern der hermetischen Lyrik deshalb gern *Chiffren* genannt. Chiffren sind geheime Zeichen, die von Außenstehenden nicht verstanden werden sollen, sondern nur von Eingeweihten. Wenn man in der hermetischen Lyrik von Chiffren spricht, meint man, dass die Bedeutung der sprachlichen Bilder bewusst – vielleicht auch unbewusst – verrätselt und verschlüsselt wird. Wer hermetische Lyrik interpretieren will, muss daher besonders aufmerksam sein und der Stimmung der Sprache hinterherfühlen. Er muss suchen, wo sich Zusammenhänge finden und welche Wörter welche Gefühle auslösen. Das ist oft nicht einfach, aber es belohnt den Leser mit einer Ahnung von Gefühlen, die

andere Menschen Jahrzehnte zuvor gefühlt haben – und das ist
manchmal „nur" interessant – und manchmal Gänsehaut…

Wenn wir uns in Rose Ausländers Gedicht hineinfühlen wollen,
sollten wir es erst einmal erneut lesen und uns seine Stimmung
bewusstmachen. Bis gleich…

> *Die Rosen schmecken ranzig-rot*
> *es ist ein saurer Sommer in der Welt*
>
> *Die Beeren füllen sich mit Tinte*
> *und auf der Lammhaut rauht das Pergament*
>
> *Das Himbeerfeuer ist erloschen*
> *es ist ein Aschensommer in der Welt*
>
> *Die Menschen gehen mit gesenkten Lidern*
> *am rostigen Rosenufer auf und ab*
>
> *Sie warten auf die Post der weißen Taube*
> *aus einem fremden Sommer in der Welt*
>
> *Die Brücke aus pedantischen Metallen*
> *darf nur betreten wer den Marsch-Schritt hat*
>
> *Die Schwalbe findet nicht nach Süden*
> *es ist ein blinder Sommer in der Welt.*

Kein Zweifel: dieses Gedicht atmet eine eigentümliche Mischung
aus verhaltener Sehnsucht und stumpfer Trauer. Da sind einerseits
die Naturanklänge (*Sommer, Rosen, Himbeeren, Taube, Schwalbe, Süden*), die eigentlich in uns positive Gefühle wachrufen sollten. Hier
aber werden sie durch negativ besetzte Wörter eingetrübt (*sauer,
rau, erloschen, Asche, fremd, pedantisch, blind*). Dem lyrischen Ich ist

aus irgendeinem Grund die Schönheit des Sommers vergällt. Kein Wunder, dass damit stumpfe Trauer und verhaltene Sehnsucht aus seinen Worten herausklingen.

Formal ist das Gedicht in sieben Strophen mit je zwei Versen eingeteilt, die aus sehr regelmäßigen, meist fünfhebigen Jamben bestehen[60] und dem Werk eine gemessene Rhythmik und Getragenheit geben. Reime sind keine vorhanden.[61] Allerdings wiederholt jede ungerade Strophe den sehr ähnlichen Abschlussvers *Es ist ein [...] Sommer in der Welt* (V. 1, 3, 7, ähnlich 5) und bildet damit eine Art Refrain. Das verleiht dem Gedicht trotz fehlender Reime eine gewisse liedhafte Klanglichkeit.

Hermetische Lyrik arbeitet gern mit *Synästhesien*, also mit der sprachlichen Verschmelzung unterschiedlicher Sinneseindrücke. Sie knüpft damit an Traditionen aus der Romantik und dem Symbolismus an, die ja auch beide ein feines Interesse an subtilen Seelenzuständen hatten (vgl. Kap. 7 und 12). Und so empfängt uns Rose Ausländers Gedicht nicht zufällig mit einer Synästhesie.

> *Die Rosen schmecken ranzig-rot*
> *es ist ein saurer Sommer in der Welt*

Die rote Rose ist das Lieblingssymbol aller schwärmerischen Dichtung und ruft wie kein anderes sprachliches Bild die Schönheit der sommerlichen Natur in uns wach. Aber dem lyrischen Ich scheint dieser Sommer buchstäblich nicht zu *schmecken* (V. 1): Es empfindet die Rosen als *ranzig-rot* (ebd.) und den Sommer in der Welt als *sauer* (vgl. V 2).

---

[60] Die jeweils ersten Verse der ersten drei Strophen sind nur vierhebig und der vorletzte Vers wieder.
[61] ...was nach den Gedanken der letzten beiden Kapitel wohl auch niemand anders erwartet hätte, vgl. Kap. 16 und 17.

Ranzige und saure Geschmäcker rufen eher Ekel als Entzücken hervor, sodass dieser Sommer trotz seiner roten Rosen faul und verdorben wirkt. Beachte, dass dieser Verfall nichts von der melancholischen Süße hat, mit der Stefan George 60 Jahre zuvor das Welken seiner *späten Rosen* beschrieben hat (Kap. 12). Warum dem lyrischen Ich der Sommer verdorben ist, verrät die Strophe nicht und auch die folgende bringt uns zunächst nicht weiter, ist sie doch vielleicht die rätselhafteste des ganzen Gedichtes:

> *Die Beeren füllen sich mit Tinte*
> *und auf der Lammhaut rauht das Pergament*

Beeren, die *sich mit Tinte* füllen (V. 3) klingen einerseits nach Reifung und praller Fruchtigkeit. Einer vollreifen, dunklen Brombeere könnte man schon die Füllung mit Tinte abnehmen. Allerdings fühlt sich Tinte in einem Naturbild fremd und verkehrt an. Wer Brombeeren betrachtet, denkt dabei normalerweise nicht an Tinte. Das lyrische Ich offenbar schon.

Noch rätselhafter ist das *Pergament,* das *auf der Lammhaut rauht* (V. 4) und eigentlich schon vom Satzbau her kaum Sinn ergibt. Etwas klarer wird der Satz, wenn man weiß, dass Pergament aus Tierhäuten, z. B. aus Lammhäuten, hergestellt und dabei mit Schabeisen und Bimsstein geglättet wird. Wenn also Pergament *auf der Lammhaut rauht,* dann wird die Lammhaut gedanklich schon zum Pergament. Wiederum vermischen sich in diesem Bild Gegenstände der Natur (Lamm) mit Kunstprodukten (Pergament) – genau wie in den ersten Versen (Beeren – Tinte).

Damit wissen wir zwar noch nicht, warum dem lyrischen Ich der Sommer sauer ist, aber wir nehmen teil an seiner Wahrnehmung, in der die reifen Beeren nur Gedanken an Tinte wachrufen und das Lamm – das typische Symbol der Unschuld! – nur an das Pergament erinnert, für dessen Herstellung es sein Leben wird lassen müssen. Sowohl Pergament als auch Tinte weisen auf ein und denselben Kulturbereich hin, nämlich auf die Schrift. Das lyrische Ich fühlt sich in diesem sauren Sommer also unwillkürlich an das Schreiben oder an Geschriebenes erinnert. An was für Schrift? An eigene Texte? An fremde? Wir wissen es nicht.

> *Das Himbeerfeuer ist erloschen*
> *es ist ein Aschensommer in der Welt*

Man hat den *Aschensommer* aus Vers 6 bisweilen als Metapher auf den Holocaust interpretiert. Dafür spricht, dass Rose Ausländer sich in mehreren anderen Gedichten intensiv mit dem Holocaust auseinandergesetzt und dabei *Asche* als Metapher verwendet hat. Vielleicht ist es auch tatsächlich so, dass man im Jahre 1965 nicht von *Asche* sprechen konnte, ohne unweigerlich Auschwitz wachzurufen. Aber wenn wir die Bildsprache des Gedichtes ernst nehmen, dann passt diese Interpretation nicht zur Strophe. Denn die *Asche* steht dort im Zusammenhang mit dem Erlöschen eines *Himbeerfeuer[s]* (V. 5).

Was auch immer ein *Himbeerfeuer* ist, es passt als Metapher definitiv nicht auf den Holocaust. Stattdessen erweckt das Bild in uns positive Gefühle von heißem Sommer und vollreifen Früchten, die thematisch an die *Beeren* von V. 3 anknüpfen. Deshalb wirkt die Aussage, dass dieses Feuer *erloschen* ist, auch nicht erleichternd, sondern betrüblich und melancholisch. Der *Aschesommer* zeugt somit eher vom Verlust eines Feuers, das schön war und vom lyrischen Ich geliebt wurde.

Aber was ist es, was da erloschen ist. Steht das *Himbeerfeuer* vielleicht für eine vergangene Leidenschaft? Oder für einen berauschenden Zorn? Oder ein entschwundenes Glück? Wir wissen es nicht. Wir wissen nur so viel, wie das Wort *Himbeerfeuer* jedem von uns zu sagen vermag – so funktioniert hermetische Lyrik.

> *Die Menschen gehen mit gesenkten Lidern*
> *am rostigen Rosenufer auf und ab*

Strophe 4 verschiebt die Perspektive von der Natur auf die darin *auf und ab* (V. 8) gehenden Menschen. Aus den *gesenkten Lidern* (V. 7) lesen wir eine niedergeschlagene Grundstimmung ab, die das Gedicht auch zuvor schon ausgestrahlt hat und die offenbar ein allgemeines Phänomen ist: Nicht nur das lyrische Ich, sondern auch seine Zeitgenossen sind von dieser tristen Stimmung befallen. Gleichzeitig verhindern gesenkte Lider die gegenseitige Kontaktaufnahme zwischen den Spaziergängern des Rosenufers. Sie erwecken deshalb auch ein Gefühl von Einsamkeit und Isolation – trotz der Menschen.

Dass das Rosenufer als *rostig* beschrieben wird, führt die bisher ausgebreitete Bildsprache des Gedichtes konsequent fort: Erneut wird ein Stück Natur durch Begriffe aus der Kultur synästhetisch verfremdet. Mit dem Rost setzt zudem ein neues Motiv des Gedichts ein, das in den nächsten Strophen wichtig werden wird, denn er führt nicht nur die Bilder von Zerfall und Verkehrtheit fort, sondern weist auch auf die *Metalle* voraus, die in Strophe 6 die Metaphorik des Gedichtes bestimmen werden und einen Schlüssel für die trübe Stimmung dieses Sommers bilden.

> *Sie warten auf die Post der weißen Taube*
> *aus einem fremden Sommer in der Welt*

Die *weiße[...] Taube* (V. 9) ist das Symbol des Friedens schlechthin. Die Erwähnung der *Post* (ebd.) macht sie zur Friedensbotin, auf die die Menschen, die da gedrückt am Rosenufer auf- und abgehen, offenbar sehnsüchtig warten. Auf welche Friedensbotschaft warten sie? 1965 herrschte Krieg in Vietnam, in Namibia, Guatemala und Eritrea, in Angola, Guinea und Mosambik, in Indien, Pakistan, Kenia und Kolumbien. Doch wurden all diese mehr oder weniger schweren Auseinandersetzungen vom großen und immer schwelenden Gegensatz der beiden Supermächte überschattet.

Zur Entstehungszeit des Gedichtes war es nur vier Jahre her, dass mit dem Mauerbau die deutsch-deutsche Teilung zementiert und wichtige Kommunikationskanäle zwischen Ost- und Westdeutschland rigoros abgeschnitten worden waren. Es war nur drei Jahre her, dass USA und Sowjetunion während der Kuba-Krise ihre Atomwaffen abschussbereit gemacht hatten und die Menschheit fast stündlich mit dem Ausbruch des Dritten Weltkrieges rechnete. Es kann deshalb keinen Zweifel geben, aus welcher Weltregion und welchem *fremden Sommer* (V. 10) die Friedensbotschaft ersehnt wird, selbst wenn es nach politischen Maßstäben zur Entstehungszeit des Gedichtes zwischen Ost und West vergleichsweise ruhig war. Die ständigen Krisen, die gegenseitigen Drohungen, die Missverständnisse und Stellvertreterkonflikte des Kalten Krieges hatten jedem denkenden Zeitgenossen deutlich gemacht, wie heikel und zerbrechlich die politische Lage war, selbst wenn sie sich aktuell einigermaßen stabil geben sollte.

Vor diesem Erfahrungshintergrund müssen auch die abschließenden beiden Strophen verstanden werden.

> *Die Brücke aus pedantischen Metallen*
> *darf nur betreten wer den Marsch-Schritt hat*

Brücke[n] (V. 11) sind in der literarischen Tradition eigentlich positiv besetzte Symbole, weil sie getrennte Orte verbinden, folglich Übergänge ermöglichen und sichere Wege gewährleisten. Im Zusammenhang der Strophe erlangt die Brücke hingegen eine ganz andere Bedeutung: Im Militärwesen sind Brücken wichtige strategische Knotenpunkte: Wer die Kontrolle über eine Brücke hat, kann seine eigenen Truppen hin- und herbewegen und gleichzeitig den Gegner daran hindern, einen Fluss zu überqueren oder einen Landstrich zu besetzen.

Strophe 6 beinhaltet als einzige des gesamten Gedichtes keinerlei Naturmotive. Wenn das lyrische Ich stattdessen von einer *Brücke aus pedantischen Metallen* spricht, die nur betreten darf, *wer den Marsch-Schritt hat*, so ruft dieses Bild nicht den verbindenden, sondern den trennenden Charakter der Brücke wach. Verstärkt wird er durch die Nennung des Metalls, das seit jeher das Symbol für Kampf und Krieg ist. Dass dieses Metall außerdem *pedantisch* ist, also eine Mischung aus kleinlich und penibel, beschreibt wohl weniger die Brücke selbst als vielmehr das Verhalten derer, die sie bewachen. Jeder, der zu Zeiten des Kalten Krieges einmal die Zonengrenze überquert und die Schikanen der Grenzbeamten erlebt hat, weiß, wovon Rose Ausländer spricht.

Die Anklänge an die militärische Besetzung der Brücke stehen im Kontrast zur Friedenssehnsucht, die in Strophe 5 ausgedrückt wurde. Sie verdeutlichen, warum dieser Sommer so freudlos und verdorben ist und warum die Menschen darin nur mit gesenkten Lidern auf- und abgehen. Vielleicht gehören hierhin auch die Schriftstücke, an die sich das lyrische Ich in den Versen 2 und 3 unwillkürlich erinnert gefühlt hat. Mit der Abschluss-Strophe findet Rose Ausländer für diese triste Situation ein Sprachbild von ergreifender Schmerzlichkeit.

> *Die Schwalbe findet nicht nach Süden*
> *es ist ein blinder Sommer in der Welt.*

Wie jammervoll wirkt eine Schwalbe, die ihren Orientierungssinn verloren hat? Ähnlich wie die Rose, mit der das Gedicht begonnen hat, ist die Schwalbe ein geradezu sprichwörtlicher Begleiter des Sommers. Schwalben rufen Gefühle von Freiheit und Ungebundenheit hervor, weil sie scheinbar nach Belieben die Lüfte durchstreifen und die Lebensräume wechseln können. Außerdem bewundern wir ihren untrüglichen Instinkt, mit dem sie je nach Wetterlage hoch oder niedrig fliegen und der sie im Herbst nach Süden führt und im Frühling denselben Weg zurück.

Eine Schwalbe, die nicht mehr nach Süden findet, ist deshalb der Inbegriff einer Welt, in der die Dinge nicht mehr funktionieren, wie sie sollen, und in der selbst die Freiheit der Vögel keinen Platz mehr hat. Beachte, dass das lyrische Ich für diese Ausweglosigkeit niemanden direkt verantwortlich macht – nicht das Militär, nicht die Regierungen und schon gar nicht die Menschen aus Ost oder West: Es ist die Situation selbst, die nicht stimmt und für die das lyrische Ich dennoch keinen Ausweg weiß.

Wenn daher der Sommer zuletzt *ein blinder Sommer* (V. 14) genannt wird, dann ist damit nicht allein die Blindheit der Anderen gemeint. Es ist eine Blindheit, die vom lyrischen Ich bis zur Schwalbe alle mit einschließt und deshalb nur um so hoffnungsloser wirkt. Aus dem Dilemma dieses alles überschattenden Scheinfriedens ist kein Ausweg zu sehen und so ist die Verkehrtheit der ganzen Situation das einzige, was dem lyrischen Ich auszudrücken bleibt. Ist dir aufgefallen, dass das auch Celan schon 20 Jahre vorher so gefühlt hat? Seine ausweglose Suche macht hier Schule und wir werden sie – in anderem Gewand – auch in Kap. 20 wiederfinden.

Die trübe Ratlosigkeit, die Rose Ausländers Gedicht durchzieht, passt weder zur Gesellschaftskritik der 50er Jahre, noch zur politischen Lyrik der 60er – obwohl das Gedicht zweifellos kritische und politische Züge enthält. Dennoch fehlt ihm der Glaube an die Veränderbarkeit der Situation, den ein literarisches Werk mitbringen muss, um sich eigentlich kritisch bzw. politisch nennen zu können.[62] Stattdessen sinnt das Gedicht dem eigentümlich trüben Zeitgeist nach und weist damit trotz der gesellschaftskritischen Thematik auf die *Neue Innerlichkeit* der 70er voraus. Ein weiteres Mal erkennen wir daran, dass die Charakteristika einer Epoche immer nur Tendenzen sind, die oft tief in der Vergangenheit wurzeln und oft weit in die Zukunft verzweigen.

Wirklich typisch an Rose Ausländers *Blindem Sommer* ist indes der hermetische Umgang mit der Sprache, deren Metaphern sich nicht einfach auflösen lassen wie ein Kreuzworträtsel und die vom Leser eine besondere Art des Einfühlens fordern. Spürt man den Sprachbildern hermetischer Lyrik nach, gewinnt man einen Eindruck von der subtilen Stimmungslage eines Werkes, in dem bei wirklich guten Gedichten ein Stück Zeitgeist aufgehoben ist, das in kaum einer anderen sprachlichen Form die Jahrzehnte so unbeschadet überdauern könnte. Wer erfahren will, wie das alltägliche Leben im Schatten stetig abschussbereiter Atombomben gewesen sein mag, der findet in den Geschichtsbüchern die historischen Fakten. Das Lebensgefühl hingegen – das findet er nur in der Kunst.

---

[62] Denn was heißt Kritik anderes, als die Gegenwart auf Veränderungsmöglichkeiten abzuklopfen? Und was heißt Politik anderes, als umgestaltend in die Gesellschaft einzugreifen? Beides liegt nicht in der Absicht des Gedichtes.

19. Literatur der DDR

Peter Huchel
Der Garten des Theophrast (1962)

Fast genau zeitgleich, während Rose Ausländer ihren „Blinden Sommer" schreibt, verfasst auch Peter Huchel auf der anderen Seite des Eisernen Vorhangs in der DDR seine Gedichte. Und wie sie schreibt er hermetische Lyrik. Aber im Gegensatz zu ihr gerät er dafür in den Blick der Stasi und verliert seinen Job. Und das kommt so:

Die DDR wurde 1949 mit großen Hoffnungen geboren. Viele Intellektuelle und Künstler im Deutschland der Nachkriegszeit hofften, dass die DDR endlich den Traum vom gerechten Staat verwirklichen würde: Waren nicht über die Jahrhunderte stets die Armen von den Reichen ausgebeutet worden? Was, wenn nun plötzlich das Land den Armen gehören würde? Würden sie eine gerechtere Welt schaffen können, in der es endlich allen gut gehen würde und nicht nur einer kleinen Oberschicht?

Die DDR hat *keine* gerechtere Welt geschaffen. Sie war dazu in ihrer Anfangszeit viel zu abhängig von der sowjetischen Besatzungsmacht, und das hieß bis 1953: von Stalin. Stalin kann es in der Verbrechensstatistik gut mit Hitler aufnehmen und so war der Einzug des Sozialismus in Ostdeutschland vielfach davon geprägt, dass öffentliche Kritiker des Systems spurlos in Sibirien verschwanden.

Von Anfang an war der Staat, der sich Antifaschismus, Gerechtigkeit und Demokratie auf die Fahnen geschrieben hatte, durchzogen von Repressalien, Geheimdiensttätigkeit und Unrecht. Auch nach Stalins Tod wurde schnell klar, dass die DDR das Wort „demokratisch" nur im Namen tragen würde. Walter Ulbricht, selbst unter Stalin zum Staatschef der DDR aufgestiegen, hatte das Land politisch im Griff, aber das war auch fast das Einzige, das er im Griff hatte:

Während in der Bundesrepublik das Wirtschaftswunder ausbrach, gab es in der DDR die Butter noch auf Zuteilungsmarken und manchmal auch überhaupt nicht. Die ostdeutsche Wirtschaft war der westdeutschen weit unterlegen und selbst wenn die DDR mit der Zeit etwas nachzog, wurden die Unterschiede im Lebensstandard eher größer als kleiner. Hunderttausende Ostdeutsche wanderten deshalb nach Westdeutschland aus, wo sie sich ein freieres und bequemeres Leben versprachen.

Auf diese Auswanderungswelle reagierte die DDR-Staatsführung am 13. August 1961 mit einem Paukenschlag der deutschen Geschichte: Unter dem Projektverantwortlichen Erich Honecker wurde praktisch über Nacht die deutsch-deutsche Grenze systematisch abgeriegelt, West-Berlin eingemauert und beinahe alle Kommunikationsmöglichkeiten zwischen Ost und West verbaut.

Der Mauerbau ist nicht deshalb eines der bedeutendsten historischen Ereignisse der Nachkriegsgeschichte, weil dort eine halbe Stadt eingemauert wurde. Viel wichtiger ist, dass der Mauerbau das Scheitern der Idee vom gerechten sozialistischen Staat unübersehbar in Beton gegossen hat. Auch Künstler und Denker in Ost und West – selbst wenn sie der DDR eigentlich wohlwollend gegenüberstanden – verstanden den Mauerbau als das, was er war: eine Geiselnahme der eigenen Bevölkerung. Kennedy bringt es 1963 in seiner berühmten Berliner Rede auf den Punkt:

Ein Leben in der Freiheit ist nicht leicht, und die Demokratie ist nicht vollkommen. Aber wir hatten es nie nötig, eine Mauer

aufzubauen, um unsere Leute bei uns zu halten und sie daran
zu hindern, woanders hinzugehen.

Man hat den Mauerbau auch gern die „zweite Geburt der DDR"
genannt und da ist etwas dran. Die Staatsführung begann bald
nach 1961, ihre diktatorische Macht systematisch auszubauen und
die politische Opposition zu unterdrücken. Wer 1961 noch in der
DDR wohnte, war ihr mehr oder weniger auf Gedeih und Verderb
ausgeliefert und musste sich entweder mit den Verhältnissen ar-
rangieren oder mit Bespitzelung, Verhaftung oder Schlimmerem
rechnen.

Die DDR-Führung ist in der Größenordnung der Verbrechen
nicht mit dem Nationalsozialismus vergleichbar, aber auch in der
DDR gab es Schikanen gegen Andersdenkende, willkürliche Verhaftungen, Folter und auch Hinrichtungen ohne Rechtsgrundlage.
Das alles muss man sich vor Augen halten, wenn man verstehen
will, wie sich das Leben östlich der deutsch-deutschen Grenze an-
gefühlt hat.

Mit Peter Huchel haben wir ein Musterbeispiel eines zunächst auf-
geschlossenen, aber zunehmend staatskritischen Künstlers vor
uns, der die Hoffnung auf eine positive sozialistische Entwicklung
immer mehr verlor, schließlich – in hermetischer Lyrik! – das
Wort ergriff, daraufhin schwere staatliche Schikanen ertragen
musste und zuletzt mehr oder weniger freiwillig nach Westdeutschland abgeschoben wurde.

Peter Huchel war Chefredakteur der Kultur-Zeitschrift „Sinn und
Form" und hatte damit in der DDR einen kulturpolitisch bedeutenden Posten inne. In dieser Position bemühte er sich jahrelang
um einen künstlerischen Austausch, der deutlich über die Staats-
grenzen hinausging. Damit war er schon mehrfach mit der DDR-

Führung aneinandergeraten, aber stets von prominenten Freunden (z.B. von Brecht) geschützt worden.

Im Jahr 1962, ein Jahr nach dem Mauerbau und sechs Jahre nach Brechts Tod, veröffentlicht er sein Gedicht „Der Garten des Theophrast" in „Sinn und Form". Er wird von staatlicher Seite aufgefordert, die letzten beiden Zeilen zu streichen. Er weigert sich und verliert seinen Posten. Bis 1971 erträgt er die folgenden Schikanen und Bedrohungen der Stasi, bevor ihm schließlich die Ausreise in den Westen erlaubt wird.

Was für einen Sprengstoff muss ein Gedicht in sich bergen, damit es eine solche Konfrontation zwischen Künstler und Staat auslösen kann! Lies selbst, du wirst es vielleicht kaum für möglich halten:

Peter Huchel
Der Garten des Theophrast (1962)

(Meinem Sohn)

Wenn mittags das weiße Feuer
Der Verse über den Urnen tanzt,
Gedenke, mein Sohn. Gedenke derer,
Die einst Gespräche wie Bäume gepflanzt.
5 Tot ist der Garten, mein Atem wird schwerer,
Bewahre die Stunde, hier ging Theophrast,
Mit Eichenlohe zu düngen den Boden,
Die wunde Rinde zu binden mit Bast.
Ein Ölbaum spaltet das mürbe Gemäuer
10 Und ist noch Stimme im heißen Staub.
Sie gaben Befehl, die Wurzel zu roden.
Es sinkt dein Licht, schutzloses Laub.

Wenn man Huchels Sprachstil mit dem Rose Ausländers aus dem letzten Kapitel vergleicht, dann stellt man rasch die Gemeinsamkeiten fest. Auch Huchel verwendet diese rätselhaften sprachlichen Bilder, die sich dem Verständnis entziehen wollen. Aber im Gegensatz zu Rose Ausländer hat Huchel einen anderen, nämlich konkret politischen Grund, seine Gedanken in Chiffren zu verrätseln: Was im Westen nur die freie künstlerische Suche nach neuen Ausdrucksformen war, das war im Osten oft die einzige Möglichkeit, überhaupt Kritik zu äußern. Weil direkte Opposition in der DDR unterdrückt wurde, versteckten viele Autoren ihre Kritik in abstrakten sprachlichen Bildern oder in antiken Sagen und Mythen: Christa Wolf schrieb über Troja, Stephan Heym über König David – und Peter Huchel über Theophrast.

Der Zwang, nicht sagen zu dürfen, was man will, sondern Kritik hinter poetischen Bildern verstecken zu müssen, ist eine Besonderheit vieler literarischer Werke der DDR. Der Versuch, die eigene Aussageabsicht so zu verstecken, dass sie der staatlichen Zensur entgeht, aber vom Leser dennoch verstanden wird, ist ein Seiltanz, der künstlerische Höchstleistungen hervorgebracht hat. Allerdings muss man sehr genau lesen, um den Autoren zu verstehen – genauer jedenfalls als der staatliche Zensor – und der hatte in Huchels Fall die versteckte Kritik offenbar sehr genau verstanden. Lass sie uns entdecken:

Theophrast war ein Schüler von Aristoteles. Er lebte um das Jahr 300 v. Chr. und wurde vor allem durch seine Beschäftigung mit der Botanik bekannt, besonders der Baum- und Holzkunde. Man kann ihn gut und gerne als den ersten Botaniker des Abendlandes bezeichnen. Und wie du am Gedicht sicher schon bemerkt hast, spielt Botanik und Holzkunde eine wichtige Rolle in der Bildsprache des Werkes. Aber warum verweist Huchel dafür auf einen antiken Philosophen, den außer einigen Spezialisten heute kaum jemand mehr kennt?

Literaturwissenschaftler haben zur Beantwortung dieser Frage die Schriften Theophrasts durchstöbert, aber so recht fündig geworden sind sie nicht. Man kann an den überlieferten Texten verschiedene Bezüge ausmachen, die Huchel interessiert haben mögen, aber eigentlich keinen, der das Gedicht wirklich überzeugend aufschließt.

Vielleicht hat es ja mit *Theophrast* auch eine andere, viel einfachere Bewandtnis: Möglicherweise interessierte sich Huchel weniger für den antiken Philosophen selbst als vielmehr für die Bedeutung seines Namens: Das altgriechische Wort „Theos" bedeutet nämlich „Gott" und „Phrastikos" heißt „zum Ausdruck bringen, in Worte fassen". „Theophrast" lässt sich damit übersetzen als „Der das Göttliche in Worte fasst" – und um Worte geht es in unserem Gedicht mindestens so sehr wie um Botanik.

Was auch immer Huchel genau im Sinn hatte – in seiner Chiffre des Theophrast finden wir mehrere Anknüpfungspunkte, die den Autoren interessiert haben dürften und sprachlich ins Gedicht verwoben sind:

- o die Anspielung auf die Tradition der antiken Philosophie,
- o der Wille zum Ausdruck von etwas Grundlegendem, vielleicht Göttlichen,
- o schließlich der Bezug zur Natur, aus dem sich die sprachlichen Bilder für ein Gedicht schöpfen lassen.

Vielleicht beinhaltet die Chiffre noch mehr – aber das, was wir genannt haben, genügt erst einmal, um mit der Untersuchung loslegen zu können.

Formal wirkt Huchels Gedicht traditioneller als Rose Ausländers „Blinder Sommer": Alle Verse außer dem ersten haben vier Hebungen, die manchmal in Jamben, häufiger noch in Daktylen ausgeführt sind. Gerade der Mittelteil wirkt dadurch gemessen klangvoll und harmonisch. Dazu trägt auch bei, dass Huchel Reime verwendet, allerdings in einer sehr komplexen Weise: Das Reimwort auf den ersten Vers tritt bspw. erst in Vers 9 auf, während die anderen Reimpaare einander teils abwechseln, teils aber auch durchkreuzen und unterbrechen, sodass seltsame Spannungsbögen entstehen.

Lass mich dir das Reimschema grafisch deutlich machen, indem ich dir die gereimten Verse mit je gleichem Buchstaben in dieselbe Zeile schreibe. Das Ergebnis sieht folgendermaßen aus:

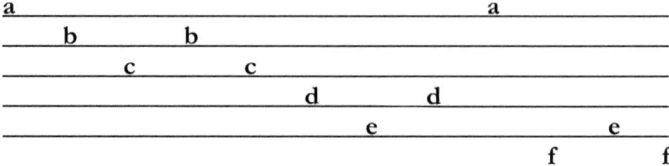

Wie die Abfolge der Reime zeigt, gibt es im Gedicht eine gewisse Binnenstruktur: Wenn man die ersten vier Verse als melodisch zusammengehörig betrachtet (a-b-c-b), dann wiederholen die folgenden vier Versen exakt dasselbe Schema (c-d-e-d). Die letzten vier Verse fallen aus dem Rahmen, indem zunächst Vers 9 mit dem Reimwort auf Vers 1 einen weiten Bogen zurück macht, während die letzten drei Verse einen Schluss bilden, der deutlich vom Rest separiert ist. Bezeichnenderweise war das der Teil, von dem die Stasi wollte, dass Huchel ihn streicht…

Vielleicht wunderst du dich, warum Huchel im Gegensatz zu Rose Ausländer überhaupt Reime verwendet. Gilt für ihn denn nicht, was sein Freund Brecht über reimlose Lyrik gesagt hat (vgl. Kap. 16)? Tatsächlich gibt es zwei gute Gründe für Huchel, dennoch gereimt zu dichten (ganz abgesehen davon, dass natürlich jeder Künstler selbst wissen muss, welche Mittel er einsetzt und welche nicht). Der erste Grund ist, dass Huchel eine *Elegie* schreibt. Als Elegie bezeichnet man ein Klagelied, das von einer früheren, besseren, aber vergangenen Zeit erzählt, von der sich das lyrische Ich schmerzlich getrennt fühlt. Für eine solche Erinnerung an eine schöne Vergangenheit kommt die Harmonie von Reimen natürlich gerade recht. Darüber hinaus setzt Huchel seinem Gedicht eine Widmung (*Meinem Sohn*) voraus und scheint sich damit auf persönliche, innerfamiliäre Themen festzulegen, was sich zwar als Finte erweisen wird, aber künstlerisch den Reim rechtfertigt: Dort, wo es zwischenmenschlich wird, ist die Harmonie des Reims auch heute noch angemessen.

Aber nun lass uns genauer schauen, was Huchel seinem Sohn so Wichtiges zu sagen hat, dass er es in der Zeitschrift „Sinn und Form" abdrucken muss.

> *Wenn mittags das weiße Feuer*
> *Der Verse über den Urnen tanzt,*

Huchel empfängt uns mit einem *weiße[n] Feuer / Der Verse* (V. 1,2), das offenbar ganz ähnlich wie Rose Ausländers *Himbeerfeuer* (Kap. 18) bewusst positive Assoziationen wachruft, denn ihm fehlt jede Anspielung auf die zerstörende Macht des Feuersymbols. Stattdessen *tanzt* es *über den Urnen* und erweckt damit einen leichten, spielerischen Charakter, der durch die Farbgebung weiß (V. 1) noch unterstützt wird. Dieses Feuer ist keine Naturgewalt, sondern es ist das Feuer *der Verse* (V. 2) und damit ein Element des künstlerischen Geistes. Meisterhaft versprachlicht Huchel damit das ästhetisch-leichte Spiel der Dichtkunst selbst, die ihren zarten Zauber hier *über den Urnen* ausbreitet. Schon in den ersten beiden Zeilen baut das Gedicht damit einen Kontrast zwischen der lebendigen künstlerischen Sprache und einer toten, erloschenen Umgebung auf, deren Entwicklung wir im Auge behalten müssen.

> *Gedenke, mein Sohn. Gedenke derer,*
> *Die einst Gespräche wie Bäume gepflanzt.*

Diese Situation nutzt das lyrische Ich für eine Mahnung an seinen Sohn (V. 3), diejenigen nicht zu vergessen, die *einst Gespräche wie Bäume gepflanzt* (V. 4). In dieser Metapher verdichtet sich ein Großteil der Zusammenhänge und Bezüge, aus denen das Gedicht seine Bedeutung schöpft: So, wie zuvor die Verse als *weiße[s] Feuer* verbildlicht wurden, werden nun die Gespräche als *Bäume* dargestellt. Aber während die Feuermetapher den *Versen* ein Gefühl von

flackernder, verspielter Unstetigkeit gegeben hat, gibt der Vergleich mit Bäumen den Gesprächen einen Eindruck von Dauerhaftigkeit, Lebendigkeit und Kraft. In der Baum-Metapher verbindet sich damit all das, was wir oben über die Chiffre *Theophrast*
angesammelt haben: das philosophische Gespräch, die antike Botanik, die göttliche Kraft des sprachlichen Ausdrucks. Diejenigen,
die solche Gespräche *gepflanzt* haben, haben offenbar einen natür-
lichen, dauerhaften und organisch wachsenden Wert geschaffen –
allerdings keinen unsterblichen, wie Vers 5 uns elegisch enthüllt:

> *Tot ist der Garten, mein Atem wird schwerer,*
> *Bewahre die Stunde, hier ging Theophrast,*
> *Mit Eichenlohe zu düngen den Boden,*
> *Die wunde Rinde zu binden mit Bast.*

Vers 5 beklagt den Verlust dieses *Gartens der Gespräche* und knüpft
damit an das Urnenbild aus V. 2 an. Im *schwerer* werdenden *Atem*
(ebd.) verbirgt sich in zarter Zweideutigkeit die Trauer um den
Verlust wie gleichzeitig die Atemnot, die vom Fehlen der lebens-
spendenden Bäume ausgelöst wird. Und wieder mahnt das lyrische Ich seinen Sohn, die Erinnerung an diesen Ort und diese Zeit
zu bewahren, denn *hier ging Theophrast* (V. 6). Was auch immer
Huchel in dieser Chiffre verborgen haben mag – aus ihr erwächst
der besondere Wert dieses ehemals lebendigen Gartens, den der
antike Botaniker, wenn nicht angelegt, so doch mindestens gepflegt hat, indem er den Boden mit *Eichenlohe* düngte (V. 7) und
die wunde Rinde [...] mit Bast (V. 8) verband.

Eichenlohe ist ein Gemisch aus Eichenrinde, Eichenholz und Ei-
chenblättern, das man im Mittelalter zum Gerben von Leder und
Fellen verwendete, aber nicht zum Düngen des Bodens. Als *Bast*
bezeichnet man das faserige Gewebe direkt unter der Borke, das
man seit Jahrhunderten als Binde- und Flechtmaterial nutzt, z. B.

für Körbe. Unser Gärtner verwendet also alte und traditionelle Naturmaterialien, aber er verwendet sie in einer Weise, wie es kein antiker Handwerker getan hätte. Was steckt dahinter?

Durch die Bezeichnung *wunde Rinde* (V. 8) erlangt die Tätigkeit des Bindens *mit Bast* einen Anklang von Pflege und Heilung: Dieser Gärtner scheint sich um das Wohl seiner Bäume zu sorgen und er scheint zu wissen, was ihnen gut tut. Indem er bei seiner Arbeit Materialien verwendet, die vom Baum selbst kommen, wirkt der pflegerische Eingriff organisch und natürlich. Berücksichtigen wir außerdem, dass dieser Garten ein Garten der Sprache und die Bäume Metaphern für *Gespräche* sind (V. 4), so wird Theophrast zu einer Art Moderator, zu einem Gärtner der Sprache, der behutsam und heilend eingreift, wenn die Gespräche beginnen, einander Wunden zu schlagen.

Vor diesem Hintergrund erlangt auch die Düngung mit *Eichenlohe* (V. 7) ihren Sinn: Als Gerbmittel ist Eichenlohe voller Laug- und Bitterstoffe und damit alles andere als eine gefällige Substanz, dafür aber eine höchst nützliche. Indem Theophrast seinen Sprachgarten mit Bitterstoffen düngt, fügt er den Gesprächen etwas bei, das nicht angenehm, aber als Dünger lebensnotwendig ist. Dieser Gärtner der Gespräche kann nicht nur lindern und heilen, sondern auch zum Wachstum anregen und aufstacheln. Erst diese Kombination aus Linderung *und* Anregung macht ihn zu einem, „der das Göttliche in Worte fasst" (s. o.).

Wir können damit die Chiffre des toten Gartens als einen geistigen Ort entschlüsseln, in dem dereinst eine Konversation gepflegt wurde, die um bittere Wahrheiten und Wunden keinen Bogen machte, die aber gleichwohl heilsam war. Huchel entwirft mit diesem Garten sein Ideal des kritischen, aber wohlmeinenden gesellschaftlichen Gedankenaustausches, wie es sich viele Intellektuelle in der Anfangszeit der DDR von diesem neuen Staat gewünscht hatten. Dass der Garten nun tot und nur noch Erinnerung ist, vermittelt deshalb eine ziemlich eindeutige Botschaft. Allerdings flammt im Gedicht noch einmal Hoffnung auf:

> *Ein Ölbaum spaltet das mürbe Gemäuer*
> *Und ist noch Stimme im heißen Staub.*

Wenn Gespräche Bäume sind, dann ist der Ölbaum unter ihnen zweifellos eines der tiefsten. Ölbäume haben eine weit in die Antike zurückreichende symbolische Tradition. Im klassischen Griechenland galten sie als heilig. Im Alten Testament kündigt Gott mit einem Ölbaumzweig das Ende der Sintflut an. Im Neuen Testament liegt Christus in seiner letzten Nacht im Garten Gethsemane unter Ölbäumen.

Der Ölbaum des Theophrast ist ein Lebenszeichen im sonst toten Garten, eine letzte *Stimme im heißen Staub* (V. 10). Dass seine Wurzeln in der Lage sind, *das mürbe Gemäuer* zu spalten (V. 9), zeugt von seiner voll entfalteten Lebenskraft. Man muss im Jahre 1962 kein Genie sein, um hinter dieser Metapher den Wunsch nach geistigem Ausbruch aus den engen Grenzen der staatlich kontrollierten politischen Debatte zu erkennen. Selbst wenn man das *mürbe Gemäuer* nicht direkt auf den Mauerbau ein Jahr zuvor bezieht, spricht doch die Symbolik des Ölbaums, der die Mauer *spaltet*, Bände. Kein Wunder daher auch, dass die Machthaber diese letzte *Stimme im heißen Staub* (s. o.) erbittert bekämpfen:

> *Sie gaben Befehl, die Wurzel zu roden.*
> *Es sinkt dein Licht, schutzloses Laub.*

Wenn man der Bildsprache des Gedichtes bis hierhin gefolgt ist, bedürfen die letzten beiden Zeilen im Grunde keiner Interpretation mehr. Huchel hat uns die öffentliche Debatte als einen

Garten vorgestellt, in dem die Gespräche wie Bäume wachsen, dabei tief im Boden wurzeln und sich weit in die Luft verzweigen. Er hat uns gezeigt, dass dieser Garten seine eigene Art von Pflege braucht, zu der die Düngung mit Bitterstoffen ebenso gehört wie die Versorgung geschlagener Wunden. Und er hat uns gezeigt, dass dieser Garten heutzutage weitestgehend tot ist – bis auf eine Ausnahme. Wenn nun *Sie*, die gesichts- und namenlosen Machthaber *Befehl [geben], die Wurzel zu roden* (V. 11), so steckt in dieser Geste der unbedingte Wille der Staatsführung, auch die letzte freie Meinungsäußerung zu unterdrücken und zu unterbinden. Der letzte Vers lässt keinen Zweifel, dass dieser Wille umgesetzt wurde. Der Rhythmus des Verses unterstreicht diesen Gewaltakt mit einer harten Fügung[63] zwischen den Silben *Licht* und *schutz*.

> *Es* **sinkt** *dein* **Licht, schutz** | *lo* | *ses* **Laub.**
>
> (- ^ - ^ ^ - - ^)

Indem die staatliche Zensur Peter Huchel aufforderte, die letzten beiden Verse zu streichen, machte sie deutlich, dass sie die Kritik des Gedichtes ganz richtig erfasst hatte. Indem sie Huchel nach seiner Weigerung von seinem Posten als Chefredakteur entließ, bewies sie außerdem, dass er mit seiner Darstellung völlig recht gehabt hatte: Die DDR-Regierung, die sich sozialistisch und demokratisch nannte, bewies eine bemerkenswerte Intoleranz gegen Andersdenkende und machte dadurch nicht selten aus wohlmeinenden Kritikern erbitterte Gegner. Peter Huchels Schicksal ist ein markantes Beispiel für diesen Vorgang.

Im Vergleich der Gedichte von Rose Ausländer und Peter Huchel erkennt man einige der künstlerischen wie gesellschaftlichen

---

[63] Die harte Fügung haben wir in Kap. 16 intensiv besprochen. Dabei treffen zwei betonte Silben aufeinander und verursachen einen Bruch in der klanglichen Bewegung des Verses.

Eigenarten der beiden deutschen Staaten: Beide Künstler schreiben in Chiffren, hinter denen der Leser nach einer Gesamtbedeutung suchen muss. Beide Gedichte bauen auf Naturmotiven auf,
hinter denen wir eine ehemals gesunde und intakte Welt erahnen.
Aber in beiden Gedichten ist diese Welt nun durch die gesellschaftlichen Verhältnisse gestört und verdorben, bei Huchel sogar
fast tot. Während Rose Ausländer damit auf relativ abstrakte
Weise die Verfahrenheit und Ausweglosigkeit der politischen Welt
im Kalten Krieg beschreibt, übt Huchel konkrete Kritik, indem er
die Unterdrückung der Meinungsfreiheit in der DDR künstlerisch
aufarbeitet. Beide Autoren klagen auf ihre Weise die Enge und
Borniertheit der sie umgebenden Welt an. Aber während Rose
Ausländer dabei hermetisch schreibt, weil es für die Stimmung,
die sie wachrufen will, keine anderen sprachlichen Mittel gibt,
nutzt Huchel die hermetische Lyrik, weil er seine Kritik verstecken
muss, um sie öffentlich machen zu können.

Rose Ausländer darf in der Bundesrepublik kritisch schreiben wie
sie will, aber niemand interessiert sich für ihre Worte (in 50 Jahren
verkauft sie gerade einmal 2500 Exemplare ihrer sechs Bücher und
kommt erst 1975 zu spätem Ruhm). Peter Huchel darf nur schreiben, was der Staatsführung genehm ist, und wenn er in seiner Lyrik eine Kritik versteckt, dann sind die Sicherheitsorgane der DDR
daran stärker interessiert, als ihm lieb sein kann. Sag du: Welches
Schicksal ist bedrückender?

20. Postmoderne Gegenwart

Ann Cotten
Aporetisch wie nix (2007)

Jede Literaturgeschichte muss am Schluss die Frage beantworten, in welcher künstlerischen Epoche wir eigentlich selbst leben und ab wann wir von „der Gegenwart" sprechen wollen. In vielen literaturhistorischen Abhandlungen gelten die Jahre 1989/90 als Epochengrenze, denn mit dem Ende des Kalten Krieges hat sich die Welt verändert, sie hat alte Probleme erledigt und neue bekommen.

Manche Kulturhistoriker nehmen außerdem die Jahrtausendwende, manchmal auch erst den 11. September 2001 als eine Epochengrenze an, denn mit dem Terrorangriff auf das World Trade Center in New York wurden Entwicklungen und Konfliktherde in der Weltpolitik schlagartig offenkundig, die zwar vorher schon existiert hatten, aber erst jetzt die öffentlichen Debatten bestimmten.

Vielleicht werden Literaturhistoriker in 100 Jahren aber auch den 15. September 1997 als Epochengrenze definieren, denn an diesem Tag ging die Suchmaschine Google online und trieb den unerhörten Siegeszug des Internets kräftig voran. Die allgemeine und rasante Vernetzung der Welt hat unsere Kultur und Gesellschaft zweifellos mehr verändert als die meisten anderen historischen Ereignisse. Für diese Entwicklung wäre der Geburtstag von Google zwar nur ein Symbol, aber so sind Literaturwissenschaftler nun einmal: sie lieben Symbole.

Der rasante Aufstieg des Internets hat auch einer kulturgeschicht-
lichen Entwicklung Vorschub geleistet, die wir unter dem Begriff
Postmoderne ansprechen und von deren Wurzeln ich dir schon in
Kap. 16 kurz erzählt habe. Auch wenn die Postmoderne damit bis
in die Exilzeit zurückreicht und also eigentlich nicht mehr neu ist,
hat sie doch erst in den letzten Jahrzehnten eine kulturübergreifende Dominanz erreicht, die ohne das Internet vielleicht nicht
möglich gewesen wäre. Und weil die Postmoderne damit die aktuell überragende künstlerische Strömung ist, will ich sie dir zum
Abschluss dieser Literaturgeschichte etwas näherbringen.[64]

Postmoderne heißt wörtlich *Nach*-Moderne und knüpft damit schon
dem Namen nach erkennbar an die vorausgehende Moderne an,
die sie einerseits fortführt, andererseits aber auch in bewusster
Opposition zu ihr steht. Wie kommt das zustande?

Als *Moderne im weitesten Sinne* bezeichnen wir eine kulturelle Um-
bruchsituation, deren Wurzeln von Historikern bis in die Aufklärung zurückverfolgt werden. In diesem Sinne sind auch wir heute
noch Teil der Moderne. Als Moderne *im engeren Sinne* (oder auch
klassische Moderne) bezeichnet man diejenigen künstlerischen Entwicklungen, die in etwa vom Ende des 19. Jahrhunderts bis an den
Zweiten Weltkrieg reichen. Diese Zeit war vor allem dadurch geprägt, dass Künstler in Malerei, Architektur, Musik und Literatur
nach immer neuen Mitteln des Ausdrucks suchten und dabei immer neue Kunstrichtungen schufen: Naturalismus, Symbolismus,
Impressionismus, Expressionismus – all diese „-ismen" waren
Ausdruck unterschiedlicher künstlerischer Haltungen, unterschiedlicher Interessen und immer wieder neuer Stilmittel.

---

[64] Sollten diejenigen recht haben, die heute schon die Post-Postmoderne
ausrufen, so sind sie herzlich eingeladen, ein 21. Kapitel zu schreiben.

Die *Post*moderne hat diese buchstäbliche *Neu*-Gier der Moderne überwunden, indem sie die Erschaffung immer neuer Stilrichtungen zwar nach wie vor schätzt, sie aber nicht mehr als das Wichtigste erachtet. Wichtiger als Neuheit ist der Postmoderne der kritisch-ironische Abstand zu den künstlerischen Mitteln. Diesen Abstand erreicht sie, indem sie ihre Kunstwerke so gestaltet, dass der Leser (Hörer/Zuschauer etc.) ihren künstlichen Charakter bewusst wahrnimmt.

Am besten versteht man diesen Ansatz vielleicht in der aktuellen Architektur: Sieh dir beispielsweise das Reichstagsgebäude in Berlin an, das bis 1999 umgestaltet und mit einer neuen Kuppel versehen wurde. Der Architekt Norman Foster hat gar nicht erst versucht, diese Kuppel stilistisch an das existierende Gebäude anzugleichen, sondern hat den alten Formen ganz bewusst neue und neueste als Kontrast entgegengestellt. Die äußere Geometrie der Kuppel war das Einzige, das er aus der Tradition übernommen und in Glas neu interpretiert hat. Außerdem hat er die gesamte Statik der Konstruktion offen zur Schau gestellt: Stahlträger, Verbindungsstreben, Schrauben, Niete, ja selbst die Licht- und Belüftungssysteme – all das ist sichtbar und Teil der Gesamtgestaltung. Für frühere Generationen von Architekten wäre eine solche Konstruktion ein glattes Unding gewesen. Man hätte versucht, alle technischen Mittel kunstvoll hinter der Fassade zu verstecken. Versuch es und besuche zum Vergleich ein Gebäude des 18., 19. oder frühen 20. Jahrhunderts: Stützträger, Schrauben und offen verlegte Versorgungsleitungen wirst du darin nur mit Mühe entdecken.

Ganz analog zu diesem Beispiel aus der Baukunst hat schon Brecht in Kap. 16 die Architektur seines Gedichtes offengelegt: Indem er innerhalb des Werkes erklärt, ein Reim käme ihm *fast vor wie Übermut* (s. o.) weist er seine Leser auf die Machart des

Gedichtes selbst hin und zerstört damit die Illusion, es sei quasi intuitiv und aus sich selbst heraus entstanden. Postmoderne Kunst will nicht verheimlichen, dass sie geplant und gemacht ist, sie gesteht dem Betrachter nicht zu, das Kunstwerk einfach nur zu genießen, sondern will, dass er die Künstlichkeit des Werks erkennt!

Durch diese offene Zur-Schau-Stellung ihrer künstlerischen Mittel gewinnt postmoderne Kunst häufig einen gewissen ironischen Unterton, der dadurch entsteht, dass die künstlerische Illusion gebrochen und als Illusion erkennbar wird. Wer die Gemachtheit eines Kunstwerkes entdeckt, der fühlt sich nicht mehr unmittelbar berührt, sondern erkennt, mit welchen Mitteln ihn das Werk emotional packen will. Das meint „Ironie" in diesem Zusammenhang: Ich fühle mich zum Weinen gerührt, aber die Erkenntnis, wie der Künstler diese Rührung in mir erzeugt hat, bringt mich gleichzeitig zum Lachen.

In der Literatur bedeutet Postmoderne auch, dass die Schriftsteller bewusst künstlerische Mittel früherer Dichtergenerationen nutzen, zitieren und vermischen. Während der klassischen Moderne waren viele neue Erzähltechniken, Stilmittel und Darstellungsformen entwickelt worden. Die Postmoderne greift auf diesen Fundus zurück und verwendet ihn so, dass der gebildete Leser darin ein stilistisches Zitat erkennt und seine Schlüsse daraus zieht: Wenn ein romantischer Lyriker den Mond besingt, dann möchte er, dass der Leser das schwärmerische Naturerlebnis mit ihm teilt. Wenn ein postmoderner Lyriker den Mond besingt, dann möchte er, dass der Leser die Anspielung auf die Romantik erkennt und lächelt.

In gewisser Weise ist auch die hermetische Lyrik der letzten beiden Kapitel (18 und 19) ein postmodernes Phänomen. Schau dir die Chiffren an, die Rose Ausländer und Peter Huchel in ihren

Gedichten verwendet haben: Ohne Wissen über die symbolische Bedeutung der *Rose* oder der *weißen Taube* oder des *Ölbaums* bleiben es bloße Wörter. Das Symbol zu verstehen heißt aber auch stets, seine Kulturgeschichte zu kennen. Deshalb verlangt postmoderne Kunst immer ein Quantum kunsthistorischer Kenntnisse vom Leser und erschließt sich umso besser, je mehr Wissen man selbst mitbringt.

Was das konkret bedeutet, schauen wir uns am besten gleich am Beispiel an: Ann Cottens Gedicht hat schon vom Schriftbild her einen seltsamen Aufbau, den man sich aber erklären kann, wenn man sich etwas in der Literaturgeschichte auskennt:

Ann Cotten
Aporetisch wie nix (2007)

Steh unter deinem Fenster   hier war ich schon einmal
zähle das blaue Flackern   ich war mehrmals schon hier
von deinem Fernsehabend.   Steh nicht zum ersten Mal
hier unter deinem Fenster   und zögere und frier.

5 Die A-Saite ist leider   vor Wochen schon zersprungen
doch deine Fernsehschlachten   sind ohnehin zu laut.
Mir sind die welken Blumen   im Vorgarten vertraut
ich habe manchmal eher   sie als dich besungen.

Ich konnte mich bis jetzt noch nie dazu entschließen
10 dich anzurufen oder auch nur an der Tür zu läuten
beschließe meist einfach die Nacht hier zu genießen.
Die Blumen sah ich keimen oder keimen müssen
die Knospen größer werden und dann nach und nach sich häuten
weil diese Dinge sich in meine Sinne bläuten.

15 Ich wohn so lange schon   in dieser Aporie
     und wenn ich an dich denke   ist es bloß ein Alibi
     schlag absichtslos Akkorde   sing „ich liebe dich Marie"
     verstimmt auch „Darling, you forgot to leave me with the key"
     Ich wollte dich einst dringend   für mich aber jetzt will
20 ich nicht mal deinen Fernseher.   Ich weiß trotzdem: Ich werde
     es irgendwann mal wagen wenn es mir schon ganz egal ist.
     Läute jedoch nicht an   sondern wie Räuberleiter still

     steig ich mit Händen auf   die alte Aporie
     begrabe in den Büschen   mein ehemaliges Alibi
25 zerreiß die letzten Saiten   und flüstere: ‚Marie!'
     Im Sog dieser Entschlusskraft wird sie meinen Scheitel sehen
     erscheinend hinterm Fernseher ein dunkelblonder Mond,
     wird aufstehn Schuhe anziehen und leise mit mir gehen.

Wer an Ann Cottens Gedicht nicht entdeckt, dass es als Sonett angelegt ist (eigentlich als *zwei* Sonette), verliert einen wichtigen Schlüssel zum Verständnis seiner Gesamtbedeutung. Dabei macht es uns die Autorin gleichzeitig leicht *und* schwer, die Sonett-Form in ihrem Gedicht zu entdecken:

Erinnere dich an Kap. 2, in dem wir ausführlich ein Sonett untersucht haben. Dort haben wir festgestellt, dass Sonette aus zwei vierversigen und zwei dreiversigen Strophen bestehen (den *Quartetten* und den *Terzetten*). Bei Ann Cotten erkennen wir die ersten beiden Quartette leicht, aber zwischen den beiden Terzetten hat sie die Leerzeile weggelassen. Das ist zunächst nicht besonders ungewöhnlich und kommt in der Sonett-Tradition immer wieder vor. Dass beim zweiten Sonett außerdem auch die Leerzeile zwischen den beiden Quartetten fehlt, ist schon ungewöhnlicher und verschleiert den Sonett-Charakter etwas.

Auch das Reimschema, das Ann Cotten einsetzt, spielt auf die Sonett-Tradition an – jedenfalls am Anfang: Bei klassischen Sonetten
steht oft ein Quartett im Kreuzreim (*a-b-a-b*), das zweite im umschließenden Reim *(c-d-d-c)*, während die Terzette sich gemeinsam
zwei Reimwörter teilen, die in unterschiedlicher Anordnung auftreten (e-f-e-e-f-f, e-f-e-f-e-f etc.). Dieses Schema ist im ersten Sonett penibel eingehalten, im zweiten hingegen beginnt es zu brö-
ckeln, was ohne Zweifel geplant ist (s. u.).

Die Verse traditioneller Sonette, besonders aus dem Barock, sind
im *Alexandriner* ausgeführt, einem sechshebigen Jambus, der eine
deutliche inhaltliche und rhythmische Zäsur in der Mitte aufweist
(vgl. Kap. 2). Auch Cotten verwendet eine Art Alexandriner und
macht die Zäsur sogar durch einen besonders breiten Leerraum in
der Mitte ihrer Verse offensichtlich. Dieser Leerraum ist ein Hinweis an den Leser, die Verse auch wirklich als Alexandriner zu
lesen. Das Bauprinzip des Verses wird offen zu Tage gelegt – wie
die Schrauben in der Kuppel des Reichstages.

Während die ersten Verse noch halbwegs brav dem jambischen
Versmaß folgen, nimmt es das Gedicht rhythmisch im weiteren
Verlauf immer weniger genau. Größere Teile des zweiten Sonetts
klingen eigentlich nicht mehr nach Lyrik, sondern nach Alltagssprache, die immer mehr die strenge Sonett-Form durchkreuzt.

In allen Formmerkmalen des Gedichtes finden wir also denselben
Befund: Ann Cotten beginnt mit einer sehr strengen lyrischen Tradition, die sie im Verlauf des Gedichtes immer mehr verwischt
und verholpert. Das ist kein Unvermögen der Autorin, sondern
ganz bewusst eingesetzt, denn ihr geht es genau um diesen Widerspruch zwischen traditioneller Hochkultur und Alltag. Das beweist schon der Titel: *Aporetisch wie nix* – in dieser Wortgruppe
wird   ein   bildungssprachlicher   Begriff   durch   eine

umgangssprachliche Redewendung abgeschlossen. Bereits der Titel weist damit auf das formale Bauprinzip des Gedichtes hin.

Aporetisch bedeutet zu Deutsch *ratlos, ausweglos, unlösbar.* Das Wort hat eine lange philosophische Tradition, weil sich Denker schon immer gern mit Aporien, also mit unlösbaren Fragen oder widersprüchlichen Antworten beschäftigt haben (meist natürlich mit dem Ziel, die unlösbare Frage *doch* zu lösen und damit die Aporie zu beseitigen). Wenn Ann Cotten das Fremdwort „aporetisch" verwendet, so ruft sie damit eine lange geistesgeschichtliche Tradition des Zweifelns und des Grübelns über Widersprüche wach, die wir ähnlich schon mindestens aus den letzten drei Kapiteln kennen. Aber indem sie diesen Begriff mit der umgangssprachlichen Phrase „wie nix" kombiniert, nimmt sie ihm die geistesgeschichtliche Würde und eröffnet einen ironischen Blickwinkel: Die Wortgruppe kennt und ehrt den philosophischen Zweifel, nimmt ihn aber nicht mehr recht ernst. Damit ist der Titel des Gedichtes auch sein Programm, denn genau diese künstlerische Grundstimmung durchzieht das gesamte Werk.

Inhaltlich betrachtet sind Sonette meist entweder Liebesgedichte oder philosophische Sinnsprüche. Lass uns schauen, was Ann Cotten mit ihrem Doppelsonett im Sinn hat.

> *Steh unter deinem Fenster*   *hier war ich schon einmal*
> *zähle das blaue Flackern*   *ich war mehrmals schon hier*
> *von deinem Fernsehabend.*   *Steh nicht zum ersten Mal*
> *hier unter deinem Fenster*   *und zögere und frier.*

Die Situation, in der das lyrische Ich sich befindet, ist ein Klassiker der Liebeslyrik: Unter dem Fenster der schönen Jungfer steht der verliebte Jüngling und singt Verse, um das Herz der Angebeteten zu gewinnen. So haben es bereits die Minnesänger des Mittelalters gehalten (Kap. 1), so geschieht es bei Romeo und Julia, bei Cyrano de Bergerac und bei Faust.

Bei Ann Cotten steht das nächtliche Ständchen allerdings unter einem höchst merkwürdigen Stern: Unser lyrisches Ich (der Situation nach wohl ein männliches Wesen, s. u.) steht zwar ebenfalls *unter deinem Fenster* (V. 1), scheint dort aber auf ziemlich verlorenem Posten zu sein, denn es singt nicht, sondern *zähl[t] das blaue Flackern [...]/ von deinem Fernsehabend* (V. 2/3). Könnte ein verliebtes Abendlied unromantischer scheitern als dadurch, dass die Angebetete dabei fernsieht?

Gleichwohl scheint es der junge Minnesänger regelmäßig wieder zu versuchen, wie jede zweite Vershälfte erklärt: *hier war ich schon einmal* (V. 1), *ich war mehrmals schon hier* (V. 2), *Steh nicht zum ersten Mal / hier unter deinem Fenster* (V. 3/4). Allerdings wirkt diese dreifach wiederholte Erklärung eher wie eine Art Selbstversicherung – so als müsste das lyrische Ich erst genau überlegen, ob es wirklich schon mal da war. Nach einem liebeskranken Anbeter klingt das nicht gerade.

Von Anfang an entwirft das Gedicht zwar eine klassische lyrische Situation, aber es bricht sie auch gleichzeitig mehrfach auf. Dafür kommt der Autorin der barocke Alexandriner gerade recht, denn auch der wurde oft verwendet, um Gegensätze und Widersprüche darzustellen.[65] Wir erkennen also bereits im ersten Quartett einen ironisch gebrochenen Umgang mit der Tradition – und das wird sich weiter verstärken:

---

[65] So haben wir etwa auch bei Hoffmannswaldau in Kap. 2 solche motivischen Gegensätze im Alexandriner entdeckt:
  der Schultern warmer Schnee | wird werden kalter Sand

> *Die A-Saite ist leider   vor Wochen schon zersprungen*
> *doch deine Fernsehschlachten   sind ohnehin zu laut.*
> *Mir sind die welken Blumen   im Vorgarten vertraut*
> *ich habe manchmal eher   sie als dich besungen.*

Eine Gitarre oder Geige ohne *A-Saite* (V. 5) ist nicht vernünftig musikalisch einsetzbar. Dass die Saite unserem lyrischen Ich *vor Wochen schon zersprungen* ist (ebd.), zeugt daher nicht gerade von großen künstlerischen Ambitionen unseres Sängers. Warum auch, wo doch die *Fernsehschlachten [...] ohnehin zu laut* sind (V. 6)? Das notorische Desinteresse der Angebeteten und das Malheur mit der A-Saite bringen unseren seltsamen Liebenden dennoch nicht dazu, aufzugeben und zuhause zu bleiben. Er besingt stattdessen *die welken Blumen im Vorgarten* (V. 7), die ihm bereits *vertraut* sind (ebd.). Warum tut er das? Hofft er noch auf einen Umschwung zum Besseren? Zunächst scheint es gar nicht so:

> *Ich konnte mich bis jetzt noch nie dazu entschließen*
> *dich anzurufen oder auch nur an der Tür zu läuten*
> *beschließe meist einfach die Nacht hier zu genießen.*

Das erste Terzett berichtet von der mangelnden Entschlusskraft, vielleicht Schüchternheit des singenden Helden, der sich *bis jetzt noch nie dazu entschließen* konnte (V. 9), seine Angebetete *anzurufen oder auch nur an der Tür zu läuten* (V. 10). Bang fragt man sich, ob die Umschwärmte vor ihrem Fernseher überhaupt etwas von dem allnächtlichen Besuch vor ihrem Fenster weiß. Dem Sänger scheint es allerdings ohnehin mehr darum zu gehen, *einfach die Nacht hier zu genießen* (V. 11), als der Geliebten wirklich ein Ständchen zu bringen.

> *Die Blumen sah ich keimen oder keimen müssen*
> *die Knospen größer werden und dann nach und nach sich häuten*
> *weil diese Dinge sich in meine Sinne bläuten.*

Im zweiten Terzett erfahren wir, dass diese eigentümliche Situation schon eine ganze Weile andauert, denn die *welken Blumen* aus Vers 7 hat das lyrische Ich einst *keimen* sehen (V. 12) und *die Knospen größer werden* (V. 13). Haben wir es also vielleicht mit einem Liebenden zu tun, der sich gar nicht nach Kontakt zu seiner Angebeteten sehnt, sondern dem es einfach genügt, in ihrer Nähe zu sein und sich am Blumenduft ihres Gartens zu ergötzen?[66] Wäre Ann Cottens Gedicht hier zu Ende, könnte man auf diesen Fehlschluss kommen, tatsächlich aber scheint dieser vermeintliche Selbstgenuss des lyrischen Ichs eher eine Art Selbst*betrug* zu sein.

Für diese Deutung sprechen zunächst einige formale Brüche in den Versen, von denen wir einen kurz genauer betrachten wollen. Sieh dir Vers 13 noch einmal an und betrachte seine Rhythmik:

> *die **Knos**\|pen **grö**\|ßer **wer**\|den und dann **nach** und **nach** sich*
> ***häu**\|ten*
> (- ^ - ^ - ^ - | - - ^ - ^ - ^ -)

Der Vers wäre ein perfekter Alexandriner und hätte eine geschmeidige Rhythmik, wenn nur das *dann* nicht wäre. Würde es fehlen, hätten wir in den beiden Halbversen jeweils dreihebige Jamben mit weiblicher Kadenz und einen glatten, lyrischen Klang, den man wunderbar melodisch sprechen könnte. Aber die Autorin besteht auf das „dann" und zerstört damit die rhythmische Harmonie des Verses. Warum tut sie das? Ist das Wort so entscheidend für die Aussage? Wohl kaum, denn wenn man es weglässt, bleibt die Bedeutung praktisch dieselbe. Wenn Cotten den klassischen Rhythmus zerstört, ohne dafür nennenswerten Inhalt zu gewinnen, dann vielleicht deshalb, weil sie an einem

---

[66] Solche Figuren kommen durchaus vor in der Weltliteratur, etwa im Musical *My fair Lady*, in dem der verliebte Freddy tagelang vor Elizas Haus patrouilliert, ohne auf sich aufmerksam zu machen.

harmonischen Rhythmus gar nicht interessiert ist! Weil sie die Bilder, sobald sie zu romantisch zu werden drohen, bewusst bricht, und zwar sowohl im Inhalt als auch in der Form.

Das ist wohl auch der Grund, warum das lyrische Ich die Blumen nicht nur *keimen* sieht (V. 12), sondern auch *keimen müssen* (ebd.) – so als bliebe den Blumen keine Wahl! Natürlich würde jeder Botaniker bestätigen, dass das Keimen einer Pflanze ein genetisches Programm ist und die Blumen also genau genommen wirklich *keimen müssen*, wenn die Zeit heran ist. Aber in einer romantischen Schwärmerei wirkt dieses biologische Detail doch reichlich seltsam, oder? Erneut bricht Ann Cotten also das sprachliche Bild ironisch auf, bevor es zu romantisch werden könnte.

In der zweiten Hälfte dieses Doppelsonetts wird zunehmend deutlich, dass sich selbst das Interesse des lyrischen Ichs an der Angebeteten in Grenzen hält:

> *Ich wohn so lange schon   in dieser Aporie*
> *und wenn ich an dich denke   ist es bloß ein Alibi*
> *schlag absichtslos Akkorde   sing „ich liebe dich Marie"*
> *verstimmt auch „Darling, you forgot to leave me with the key"*

Die dominierende Gefühlslage unseres seltsamen Minnesängers ist nicht die Schwärmerei für seine Erwählte, sondern der Zweifel, die Ratlosigkeit, die *Aporie* (V. 15), hinter welcher der Gedanke an die Geliebte *bloß ein Alibi* ist (V. 16). Aus dem romantischen nächtlichen Ständchen wird damit eine eher langweilig wirkende Gewohnheit, bei der das lyrische Ich *absichtslos Akkorde* anschlägt (V. 17) und *verstimmt* (was für eine schöne Doppeldeutigkeit!) ein paar Lieder singt, unter denen natürlich auch ein englischsprachiges nicht fehlen darf (V. 18).

Diese Situation wirkt alles andere als romantisch, aber sie ist auch
nicht traurig oder trostlos, sondern eher ein wenig lächerlich. Sie
ist ein Abgesang auf die uralte Tradition des Liebesliedes unter
nächtlichen Fenstern. Aber in diesem Abgesang steckt auf den ersten Blick wenig Wehmut – eher eine gewisse Belanglosigkeit der
ganzen Situation, die sich gleich noch weiter steigern wird.

> *Ich wollte dich einst dringend*   *für mich aber jetzt will*
> *ich nicht mal deinen Fernseher.*   *Ich weiß trotzdem: Ich werde*
> *es irgendwann mal wagen wenn es mir schon ganz egal ist.*
> *Läute jedoch nicht an*   *sondern wie Räuberleiter still*

Die Verse 19 und 20 sprechen es endlich aus, dass die Zeiten
längst vorbei sind, in denen das lyrische Ich seine Geliebte *einst
dringend für mich* wollte (V. 19). Mittlerweile ist nicht einmal das
Interesse für *deinen Fernseher* (V. 20) übriggeblieben.

Aber ausgerechnet nach diesem Geständnis kommt die überraschende Wendung: Das lyrische Ich *weiß trotzdem: ich werde / es irgendwann mal wagen* (V. 20/21), bei der Geliebten einzusteigen –
und zwar nicht durch die Tür, sondern nach alter Tradition per
Räuberleiter (V. 22) durch das Fenster.

Warum dieser plötzliche Umschwung? Gerade hat uns das lyrische Ich die Hoffnung geraubt, dass diese Romanze glücklich enden könnte, ja es hat sogar sein eigenes Desinteresse an einem
glücklichen Ausgang bekundet. Und gerade jetzt, *wenn es mir schon
ganz egal ist* (V. 21), soll es doch noch zu einer Liebesbegegnung
kommen? Das erste Terzett des zweiten Teils legt diese Deutung
zunächst nahe:

> *steig ich mit Händen auf*   *die alte Aporie*
> *begrabe in den Büschen*   *mein ehemaliges Alibi*
> *zerreiß die letzten Saiten*   *und flüstere: ‚Marie!'*

Die Metapher, *mit Händen auf die alte Aporie* zu steigen (V. 23), lässt
sich mit etwas gutem Willen als Vorsatz des lyrischen Ichs interpretieren, seine Ratlosigkeit zu überwinden. Dafür spricht auch,
dass es sein *ehemaliges Alibi* in *den Büschen* begraben will (V. 24).
Zuletzt scheint unser Verliebter also doch noch den Willen aufzubringen, die alten Zweifel und Gewohnheiten abzulegen, dabei *die
letzten Saiten* zu zerreißen (V. 25) und die Angebetete endlich an-
zusprechen (ebd.)? Doch noch ein Sieg der romantischen Liebe?
Der Inhalt des Abschluss-Terzetts scheint diese Frage zu bejahen,
die Form allerdings nicht:

> *Im Sog dieser Entschlusskraft wird sie meinen Scheitel sehen*
> *erscheinend hinterm Fernseher ein dunkelblonder Mond,*
> *wird aufstehn Schuhe anziehen und leise mit mir gehen.*

Die Handlungsoberfläche scheint den glücklichen Ausgang der
Romanze zu bestätigen: Das lyrische Ich wird die notwendige *Entschlusskraft* (V. 26) irgendwann aufbringen und diese Kraft wird so
groß sein, dass sie sogar einen *Sog* bildet (ebd.), dem sich die Angebetete nicht wird entziehen können, sodass sie *leise mit mir gehen*
wird (V. 28).

Die lyrische Umsetzung dieser abschließenden Utopie ist jedoch
so meisterhaft tapsig und hintergründig ironisch, dass an einem
wirklich glücklichen Ausgang mehr als berechtigte Zweifel bestehen. Das beginnt bereits damit, dass Ann Cotten den Rhythmus
der Verse so aufbricht, dass sie kaum mehr lyrisch, sondern all-
tagssprachlich wirken: Der Rhythmus ist noch vorhanden, aber so
holperig gebrochen, dass es einfacher ist, die Zeilen einfach als
Prosa zu lesen.

Der Auftritt unseres Helden bei seiner Angebeteten ist mit derselben absichtlichen Ungeschicklichkeit beschrieben: Wie ein „dun-
kelblonder Mond" (V. 27) geht sein Gesicht in der Kammer der

Geliebten auf, aber es erscheint ausgerechnet *hinterm Fernseher* (ebd.) und verzerrt damit die romantische Mondmetapher ins Lächerliche.

Auch dass die Angebetete erst noch *Schuhe anziehen* muss, bevor sie *leise mit mir gehen* kann, ist ein Handlungsdetail, das die romantische Situation kräftig entzaubert: Es nötigt uns ein höchst alltägliches Bild dieser *Marie* (V. 25) ab, die abends in Socken vor ihrem Fernseher hockt. Denkt vielleicht Julia übers Schuhanziehen nach, wenn sie zu ihrem Romeo fliehen will? Falls ja, dann hat sich Shakespeare jedenfalls gehütet, uns darüber in seinem Drama in Kenntnis zu setzen!

Die Utopie des glücklichen Ausgangs am Ende des Gedichtes wirkt genauso egal und belanglos wie die übrigen Bestandteile dieser kleinen Liebesgeschichte. Warum spielen das lyrische Ich und seine fragwürdige Geliebte dieses abgeschmackte Spiel dann überhaupt mit?

Weil es ihre *Rolle* ist. Und weil die Rolle vorgibt, wie man sich zu verhalten hat: Du bist verliebt? Dann ist es deine Rolle, vor dem Fenster der Geliebten Lieder zu singen. – Vor deinem Fenster singt ein verliebter Sänger? Dann ist es deine Rolle, ihm zu folgen und gemeinsam mit ihm etliche Abenteuer zu bestehen. Du bist gar nicht verliebt in ihn und er auch nicht in dich? Dann ist es eure Rolle, euch möglichst schleunigst in den anderen zu verlieben oder doch wenigstens nach außen verliebt zu wirken – so einfach ist das in der Postmoderne.

Der Begriff der Rolle ist ein Schlüssel zum Verständnis postmoderner Kunst, denn wenn ein postmoderner Dichter Anspielungen auf vergangene künstlerische Strömungen macht, dann lässt er seine Figuren bewusst in Rollen schlüpfen, die der Zuschauer erkennen und entschlüsseln kann. Bei Ann Cotten sind das die

Rollen vom verliebten Sänger und seiner angebeteten Dame. Allerdings füllen die beiden ihre Rollen derart lustlos aus, dass der Leser das Spiel als Parodie entlarvt und nicht mehr ernst nimmt, ja nicht mehr ernst nehmen kann: Nach 800 Jahren deutscher Liebeslyrik ist das Schauspiel vom Sänger unter dem Balkon der schönen Geliebten so oft gespielt worden, dass keiner mehr Lust darauf hat, nicht einmal mehr die Schauspieler selbst.

Der *Fernseher* aus Vers 27 spielt für diesen Überdruss eine nicht unwesentliche Rolle: Wer einen beliebigen Liebesfilm aus dem Sonntag-Abend-Programm in seiner Machart analysiert, der entdeckt rasch genau diejenigen künstlerischen Mittel und Inhalte, die dereinst von Shakespeare, Goethe und Novalis erfunden worden waren und die seit ihrer Entstehung so oft wiederverwendet wurden, dass wir sie längst als selbstverständlich wahrnehmen.[67] Goethe hat mit seinen Liebesgedichten eine Sprache des Gefühls entwickelt, die ihm Künstlergenerationen von Iffland bis Helene Fischer nachgeplappert haben. Der Fernseher spült die dramaturgischen Rollen der Weltliteratur allabendlich in die Wohnzimmer und verflacht sie dort durch stetige Wiederholung so lange, bis sie zum Klischee geworden sind. Ann Cotten rechnet mit einem dieser Klischees ab, indem sie seine Aufführung der Lächerlichkeit preisgibt.

Wenn der Fernseher die künstlerischen Rollen massentauglich gemacht hat, so hat das Internet zusätzlich dafür gesorgt, dass heute jeder selbst nach Lust und Laune in Rollen schlüpfen kann: Vom Image-Riesen Facebook bis zu den kleinsten Diskussionsforen

---

[67] Klugen Filmemachern ist diese Rollenhaftigkeit ihres Metiers bewusst und deshalb neigen sie dazu, die alten Klischees postmodern aufzubrechen. Deshalb wimmelt es in Fernsehserien wie *Simpsons, Southpark* oder *Game of Thrones* oft nur so von Anspielungen auf klassische Kunstwerke oder zu Klassikern gewordene Filme.

kann sich jeder von uns beliebig viele Rollen zulegen und diese nach Belieben ausfüllen oder wechseln. Und wer sich dabei einen postmodernen Benutzernamen wie *Spiderman95*, *BloodyMary* oder *008* zulegt, der fällt noch nicht einmal auf. Im Internet sind die Parodie und das kulturhistorische Zitat so allgegenwärtig geworden, dass ein Rap über eine klassische Ballade ebenso selbstverständlich ist wie eine Mona Lisa in Pink. Uns ist dabei der Zweifel an der Ernsthaftigkeit eines Posts oder einer Webseite bereits in Fleisch und Blut übergegangen – oder sollte es jedenfalls…

Diesen Zweifel behandelt Ann Cotten in ihrem Doppelsonett, das nur scheinbar ein Liebesgedicht ist, in Wirklichkeit aber viel eher an die philosophierende Sonett-Tradition anknüpft. In der lustlosen Rollenhaftigkeit der beiden Liebenden erkennen wir die Ratlosigkeit, die *Aporie* als das dominante Lebensgefühl des beginnenden 21. Jahrhunderts: Vor uns ausgebreitet liegt eine jahrhundertealte kulturelle Tradition, auf die wir dank Internet in Sekundenschnelle zugreifen können. Aber eigentlich wissen wir mit dem riesigen Fundus der Tradition gar nichts Rechtes anzufangen, als mehr oder weniger lustlos damit zu spielen.

Zwischen dem Anfang dieser kleinen Literaturgeschichte und ihrem Schluss liegen gut 800 Jahre. Mit Walther von der Vogelweide hatten wir am Anfang einen Dichter, der ein weibliches lyrisches Ich erfindet, um eine zarte Liebesbegegnung in der Idylle der Natur zu schildern. Mit Ann Cotten haben wir zuletzt eine Dichterin, die ein männliches lyrisches Ich erfindet, um eine absurde Liebesbegegnung scheitern zu lassen, weil sie nur noch Rolle ist. Der Minnegesang Walthers ist auf ein paar absichtslos geschlagene Akkorde zusammengeschrumpft und die Blumen, aus denen der mittelalterliche Held sein Liebesnest gebaut hat, verwelken bei Ann Cotten in den Beeten.

Geht die deutsche Literaturgeschichte also traurig zu Ende? Ist die Ratlosigkeit das Einzige, das von der erhabenen literarischen Tradition im 21. Jahrhundert übrigbleibt – höchstens noch verbrämt durch ein Quäntchen Ironie? Natürlich nicht. Schon deshalb nicht, weil die deutsche Literaturgeschichte ja gar nicht zu Ende ist!

Vielleicht steht die menschliche Kultur derzeit mehr denn je auf der Schwelle. Vielleicht mangelt es auch aktuell wirklich an durchschlagenden Ideen für künstlerische Neuansätze – ganz ähnlich wie zur letzten Jahrhundertwende. Aber sollte Aporie das dominierende Lebensgefühl der Gegenwart sein, dann heißt das noch lange nicht, dass dies von nun an und unveränderlich gilt. Wer weiß schon, von woher die nächsten spannenden künstlerischen Entwicklungen winken und wie sie aussehen werden?

Deshalb lass uns mit einem Goethe-Zitat auseinandergehen, mit dem der Dichterfürst den immerwährenden Fortgang der menschlichen Geschichte meisterlich auf den Punkt gebracht hat. Bezeichnenderweise hat er das Zitat ausgerechnet dem Teufel in den Mund gelegt und wenn Goethe das tut, dann steckt dahinter meist ebenso viel Witz wie Wahrheit:

> *Und dem verdammten Zeug, der Tier- und Menschenbrut,*
> *Dem ist nun gar nichts anzuhaben:*
> *Wie viele hab ich schon begraben!*
> *Und immer zirkuliert ein neues, frisches Blut.*
> *So geht es fort, man möchte rasend werden!*

Fachwortregister

T

Takt 34
Terzett 282
Trochäus 35
Trümmerliteratur 225

U

umschließender Reim 102

V

Vanitas 24
Vormärz 108

Z

Zäsur 26
Zynismus 235

Zeitstrahl deutscher Literaturgeschichte

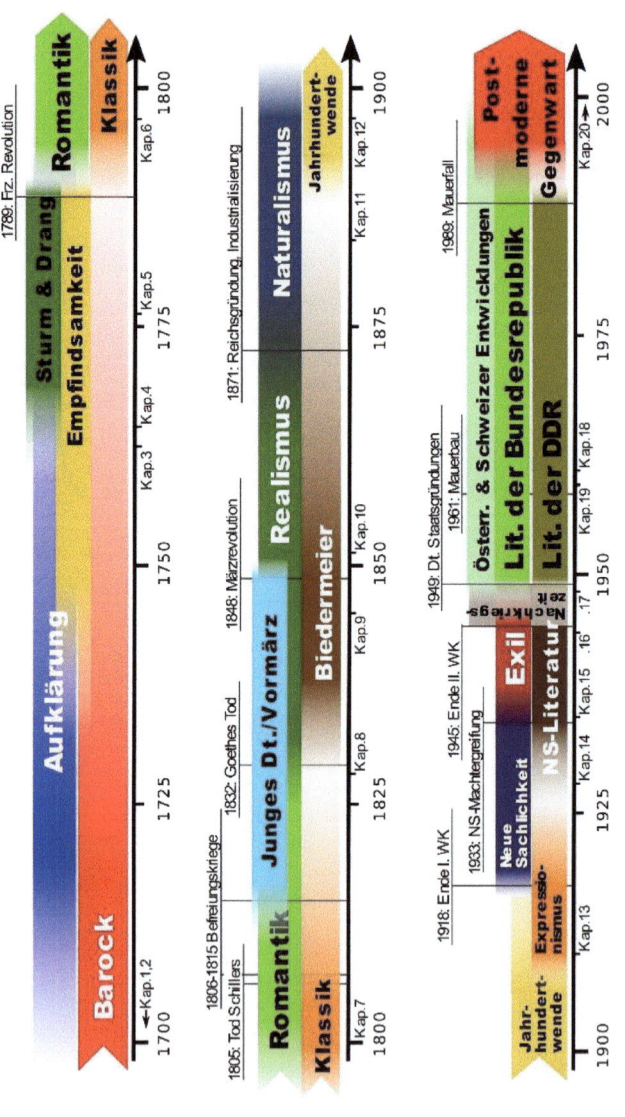